Die Auslegung des Begriffs *wesentliche Vertragsverletzung*
in Art. 25 CISG

Europäische Hochschulschriften

Publications Universitaires Européennes
European University Studies

Reihe II
Rechtswissenschaft

Série II Series II
Droit
Law

Bd./Vol. 3348

PETER LANG
Frankfurt am Main · Berlin · Bern · Bruxelles · New York · Oxford · Wien

Andreas Trommler

Die Auslegung des Begriffs *wesentliche Vertragsverletzung* in Art. 25 CISG

PETER LANG
Europäischer Verlag der Wissenschaften

Die Deutsche Bibliothek - CIP-Einheitsaufnahme

Trommler, Andreas :

Die Auslegung des Begriffs „wesentliche Vertragsverletzung" in Art. 25 CISG / Andreas Trommler. - Frankfurt am Main ; Berlin ; Bern ; Bruxelles ; New York ; Oxford ; Wien : Lang, 2002
(Europäische Hochschulschriften : Reihe 2, Rechtswissenschaft ; Bd. 3348)
Zugl.: Konstanz, Univ., Diss., 2001
ISBN 3-631-38851-9

D 352
ISSN 0531-7312
ISBN 3-631-38851-9

www.peterlang.de

Vorwort

Die vorliegende Arbeit ist im Wintersemester 2000/2001 vom Fachbereich Rechtswissenschaft der Rechts-, Wirtschafts-, und Verwaltungswissenschaftlichen Sektion der Universität Konstanz als Dissertation angenommen worden. Die mündliche Prüfung fand am 17.07.2001 statt.

Dank gebührt Frau Prof. Dr. Astrid Stadler, die diese Arbeit angeregt, betreut und das Erstgutachten erstellt hat.

Die Arbeit ist während meiner Tätigkeit als wissenschaftlicher Mitarbeiter am Lehrstuhl von Herrn Prof. Dr. Rainer Hausmann entstanden, dem ich für die abwechslungsreiche Tätigkeit am Lehrstuhl und die Erstattung des Zweitgutachtens danke.

Ferner danke ich Frau Alexandra Janzon, die mich bei der Korrektur der Arbeit tatkräftig unterstützt hat.

Besonders herzlich danke ich meinen Eltern, die mir stets ein warmes Nest geboten haben.

Andreas Trommler — Stuttgart-Vaihingen, im August 2001

Inhaltsverzeichnis

Abkürzungsverzeichnis

a. A.	anderer Ansicht
Abs.	Absatz, Absätze
Abl. EG Nr. C	Amtsblatt der Europäischen Gemeinschaften, Ausgabe C (Mitteilungen und Bekanntmachungen)
AG	Amtsgericht
AGB-Gesetz	Gesetz zur Regelung des Rechts der Allgemeinen Geschäftsbedingungen v. 9.12.1976
Am.J.Comp.L.	American Journal of Comparative Law
Anm.	Anmerkung
Arb.	Arbitration
Art.	Artikel
Aufl.	Auflage
Bd.	Band
BG	Bundesgericht
BGB	Bürgerliches Gesetzbuch v. 18.8.1896
BGBl. II	Bundesgesetzblatt, Teil II
BGH	Bundesgerichtshof
BT-Drs.	Bundestags-Drucksache
bzw.	beziehungsweise
CA	Cour d'appel
C.A.	Court of Appel
Ct. App.	Court of Appeal(s)
CISG	United Nations Convention on Contracts for the International Sale of Goods

CISG Online	CISG Online, Internet-Datenbank, Universität Freiburg (siehe Literaturverzeichnis)
CISG-France	CISG-France, Internet-Datenbank französischer Entscheidungen zum CISG, Universität Saarbrücken (siehe Literaturverzeichnis)
CISG W3	CISG W3 Database, Pace University School of Law (siehe Literaturverzeichnis)
CISG-Spain and Latin America	CISG-Spain and Latin America Database, Universidad Madrid (siehe Literaturverzeichnis)
Civ. 1 re	Cour de Cassation, chambre civile, première section Civile
CLOUT	Case law on Uncitral Texts
Dis. Ct.	District Court
E	Entwurf
E 1976	Genfer Entwurf, Entwurf der UNCITRAL, 7. Sitzung (Genf 5.-16. Januar 1976)
E 1977	Wiener Entwurf, Entwurf der UNCITRAL, 10. Plenarsitzung (Wien 23. Mai-17. Juni 1977)
E 1978	New Yorker Entwurf, Entwurf der UNCITRAL, 11. Plenarsitzung (New York 30. Mai-16. Juni 1978)
EAG	Einheitliches Gesetz über den Abschluß von internationalen nationalen Kaufverträgen v. 17.07.1973
EGBGB	Einführungsgesetz zum Bürgerlichen Gesetzbuch v. 18.8.1896
EKG	Einheitliches Gesetz über den internationalen Kauf beweglicher Sachen v. 17.07.1973
EuGH	Gerichtshof der Europäischen Gemeinschaften
EuGVÜ	Europäisches Übereinkommen über die gerichtliche Zuständigkeit und die Vollstreckung gerichtlicher Entscheidungen in Zivil- und Handelssachen v. 27.09.1968

EuZW	Europäische Zeitschrift für Wirtschaftsrecht
EWGV	Vertrag zur Gründung der Europäischen Wirtschaftsgemeinschaft v. 25.03.1957
EWiR	Entscheidungen zum Wirtschaftsrecht
Fed. Dis. Ct.	Federal District Court
ff	folgende
Fn.	Fußnote
FS	Festschrift
HGer	Handelsgericht
H.L.	House of Lords
Hrsg.	Herausgeber
HS	Halbsatz
ICC	International Chamber of Commerce
IHK	Industrie- und Handelskammer
IPrax	Praxis des internationalen Privat- und Verfahrensrechts
i.d.R.	in der Regel
i.V.m.	in Verbindung mit
IPR	Internationales Privatrecht
JBl.	Juristische Blätter
J.Bus.L.	Journal of Business Law
J.D.I	Journal du Droit International
J.L. & Com.	Journal of Law and Commerce
JZ	Juristenzeitung
LG	Landgericht

lit.	litera (Buchstabe)
LM	Das Nachschlagewerk des Bundesgerichtshofs in Zivilsachen, herausgegeben von Lindenmaier und Möhring.
L.Q.R.	Law Quaterly Reviev
m.w.N.	mit weiteren Nachweisen
NJW	Neue Juristische Wochenschrift
NJW-RR	Neue Juristische Wochenschrift - Rechtsprechungs-report Zivilrecht
N.Y.L.Sch.Int'l & Comp.L.	New York Law School Journal of International and Comparative Law
NWB	Neue Wirtschaftsbriefe
Nr.	Nummer
OG	Obergericht
OGH	Oberster Gerichtshof
OLG	Oberlandesgericht
O.R.	United Nations Conference on Contracts for the International Sale of Goods, Official Records
RabelsZ	Rabels Zeitschrift für ausländisches und internationales Recht
RIW	Recht der internationalen Wirtschaft, Außenwirtschaftsdienst des Betriebsberaters
Riv. dir. int. priv. proc.	Rivista di diritto internazionale privato e processuale
Rn.	Randnummer
S.	Seite
SchiedsG	Schiedsgericht
SGA	Sale of Goods Act v. 1979

SZIER	Schweizerische Zeitschrift für Internationales und Europäisches Recht
SJZ	Schweizer Juristenzeitung
Temp.Int. & Comp.L.J.	Temple International and Comparative Law Journal
Trib.	Tribunal
UNIDROIT	Institut International pour l'Unification du Droit Priveé/International Institute for the Unification of Private Law
UNCITRAL	United Nations Commission on International Trade Law
UNILEX	International Case Law
U.S.	United States
v.	von; versus
vgl.	vergleiche
vol.	volume
Vorbem.	Vorbemerkung
WiB	Wirtschaftsrechtliche Beratung
WVRK	Wiener Vertragsrechtskonvention
YB	United Nations Commission on International Trade Law, Yearbook
z. B.	zum Beispiel
ZEuP	Zeitschrift für Europäisches Privatrecht
ZIP	Zeitschrift für Wirtschaftsrecht
zit.	zitiert
ZVglRWiss	Zeitschrift für vergleichende Rechtswissenschaft

Einleitung

Am 01.01.1988 ist das Übereinkommen der Vereinten Nationen vom 11. April 1980 über Verträge über den internationalen Warenkauf (Convention on Contracts for the international Sale of Goods, abgekürzt: CISG[1]) in Kraft getreten. In der Bundesrepublik Deutschland gilt es seit dem 1. Januar 1991.

Das CISG hat das Ziel, den Bereich des grenzüberschreitenden Warenverkehrs zu vereinheitlichen. Dieses Übereinkommen stellt eine moderne und ausgewogene Regelung im Bereich des Kaufrechts dar. Aus diesen Gründen war das Übereinkommen auch Vorbild für die Reform des deutschen Schuldrechts und die Neukodifikation der kaufrechtlichen Regelungen mehrerer europäischer Staaten. Mittlerweile hat das CISG weltweit eine erhebliche Akzeptanz erreicht, was sich in seiner Ratifikation bzw. Annahme in 60 Staaten und einer Gerichtspraxis von über 500 Entscheidungen niederschlägt.

Ein großes Problem bei der Anwendung des CISG stellt dessen Auslegung dar, weil der Text der Konvention nicht aus der Gesetzessprache eines Landes entnommen wurde, sondern das Ergebnis zahlreicher Kompromisse auf internationaler Ebene darstellt. Die Auslegungsprobleme werden noch verstärkt, weil für die Interpretation des CISG keine supranationale Entscheidungsinstanz geschaffen wurde. Aus diesen Gründen besteht die Gefahr, daß die Bestimmungen des CISG von den Gerichten der einzelnen Vertragsstaaten unterschiedlich ausgelegt werden, was dem Vereinheitlichungszweck des Übereinkommens entgegenläuft. Das Ziel einer Rechtsvereinheitlichung läßt sich nämlich nur erreichen, wenn die Vorschriften des CISG in allen Vertragsstaaten einheitlich ausgelegt werden.

Die vorliegende Arbeit soll einen Beitrag zur einheitlichen Auslegung des in Art. 25 definierten Begriffs „wesentliche Vertragsverletzung" leisten. Art. 25 hat in der amtlichen (nicht authentischen) deutschen Übersetzung[2] folgenden Wortlaut:

> Eine von einer Partei begangene Vertragsverletzung ist wesentlich, wenn sie für die andere Partei solchen Nachteil zur Folge hat, daß ihr im wesentlichen entgeht, was sie nach dem Vertrag hätte erwarten dürfen, es sei denn, daß die vertragsbrüchige Partei diese Folge nicht vorausgesehen hat und eine vernünftige Person der gleichen Art diese Folge unter den gleichen Umständen auch nicht vorausgesehen hätte.

---

1 Die Abkürzung wird in dieser Arbeit zugrunde gelegt, weil sie international am häufigsten verwendet wird.

2 BGBl. 1989 II, S. 588.

Die umfassende und präzise Definition dieses Ausdrucks stand von Anfang an im Mittelpunkt der Kaufrechtsvereinheitlichung.[3] Dieser Begriff ist von zentraler Bedeutung für das System der Rechtsbehelfe im CISG (vgl. Art. 49 Abs. 1 lit. a, 46 Abs. 2, 51 Abs. 2, 64 Abs. 1 lit. a, 72 Abs. 1, 73 Abs. 1 und 2). Das Rechtsbehelfssystem des CISG geht von einem einheitlichen Tatbestand der Vertragsverletzung aus. Im Gegensatz zum deutschen Bürgerlichen Gesetzbuch unterscheidet das CISG nicht zwischen den einzelnen Arten einer Vertragsverletzung, sondern erfaßt alle denkbaren Pflichtverletzungen durch den Begriff „wesentliche Vertragsverletzung" in Art. 25. Das Übereinkommen unterteilt die Vertragsverletzungen anhand des in Art. 25 geregelten Maßstabs nur in wesentliche und nicht wesentliche Vertragsverletzungen. Ausschließlich bei Bejahung einer wesentlichen Vertragsverletzung kann die von der Pflichtverletzung betroffene Partei den besonders einschneidenden Rechtsbehelf der Vertragsaufhebung geltend machen. Liegt keine solche Pflichtverletzung vor, bestehen nur Ansprüche auf Erfüllung, Schadensersatz und Minderung.

Der erste Teil der Arbeit legt die Grundlagen der Untersuchung fest. An einen Überblick zu Entwicklung, Bedeutung und den allgemeinen Bestimmungen des CISG schließt sich ein kurzer Überblick über das System der Pflichtverletzungen im CISG an. Nachfolgend werden im zweiten Teil die Voraussetzungen und Rechtsfolgen einer Vertragsaufhebung dargestellt.

Der Schwerpunkt der Arbeit liegt im dritten Teil. Im Vordergrund der Untersuchung steht der in Art. 49 Abs. 1 lit. a, 64 Abs. 1 lit. a geregelte Aufhebungsgrund. Danach setzt die Vertragsaufhebung das Vorliegen einer wesentlichen Vertragsverletzung (vgl. Art. 25) voraus, so daß die Grundgedanken und Funktionen dieser Regelung darzustellen waren. Es folgt eine Auslegung ihrer Tatbestandsmerkmale. Dabei wird sich zeigen, daß sich dieser Vorschrift nur einige abstrakte Leitlinien entnehmen lassen. Aus diesem Grund werden diese Leitlinien durch die Bildung von Fallgruppen typischer Pflichtverletzungen des Käufers bzw. des Verkäufers weiter konkretisiert. Anschließend wird noch zur Frage der Beweislast Stellung genommen.

Schließlich folgt im zweiten Kapitel eine Darstellung der Aufhebungsgründe, die sich aus Vereinbarungen zwischen den Parteien bzw. dem Übereinkommen selbst ergeben. Dazu gehören Vereinbarungen zwischen den Vertragspartnern (vgl. Art. 6), zwischen ihnen geltende Gepflogenheiten und Gebräuche (vgl. Art. 9) sowie die Bestimmung einer Nachfrist (vgl. Art. 49 Abs. 1 lit. b., 64 Abs. 1 lit. b).

---

[3] Vgl. Eörsi, Am.J.Comp.L. (1983), 333 ff.

I. Teil: Entwicklung, Bedeutung, Rechtsnatur und Allgemeine Bestimmungen des CISG und Folgen von Vertragsverletzungen

1. Kapitel: Entstehung, Bedeutung, Rechtsnatur und Anwendungsbereich des CISG

A. Entwicklung

Das CISG ist ein Markstein einer etwa 50jährigen Vereinheitlichungsarbeit im Bereich des internationalen Warenkaufs.[4] Auf diesem langen Weg lassen sich drei wesentliche Abschnitte unterscheiden: Beratungen der UNIDROIT, Haager Konferenz und Beratungen der UNCITRAL.

Die Geschichte dieser Rechtsvereinheitlichung beginnt Ende der zwanziger Jahre des vorigen Jahrhunderts. Unter Leitung des Internationalen Instituts für die Vereinheitlichung des Privatrechts (UNIDROIT) kamen mehrere europäische Rechtsexperten zusammen. Diese erarbeiteten im Jahre 1935 den sog. Vorentwurf[5] und 1939 den sog. römischen Entwurf[6]. Nach dem Ende des 2. Weltkriegs kam es im Herbst 1950 zu den ersten Sitzungen eines Kaufrechtskomitees. Diese Sitzungen führten zu weiteren Beratungen und neuen Entwürfen.[7] Die Haager Konferenz setzte im Jahre 1951 eine eigene Kaufrechtskommission ein, deren Vorarbeiten[8] im Jahre 1964 zu den Haager Kaufgesetzen (EAG und EKG) führten. Nachdem sich abzeichnete, daß die Haager Kaufgesetze nicht den gewünschten Erfolg haben würden, nahmen sich die Vereinten Nationen der Kaufrechtsvereinheitlichung an. Diese setzten im Jahre 1968 einen Unterausschuß (UNCITRAL) ein, der seinerseits eine Arbeitsgruppe einsetzte. Diese Arbeitsgruppe erarbeitete auf Grundlage des EKG mehrere Entwürfe: E 1974[9], E 1975[10], den Genfer Entwurf[11], den Wiener Entwurf[12] und den New Yorker

---

4 Magnus, RabelsZ 45 (1981), 144 ff und Schlechtriem, Geschichte des Einheitskaufrechts, S. 27-36 m.w.N. geben einen Überblick über die Entwicklung der Rechtsvereinheitlichung in diesem Bereich.

5 RabelsZ 9 (1935), 8 ff.

6 Rabel, Warenkauf II, S. 395-415 (nur französische Fassung).

7 Vgl. Schlechtriem, Geschichte des Einheitskaufrechts, S. 29 Fn. 10.

8 Vgl. Schlechtriem, Geschichte des Einheitskaufrechts, S. 29 Fn. 10, 12.

9 YB V (1974), S. 51-60.

10 YB VI (1975), S. 63-69.

11 YB VII (1976), S. 89-96.

Entwurf[13]. Auf Grundlage des New Yorker Entwurfs wurde auf der Wiener Konferenz vom 10.03.-11.04.1980 beraten und die geänderte Fassung anschließend mit großer Mehrheit angenommen.[14] Nachdem im November 1986 die erforderliche Zahl von zehn Ratifikationen (vgl. Art. 99) überschritten wurde, konnte das CISG am 01.01.1988 in Kraft treten. In Deutschland gilt es seit dem 01.01.1991.

B. Bedeutung

Das CISG trat mit der Maßgabe in Kraft, das „Rechts-Babel" im Bereich des internationalen Warenkaufs zu überwinden und ein Weltkaufrecht zu schaffen, das den Bedürfnissen des internationalen Handels entgegenkommt. Es sollte in seinem Anwendungsbereich die Unsicherheiten des internationalen Privatrechts und der Anwendung fremden Rechts ausschalten sollte.[15]

Mit derselben Maßgabe waren bereits die Haager Kaufgesetze in Kraft getreten. Gemessen an diesen hohen Erwartungen war den Haager Kaufgesetzen jedoch kein großer Erfolg beschieden. Denn diese Kaufgesetze wurden nur von neun Staaten eingeführt. Neben den sozialistischen Ländern und den Entwicklungsländern blieben auch führende Industrienationen wie die USA und Frankreich dem Abkommen fern. Dies hatte politische und sachliche Gründe. Die Entwicklungsländer und die Sowjetunion kritisierten die Haager Kaufgesetze, weil diese nur auf die Bedürfnisse der westlichen Industrieländer zugeschnitten seien. Im übrigen wurde auch sachliche Kritik an den Ergebnissen der Haager Konferenz geübt. So würde beispielsweise der Verkäufer durch die Haager Kaufgesetze zu sehr bevorzugt.[16] Zwar hat das EKG in der Gerichtspraxis von Deutschland, Italien und den Benelux-Staaten erhebliche Bedeutung erlangt,[17] trotzdem liegt aber keine umfassende, dem Anwender Rechtssicherheit vermittelnde, Spruchpraxis vor[18].

---

12 YB VIII (1977), S. 15-21.

13 YB IX (1978), S. 14-21.

14 Schlechtriem/Schlechtriem, Einl., S. 27.

15 Von Caemmerer, SJZ 1981, 257, 259.

16 Huber, RabelsZ 43 (1979), 413, 414 (allerdings zu Art. 23 E 1978); Schlechtriem, Geschichte des Einheitskaufrechts, S. 31; Magnus, Haager Erfahrungen, S. 8.

17 Schlechtriem/Schlechtriem, Einl. S. 25, Schlechtriem/Magnus führen insgesamt über 240 Entscheidungen zum EKG und EAG auf.

18 Piltz, Praktische Erfahrungen, S. 45; Schlechtriem/Schlechtriem, Einl. S. 25.

Im Gegensatz zu den Haager Kaufgesetzen setzt sich das CISG immer mehr als Weltkaufrecht durch. Die Zahl der Vertragsstaaten beträgt derzeit[19] 60. Seit Einführung des CISG hat sich auch eine rege Gerichtspraxis entwickelt, die mittlerweile über 500 Entscheidungen zählt.[20] Diese Entscheidungen werden von nationalen und internationalen Stellen gesammelt und sind daher weltweit zugänglich.[21] So wird eine einheitliche Auslegung des Übereinkommens ermöglicht, die im Ergebnis zu einer größeren Akzeptanz und Verbreitung des Übereinkommens führen wird. Das CISG, das auf umfassenden rechtsvergleichenden Studien beruht, stellt insgesamt eine moderne und ausgewogene Regelung im Bereich des Kaufrechts dar. Aus diesen Gründen war das Übereinkommen auch Vorbild für einen Vorschlag zur Reform des deutschen Schuldrechts[22], der Neukodifikation der Kaufgesetze in Skandinavien[23], den Niederlanden[24] und den Nachfolgestaaten der früheren Sowjetunion, Jugoslawiens und der Tschechoslowakei[25]. Ferner ist das Übereinkommen auch wirtschaftlich von erheblicher Bedeutung. Da bereits viele Staaten dem CISG beigetreten sind, fällt in der Bundesrepublik der Großteil der Exportgeschäfte und die Mehrheit der Importgeschäfte automatisch unter das CISG. In vielen anderen Vertragsstaaten ergibt sich eine ähnliche Bilanz.[26]

Im Hinblick darauf kann das CISG vielleicht in Zukunft zu einer einheitlichen Rechtskultur in Form einer lex mercatoria führen. Das Verwirklichen der lex mercatoria würde zum Eintreten einer jahrhundertealten Hoffnung beitragen.[27]

C. Rechtsnatur

Das CISG ist ein multilaterales völkerrechtliches Übereinkommen.[28] Die ältere Völkerrechtslehre unterteilte die völkerrechtlichen Verträge in zwei Gruppen.

---

[19] Stand: 27.08.2001.

[20] Piltz, NJW 2000, 553.

[21] CISG Online; CISG-France; CISG-Spain and Latinamerica; CISG W3; UNILEX; CLOUT.

[22] Abschlußbericht, S. 19, 20, 29 ff.

[23] Schlechtriem/Schlechtriem, Einl., S. 31; Schlechtriem, ZEuP 1993, 217 ff; Göritz, S. 44-49.

[24] Schlechtriem/Schlechtriem, Einl., S. 31, 32; Schlechtriem, ZEuP 1993, 217 ff.

[25] Schlechtriem/Schlechtriem, Einl., S. 31, 32.

[26] Staudinger/Magnus, Einl. zum CISG, Rn. 4.

[27] Schlechtriem/Schlechtriem, Einl. S. 31.

[28] Volken, Scope, Interpretation and Gap-Filling, S. 20 Nr. 3; Piltz, § 2 Rn. 3.

Sie unterschied zwischen Verträgen, die die Vertragsstaaten untereinander binden („contractual treaties") und Verträgen, die sich auf die Rechte und Pflichten der nicht staatlichen Vertragsparteien beziehen („law-making-treaties").[29] Das CISG hat eine Doppelnatur, weil es sowohl Regelungen enthält, die nur die Vertragsstaaten untereinander binden (vgl. Art. 89-101), als auch solche, die materiell-rechtliche Regelungen der nicht staatlichen Vertragsparteien betreffen (vgl. Art. 1-88).[30] Insgesamt ist das CISG jedoch als rechtsetzender Staatsvertrag einzuordnen, weil das Übereinkommen überwiegend privatrechtliche Rechtsvorschriften enthält.[31]

Innerhalb der rechtsetzenden Verträge wird zwischen unmittelbar („self-executing" Verträge) und bloß mittelbar („non self-executing" Verträgen) anwendbaren Staatsverträgen unterschieden.[32] „Self-executing" Verträge enthalten Rechtsnormen, die ihre Rechtswirkungen unmittelbar entfalten und daher keiner besonderen Umsetzung in nationales Recht bedürfen. Auf die in den staatsvertraglichen Rechtsnormen verankerten subjektiven Rechte können sich die dadurch begünstigten Rechtssubjekten unmittelbar berufen. Dagegen begründen „non self-executing" Verträge Rechte und Pflichten nur für den vertragsschließenden Staat. Durch diesen Vertrag wird der betreffenden Staat völlkerrechtlich verpflichtet, die Grundsätze dieses Vertrags in entsprechende nationale Rechtssätze umzusetzen. Bis zur Umsetzung des Staatsvertrags in nationales Recht, kann sich ein Bürger des betreffenden Staates daher nicht auf die im Staatsvertrag enthaltenen Grundsätze berufen.[33] Im Gegensatz zu den Vorgängerabkommen, den Haager Kaufgesetzen, handelt es sich beim CISG um einen „self-executing" Vertrag.[34]

D. Anwendungsbereich

I. Zeitlich

Das Übereinkommen findet nach Art. 100 Abs. 1 auf den Abschluß eines Vertrags nur Anwendung, wenn der Kaufvertrag an oder nach dem Tag geschlossen wird, an dem das CISG für den betreffenden Vertragsstaat in Kraft getreten ist

---

[29] Verdross/Simma, § 537; Volken, Anwendungsvoraussetzungen, S. 82.

[30] Vgl. Volken, Scope, Interpretation, and Gap-Filling, S. 20, 21 Nr. 4-8, S. 38, 39 Nr. 46, 47.

[31] Im Ergebnis ebenso Volken, Anwendungsvoraussetzungen, S. 82.

[32] Müller/Wildhuber, S. 116; Volken, Anwendungsvoraussetzungen, S. 83.

[33] Müller/Wildhuber, S. 116; Volken, Anwendungsvoraussetzungen, S. 83.

[34] Volken, Anwendungsvoraussetzungen, S. 84.

(vgl. Art. 1 Abs. 1 lit. a und lit. b). Für die Anwendung des Übereinkommens ist es also ausreichend, wenn die Annahmeerklärung den Anbietenden erst nach Inkrafttreten des Übereinkommens erreicht hat.[35] Der Zeitpunkt des Inkrafttretens ist in Art. 99 geregelt. Für die Bundesrepublik Deutschland ist das CISG nach Art. 99 Abs. 3 und Abs. 5 am 01.01.1991 in Kraft getreten, weil die Vorgängerabkommen - die Haager Kaufgesetze (EAG, EKG) - auf den 31.12.1990 gekündigt wurden.

II. Räumlich

Der räumliche Anwendungsbereich des CISG ist in Art. 1 geregelt. Demnach ist das Übereinkommen räumlich anwendbar, wenn die Vertragsparteien ihre Niederlassung oder ihren gewöhnlichen Aufenthalt in verschiedenen Vertragsstaaten haben (vgl. Art. 1 Abs. 1 lit. a). Der Begriff der Niederlassung ist nicht im CISG definiert. Art. 10 enthält lediglich eine Klarstellung, welche von mehreren Niederlassungen einer Partei maßgebend ist. Danach ist bei mehreren Niederlassungen auf diejenige abzustellen, zu der das Geschäfts die engste Verbindung aufweist (vgl. Art. 10 lit. a). Hat eine Partei keine Niederlassung, so ist auf ihren gewöhnlichen Aufenthaltsort abzustellen (vgl. Art. 10 lit. b). Mit Niederlassung ist der Ort gemeint, von dem aus die geschäftliche Tätigkeit tatsächlich und schwerpunktmäßig betrieben wird.[36] Die Niederlassung muß auf eine gewisse Dauer angelegt sein.[37] An einer Niederlassung fehlt es beispielsweise bei Messeständen, bei Reisegruppen oder bei mobilen Verkaufseinrichtungen.[38] Fehlt es an einer Niederlassung, so ist an den gewöhnlichen Aufenthalt einer Partei anzuknüpfen. Auch der Begriff „gewöhnlicher Aufenthalt" ist nicht im CISG definiert. Er setzt einen tatsächlichen Aufenthalt von gewisser Dauer voraus.[39]

Der räumliche Anwendungsbereich des Übereinkommens wird durch Art. 1 Abs. 1 lit. b erweitert. Danach sind die Regelungen des CISG anwendbar, wenn die Regeln des internationalen Privatrechts zur Anwendung des Rechts eines Vertragsstaats führen. Schließt z.B. eine Partei aus dem Nichtvertragsstaat A einen Vertrag mit einer Person aus dem Vertragsstaat B und verweist das maßgebliche internationale Privatrecht des Nichtverstragsstaates auf das Recht eines

---

[35] Reinhart, Art. 100 Rn. 2; Enderlein/Maskow/Strohbach, Art. 100 Anm. 2.

[36] Staudinger/Magnus, Art. 1 Rn. 63; Bianca/Bonell/Jayme, Art. 1 Anm. 2.3.

[37] Herber/Czerwenka, Art. 1 Rn. 14; Bianca/Bonell/Jayme, Art. 1 Anm. 2.3.

[38] Staudinger/Magnus, Art. 1 Rn. 64.

[39] Herber/Czerwenka, Art. 10 Rn. 5; Schlechtriem/Ferrari, Art. 10 Rn. 10.

Vertragsstaates des Übereinkommens, so ist auf diesen Fall das CISG anwendbar. Eine Anwendung von Art. 1 Abs. 1 lit. b kommt jedoch nicht in Betracht, wenn ein Vertragsstaat erklärt, daß diese Regelung für ihn nicht verbindlich sei (vgl. Art. 95). Die Bundesrepublik Deutschland hat bisher keine solche Erklärung abgegeben. Sie hat jedoch in Art. 2 Vertragsgesetz eine Art. 1 Abs. 1 lit. b einschränkende Regelung getroffen, die die Funktion einer Auslegungshilfe erfüllt.[40] Danach scheidet eine Anwendung von Art. 1 Abs. 1 lit. b aus, wenn daß maßgebliche internationale Privatrecht zur Anwendung des Rechts eines Vertragsstaates führt, der seinerseits eine Erklärung nach Art. 95 abgegeben hat. Schließt z.B. eine Partei aus einem Nichtvertragsstaat A einen Vertrag mit einer Person aus dem Vertragsstaat B und verweist das maßgebliche internationale Privatrecht des Nichtvertragsstaates beispielsweise auf das Recht der Vereinigten Staaten, die einen Vorbehalt nach Art. 95 erklärt haben, müßte ein Gericht des Staates A das materielle Recht der Vereinigten Staaten anwenden.

Der Anwendungsbereich von Art. 1 Abs. 1, wird nach Art. 1 Abs. 2 durch ein subjektives Merkmal eingeschränkt, um eine zu weite und von den Parteien nicht vorhersehbare Anwendung des CISG zu vermeiden[41]. Die Anwendbarkeit des CISG ist ausgeschlossen, wenn eine Partei die Tatsache einer ausländischen Niederlassung der anderen Partei nicht aus den Umständen erkennen konnte. Solche Umstände sind der Vertrag, die früheren Geschäftsbeziehungen oder Verhandlungen zwischen den Parteien oder Auskünfte, die eingeholt oder erteilt wurden (vgl. Art. 1 Abs. 2).

Für die Bestimmung des Anwendungsbereiches des CISG darf nach Art. 1 Abs. 3 weder auf die Staatsangehörigkeit der Parteien noch ihre Kaufmannseigenschaft abgestellt werden. Ferner darf dabei nicht berücksichtigt werden, ob es sich bei dem betreffenden Geschäft um einen Vertrag handelsrechtlicher oder bürgerlich-rechtlicher Art handelt.

III. Sachlich

1. Erfaßte Geschäfte

a) Kaufverträge über Waren

Das CISG erfaßt in seinem sachlichen Anwendungsbereich Kaufverträge (vgl. Art. 4 S. 1). Der Begriff des Kaufvertrags ist zwar im Übereinkommen nicht

---

[40] Staudinger/Magnus, Art. 1 Rn. 111.

[41] Herber/Czerwenka, Art. 1 Rn. 20.

ausdrücklich definiert, wird aber mittelbar durch die Regelung der Rechte und Pflichten des Verkäufer und des Käufers näher umschrieben. Darunter fallen vor allem die Lieferpflicht des Verkäufers (vgl. Art. 31 ff), die Zahlungs- und Abnahmepflicht des Käufers (vgl. Art. 53 ff) sowie die Rechtsbehelfe bei Vertragsverletzungen der jeweils anderen Partei. Danach ist der Kaufvertrag ein Austauschvertrag, bei dem der Verkäufer zur Lieferung und Übereignung der Ware und der betreffenden Dokumente, der Käufer zur Zahlung des Kaufpreises und zur Abnahme der Ware verpflichtet ist.[42] Ein Kaufvertrag wird also durch diese primären gegenseitigen Ansprüche charakterisiert.[43] Ferner stellt sich noch die Frage, ob das Übereinkommen über die in ihm ausdrücklich geregelten Pflichten hinaus noch weitere, ungeschriebene Pflichten enthält. Solche Pflichten, wie z.B. eine Leistungstreuepflicht, werden überwiegend bejaht.[44] Folgende Formen eines Kaufs fallen unter den Begriff des Kaufvertrags: der Versendungskauf, das Streckengeschäft, der Sukzessivlieferungsvertrag, der Spezifikationskauf, der Kauf nach Muster oder Probe, der Fixkauf und der Kauf auf Probe.[45]

Das Übereinkommen erfaßt nach Art. 1 Abs. 1 nur Kaufverträge über Waren. Damit sind Verträge gemeint, die sich auf bewegliche, körperliche Gegenstände beziehen.[46] Aus diesem Grund werden Kaufverträge, die den Erwerb von Grundstücken und Rechten zum Gegenstand haben, nicht vom CISG erfaßt.[47]

b) Werklieferungsverträge

Ferner stellt das Übereinkommen Werklieferungsverträge den Kaufverträgen gleich (vgl. Art. 3 Abs. 1). Werklieferungsverträge sind solche Verträge, bei denen der Unternehmer einen wesentlichen Teil der notwendigen Rohstoffe oder Halbfabrikate zur Verfügung zu stellen hat. Die „Wesentlichkeit" bestimmt sich nach überwiegender Ansicht nach dem Wertverhältnis der Materialien, die die Parteien bereitzustellen haben.[48] Ein „wesentlicher Teil" liegt vor, wenn das

---

[42] Staudinger/Magnus, Art. 4 Rn. 16.

[43] Staudinger/Magnus, Art. 4 Rn. 16; Schlechtriem/Ferrari, Art. 4 Rn. 10.

[44] Leser, Vertragsaufhebung und Rückabwicklung, S. 254, 255; Kock, S. 30 ff; Staudinger/Magnus, Art. 4 Rn. 17; vgl. BGH v. 23.07.97, NJW 1997, 3309, 3310.

[45] Herber/Czerwenka, Art. 1 Rn. 4; Staudinger/Magnus, Art. 1 Rn. 13-41.

[46] Staudinger/Magnus, Art. 1 Rn. 43.

[47] Staudinger/Magnus, Art. 1 Rn. 53-56.

[48] Schlechtriem/Herber, Art. 3 Rn. 3; Honnold, Rn. 59; Staudinger/Magus, Art. 3 Rn. 14.

von einer Partei bereitzustellende Material einen Anteil von mehr als 50 % hat.[49]

c) Gemischte Verträge

Art. 3 Abs. 2 erweitert den sachlichen Anwendungsbereich des CISG auf Lieferverträge mit arbeits- oder dienstvertraglichen Pflichten (z.B. Montage, Kontrolle und Lagerung). Das Übereinkommen gilt jedoch nur dann für Verträge mit solchen Pflichten, wenn diese Pflichten die kaufrechtlichen Pflichten nicht überwiegen.[50] Für die Feststellung des Überwiegens ist hauptsächlich auf das Wertverhältnis zwischen der Kaufleistung und der sonstigen Leistung abzustellen.[51] Als weiteres Kriterium kann auch das Interesse der Vertragspartner am Leistungsaustausch berücksichtigt werden.[52] Beispielsweise fallen Lieferverträge mit Montageverpflichtung im Regelfall unter das CISG, weil der Wert der Montageverpflichtung meist hinter der Lieferleistung zurücksteht.[53]

Handelt es sich um gemischte Verträge, die neben kaufrechtlichen Pflichten noch weitere Pflichten enthalten, die nicht arbeits- oder dienstvertraglicher Natur sind, gilt Art. 3 Abs. 2 analog.[54] Demnach ist auch auf einen solchen Vertrag das CISG nur anwendbar, wenn die kauffremden Pflichten (z.B. eine Wettbewerbsabrede) die kaufrechtlichen Plichten nicht überwiegen. Wettbewerbspflichten wie z.B. ein Alleinvertriebsrecht haben die Funktion, den Verkauf der Ware zu organisieren und sind Teil des Marketingkonzeptes eines Unternehmens. Aus diesem Grund hat der Käufer häufig ein erheblicher Interesse an der Einhaltung einer solchen Abrede. Trotzdem steht bei einem Vertrag, der sowohl kaufrechtliche als auch wettbewerbsrechtliche Pflichten enthält, im Regelfall die kaufrechtlichen Pflichten im Vordergrund. Der Käufer hat hauptsächlich ein Interesse an der Lieferung der Ware. Die wettbewerbsrechtliche Pflicht ist nur eine Nebenabrede, die den Vertrieb der Ware betrifft. Demnach ist das CISG sachlich auch auf solche Wettbewerbsabreden anwendbar.[55] Etwas

---

49 Staudinger/Magnus, Art. 3 Rn. 16; Schlechtriem/Ferrari, Art. 3 R. 15.

50 Vgl. Staudinger/Magnus, Art. 3 Rn. 16; Art. 3 Rn. 26-30; Rudoph, Art. 3 Rn. 5, 6.

51 Staudinger/Magnus, Art. 3 Rn. 21; Schlechtriem/Ferrari, Art. 3 Rn. 13.

52 Staudinger/Magnus, Art. 3 Rn. 21; Schlechtriem/Ferrari, Art. 3 Rn. 14.

53 Staudinger/Magnus, Art. 3 Rn. 26; Schlechtriem/Ferrari, Art. 3 Rn. 17.

54 Schlechtriem/Ferrari, Art. 3 Rn. 19; Honnold, Rn. 60.4.

55 Im Ergebnis ebenso: OLG Frankfurt a. M. v. 17.09.1991, NJW 1992, 633, 635; LG Frankfurt a. M. v. 16.09.91, RIW 1991, 952, 953; HGer des Kantons Aargau v. 26,09.97, SZIER

anders gilt jedoch, wenn z.B. ein Alleinvertriebsrecht in einem Rahmenvertrag vereinbart wird, der nur abstrakt Liefer- und Abnahmepflichten der Parteien begründet, die erst später durch den Abschluß entsprechender Kaufverträge konkretisiert werden sollen. Denn in diesem Fall besteht noch kein hinreichender Bezug zu den kaufrechtlichen Pflichten. Demnach stehen bei einem solchen Vertrag nicht kaufrechtliche Pflichten, sondern wettbewerbsrechtliche Pflichten im Vordergrund.[56] Dieser Rahmenvertrag ist daher nicht nach dem CISG, sondern nach dem jeweiligen nationalen Recht zu beurteilen.

2. Nicht erfaßte Geschäfte

Das CISG schließt in den Art. 2, 4 und 5 bestimmte Geschäfte von seinem sachlichen Geltungsbereich aus. In Art. 2 lit. a-f werden folgende Kaufverträge ausgeschlossen: Verbraucherkäufe, Käufe bei Versteigerungen sowie solche aufgrund von Zwangsvollstreckungs- oder anderen gerichtlichen Maßnahmen, Käufe von Wertpapieren oder Zahlungsmitteln, Käufe von Schiffen und Flugzeugen und Käufe von elektrischer Energie.

Das Übereinkommen regelt nach Art. 4 S. 1 nur den Abschluß des Kaufvertrags und die aus ihm erwachsenen Rechte des Käufers und Verkäufers. Das CISG erfaßt daher nicht die Gültigkeit des Vertrags oder einzelner Vertragsbestimmungen oder die Gültigkeit von Gebräuchen (Art. 4 S. 2 lit. a). Aus diesem Grund regelt das CISG z.B. nicht die Unwirksamkeitsgründe für Rechtsgeschäfte wie Nichtigkeit wegen Sittenwidrigkeit oder Gesetzesverstoßes oder Anfechtbarkeit wegen Willensmängel.[57] Ferner behandelt das CISG nicht die Frage der Inhaltskontrolle von Allgemeinen Geschäftsbedingungen. Dagegen richtet sich die Frage der Einbeziehung von Allgemeinen Geschäftsbedingungen in den Vertrag, nach den Bestimmungen des Übereinkommens.[58] Im übrigen erfaßt das Übereinkommen nicht die Frage der Übertragung des Eigentums (vgl. Art. 4 S. 2 lit. b). Darüber hinaus sind nach überwiegender Ansicht z.B. folgende Rechtsmaterien vom Anwendungsbereich des CISG ausgeschlossen:

1998, 79; OLG Koblenz v. 31.01.97, CISG Online Nr. 256, a. A. Schlechtriem/Schlechtriem, Art. 25 Rn. 7.

[56] Vgl. OG des Kantons Luzern v. 08.01.97, SZIER 97, 132, 133; OLG München v. 22.09.95, SZIER 97, 138, 139; OLG Düsseldorf v. 11.07.96, RIW 1996, 958, 959; Soergel/Lüderitz/Fenge, Art. 1 Rn. 22.

[57] Staudinger/Magnus, Art. 4 Rn. 20; Honsell/Siehr, Art. 4 Rn. 4-9; Schlechtriem/Ferrari, Art. 4 Rn. 17, 18.

[58] Sistermann, S. 43, 44; Schlechtriem/Schlechtriem, Art. 14 Rn. 16, 17; Staudinger/Magnus, Art. 4 Rn. 25; Schlechtriem/Ferrari, Art. 4 Rn. 21; AG Nordhorn v. 14.06.94 , CISG Online Nr. 259; Ulmer/Brandner/Jensen, Anh. § 2 Rn. 11, 16 a.

Geschäftsfähigkeit, rechtsgeschäftliche Stellvertretung, Verjährung, positive Vertragsverletzung, culpa in contrahendo.[59]

Schließlich betrifft das Übereinkommen nicht die Haftung des Verkäufers für Tod oder Körperverletzung einer Person, soweit diese Verletzungsfolgen durch die Ware verursacht werden (vgl. Art. 5). Damit regelt das CISG die vertragliche Haftung des Verkäufers nur für folgende Fälle: Sach- und Vermögensschäden, die durch den Fehler der Ware verursacht werden, Personen- oder Sachschäden, die nicht auf der Lieferung einer vertragswidrigen Ware beruhen sowie Schäden an der Ware selbst.[60]

---

[59] Ausführliche Darstellung der nicht vom CISG erfaßten Rechtsmaterien bei Staudinger/Magnus, Art. 4 Rn. 35-75; Schlechtriem/Ferrari, Art. 4 Rn. 42-47; Bianca/Bonell/Khoo, Anm. 3.3.; Honnold, Rn. 66-70.

[60] Audit, Anm. 39; Schlechtriem/Ferrari, Art. 5 Rn. 10.

2. Kapitel: Auslegung des CISG und von Parteierklärungen

Das CISG enthält zwei Artikel, die sich mit der Auslegung befassen. Dabei behandelt Art. 7 die Auslegung der Konvention und Art. 8 die Auslegung von Parteierklärungen und Parteiverhalten. Zunächst soll jedoch erst auf die generellen Probleme eingegangen werden, die bei der Auslegung von unbestimmten Rechtsbegriffen auftreten können.

A. Allgemeine Probleme bei der Auslegung von unbestimmten Rechtsbegriffen

Das CISG enthält viele unbestimmte Rechtsbegriffe. Darunter fallen wichtige Grundbegriffe des CISG, wie die „wesentliche Vertragsverletzung" in Art. 25, der Grundsatz von Treu und Glauben in Art. 7 Abs. 2, „vernünftige Person" (vgl. Art. 8 Abs. 2, 25), „unzumutbar" (vgl. Art. 34, 37, 48 Abs. 1), „angemessen" (vgl. Art. 39, 49 Abs. 2), „vernünftigerweise" (vgl. Art. 60 lit. a) und „unverhältnismäßig" (vgl. Art. 87).

Die Auslegung von unbestimmten Rechtsbegriffen in internationalen Übereinkommen bereitet stets viele Probleme. Diese sind zunächst in der autonomen Begriffsbildung begründet. Die Väter des CISG verwendeten bei Schaffung der Konvention nur Worte, die in den nationalen Rechtsordnungen noch nicht juristisch „vorbelastet" waren. Diese sollten erst durch die Anwendung des CISG eine spezifisch einheitsrechtliche Bedeutung erhalten.[61] Aus diesem Grund sind die im Übereinkommen verwendeten Ausdrücke in ihrem Begriffsinhalt notwendigerweise unbestimmt.

Ferner kommt es auch durch die abstrakte Fassung der Tatbestandsmerkmale zu Unsicherheiten über deren Begriffsumfang. Aus diesen Gründen hat die Begriffsbildung in der Konvention den Nachteil einer zunächst geringeren Rechtssicherheit. Letztendlich kann sich die Bedeutung eines Tatbestandsmerkmals im Einzelfall erst durch vertragliche Vereinbarungen[62] bzw. durch die sich mit der Zeit entwickelnden Spruchpraxis der Gerichte[63] konkretisiert werden. Allerdings hat eine solche abstrakte und unbestimmte Formulierung der Begriffe auch Vorteile. Sie ermöglicht eine flexible Handhabung auf eine Vielfalt von Sachverhalten und damit eine lückenlose Regelung eines bestimmten Sachbe-

---

[61] Enderlein/Maskow/Strohbach, Einleitung, S. 33.

[62] Siehe S. 173 ff, Teil III, zweites Kapitel, A.

[63] Siehe S. 105 ff, Teil III, erstes Kapitel, C.III.

reichs. Dadurch wird der Nachteil der geringeren Rechtssicherheit kompensiert.[64]

B. Auslegung des CISG

I. Einheitliche Auslegung des Übereinkommens

Art. 7 behandelt in seinem ersten Absatz die Auslegung und in Absatz 2 die Lückenfüllung in der Konvention. Diese Vorschrift hat die Vereinheitlichung der Auslegungsmethoden im CISG zum Ziel. Da eine supranationale Entscheidungsinstanz fehlt, ist dies derzeit die einzige Möglichkeit, eine einheitliche Auslegung des Übereinkommens zu erreichen. Im Falle einer unterschiedlichen Auslegung des CISG durch die Gerichte der einzelnen Vertragsstaaten droht die Gefahr, daß die mit dem CISG bezweckte Rechtseinheit im Bereich des internationalen Kaufrechts nur schwer erreichbar sein wird.[65] Ferner kann eine unterschiedliche Auslegung zu einem nicht gewollten „forum shopping" zu Gerichten in bestimmten Vertragsstaaten führen.[66] Außerdem sollen die in Art. 7 festgelegten Regeln dazu beitragen, daß ein Rückgriff auf nationale Regeln und Rechtsgewohnheiten weitgehend vermieden wird. Denn ein solcher Rückgriff ist in der Praxis des internationalen Handels häufig zu beobachten.[67]

II. Auslegungsgrundsätze und Auslegungsmethoden

Art. 7 Abs. 1 enthält bestimmte Grundsätze, die bei der Auslegung der Konvention zu berücksichtigen sind. Er schreibt nur zentrale Ziele und Maßgaben vor, läßt die Methode der Auslegung aber weitgehend offen.[68] Durch die Festlegung bestimmter Auslegungsziele soll eine einheitliche Auslegung der Konvention gewährleistet werden. Folgende Grundsätze sind bei der Auslegung des Übereinkommens zu berücksichtigen: internationaler Charakter, einheitliche Anwendung und Wahrung des guten Glaubens.

---

[64] Enderlein/Maskow/Strohbach, Einleitung, S. 34.

[65] Staudinger/Magnus, Art. 7 Rn. 3.

[66] Liguori, ZEuP 96, 600, 602; Audit, Anm. 53.

[67] Eörsi, General Provisions, § 2.02 sub. 2-3.

[68] Staudinger/Magnus, Art. 7 Rn. 30; Schlechtriem/Ferrari, Art. 7 Rn. 10, 19; Herber/Czerwenka, Art. 7 Rn. 3; Honsell/Melis, Art. 7 Rn. 3; Audit, Anm. 52.

1. Auslegungsgrundsätze

a) Internationaler Charakter

Art. 7 Abs. 1 schreibt vor, daß bei Anwendung des Abkommens auf dessen internationalen Charakter Rücksicht zu nehmen ist. Im Gegensatz zu Gesetzen in den einzelnen Vertragsstaaten wurde der in sechs verbindlichen Sprachen[69] abgefaßte Text der Konvention nicht der Gesetzessprache eines dieser Länder entnommen. Vielmehr ist er das Verhandlungsergebnis von Delegierten, die verschiedenen Rechtssystemen angehören. Der Vertragstext ist daher als Ergebnis zahlreicher Kompromisse auf internationaler Ebene anzusehen.[70] Aus diesem Grund darf bei Auslegung eines Begriffs im CISG nicht auf die Bedeutung des Begriffs bzw. einer Rechtskonstruktion im nationalen Recht zurückgegriffen werden. Das Übereinkommen ist deshalb autonom auszulegen. Daraus folgt, daß ein Begriff des Abkommens aus seinem Zusammenhang heraus zu interpretieren ist.[71] Eine Ausnahme gilt nur, soweit Rechtsinstitute gezielt aus einer Rechtsordnung übernommen wurden bzw. die Konvention ausdrücklich auf nationales Recht verweist.[72]

b) Förderung einheitlicher Anwendung

Ferner bestimmt Art. 7 Abs. 1, daß die einheitliche Anwendung des Übereinkommens in den Vertragsstaaten zu fördern ist. Dieses Auslegungsziel kann wegen Fehlens einer supranationalen Entscheidungsinstanz nur erreicht werden, wenn bei Auslegung des CISG Gerichtsentscheidungen und Literatur aus anderen Vertragsstaaten herangezogen werden.[73] Dies setzt natürlich voraus, daß den Gerichten der einzelnen Vertragsstaaten die entsprechenden Materialien auf möglichst einfache Art zugänglich gemacht werden. Deshalb haben sowohl die UNCITRAL[74] als auch das Centre for Comparative and Foreign Law Studies[75]

---

69 Arabisch, Chinesisch, Englisch, Französisch, Russisch und Spanisch.

70 Honsell/Melis, Art. 7 Rn. 5; Herber/Czerwenka, Art. 7 Rn. 4.

71 Staudinger/Magnus, Art. 7 Rn. 12; Herber/Czerwenka, Art. 7 Rn. 4; Schlechtriem/Ferrari, Art. 7 Rn. 11; Bianca/Bonell/Bonell, Art. 7 Anm. 2.2.2.

72 Staudinger/Magnus, Art. 7 Rn. 13; Schlechtriem/Ferrari, Art. 7 Rn. 13; Audit, Anm. 53.

73 Staudinger/Magnus, Art. 7 Rn. 12; Herber/Czerwenka, Art. 7 Rn. 4; Schlechtriem/Ferrari, Art. 7 Rn. 11; Bianca/Bonell/Bonell, Art. 7 Anm. 2.2.2.Staudinger/Magnus, Art. 7 Rn. 21; Schlechtriem/Herber; Art. 7 Rn. 14; Bianca/Bonell/Bonell, Art. 7 Anm. 3.1.3.; Honnold, Rn. 92; Audit, Anm. 53.

74 CLOUT.

75 UNILEX.

ein Informationssystem geschaffen, in dem alle Entscheidungen zum CISG gesammelt werden. Daneben bestehen noch einige Entscheidungssammlungen auf nationaler Ebene.[76] Allerdings besteht für die betreffenden Gerichte keine rechtliche Bindung, die Rechtsprechung und das Schrifttum in den anderen Vertragsstaaten zu berücksichtigen.[77]

c) Wahrung des guten Glaubens im Internationalen Handel

Schließlich ist bei Auslegung des CISG der Grundsatz der Wahrung des guten Glaubens im internationalen Handel zu berücksichtigen. Es stellt sich zunächst die Frage, welchen Anwendungsbereich dieser Grundsatz im CISG hat. Nach einer Ansicht ist dieser Grundsatz nur auf die Auslegung des Übereinkommens durch die Gerichte anwendbar. Dies wird mit Hinweis auf den Wortlaut von Art. 7 Abs. 1 und der Gefahr von Auslegungsdifferenzen zwischen den nationalen Gerichten begründet.[78] Die überwiegende Auffassung geht mit überzeugenden Argumenten von einem weiten Verständnis des guten Glaubens aus, obwohl der Wortlaut der Konvention diesen Grundsatz nur für die Auslegung des Übereinkommens für anwendbar erklärt. Der gute Glaube wird als allgemeiner Rechtsgrundsatz gesehen, der nicht nur bei Auslegung des CISG, sondern darüber hinaus auch von den Parteien als Verhaltensmaßstab zu beachten ist.[79] Dies wird damit begründet, daß sich die Auslegung der Konvention und eine von Parteivereinbarungen nicht streng trennen lasse. Ferner wird darauf hingewiesen, daß die Vorschriften des Übereinkommens ohnehin den guten Glauben wahren, was bei Vereinbarungen zwischen den Parteien nicht ohne weiteres der Fall sei. Aus diesem Grund sei die Berücksichtigung des guten Glaubens gerade bei der Auslegung von Parteivereinbarungen von besonderer Bedeutung.[80] Der Grundsatz des guten Glaubens bestehe in nahezu allen Rechtsordnungen.[81]

---

[76] CISG Online; CISG-France; CISG-Spain and Latinamerica; CISG W3.

[77] Staudinger/Magnus, Art. 7 Rn. 21; Schlechtriem/Herber; Art. 7 Rn. 24; Honsell/Melis, Art. 7 Rn. 7; Enderlein/Maskow/Strohbach, Art. 7 Anm. 4.

[78] Lüderitz, Pflichten der Parteien, S. 193.

[79] Schlechtriem/Ferrari, Art. 7 Rn. 7, 15; Bianca/Bonell/Bonell, Art. 7 Anm. 2.4.1.; Staudinger/Magnus, Art. 7 Rn. 10; Reinhart, Art. 7 Rn. 3; Eörsi, General Provisions, § 2.03, sub. 2-8, 2-9; Enderlein/Maskow/Strohbach, Art. 7 Anm. 2.1.; ausführlich zum Meinungsstand Keinath, S. 195 ff.

[80] Enderlein/Maskow/Strohbach, Art. 7 Anm. 2.1.

[81] Honsell/Melis, Art. 7 Rn. 9.

Im Hinblick auf den Grundsatz der autonomen Auslegung der Konvention darf der Inhalt des Begriffs „guter Glaube“ nicht aus den Vorschriften nationaler Rechtsordnungen bestimmt werden. Dieser Grundsatz muß aus international anerkannten Prinzipien ehrbaren Verhaltens in möglichster Übereinstimmung mit den Gerichten der Vertragsstaaten ausgefüllt werden.[82] Dabei sind insbesondere internationale Gebräuche und die Vertragspraxis zu berücksichtigen.[83]

2. Auslegungsmethoden

a) Keine Regelung der Auslegungsmethode

Art. 7 Abs. 1 enthält nur bestimmte Auslegungsziele, die bei Auslegung des Übereinkommens erreicht werden sollen, läßt aber die Methode der Auslegung weitgehend offen.[84] Aus diesen Zielen ergibt sich für die Auslegungsmethoden, daß im Hinblick auf eine autonome Interpretation des CISG nicht auf nationale Auslegungsmethoden zurückgegriffen werden darf.[85] Dieses Ergebnis wird auch durch Art. 7 Abs. 2 bestätigt. Diese Vorschrift verweist für die Schließung von Lücken des CISG primär auf die dem Übereinkommen zugrundeliegenden allgemeinen Grundsätze. Dennoch hat sich bis zum heutigen Zeitpunkt hat sich für die Auslegung des Übereinkommens noch keine eigenständige Interpretationsmethode herausgebildet.[86] Allerdings wird sich auch keine vollkommen neue Auslegungsmethode „erfinden“ lassen, weil der Kanon der Auslegungsmethoden beschränkt ist.[87] Vielmehr ist im Hinblick auf die historische Entwicklung der Auslegungsmethoden im Europa-[88] und Völkerrecht[89] lediglich mit einer

---

[82] Schlechtriem/Ferrari, Art. 7 Rn. 18; Bianca/Bonell/Bonell, Art. 7 Anm. 2.4.2.; ausführliche Darstellung bei Keinath, S. 129 ff.

[83] Enderlein/Maskow/Strohbach, Art. 7 Anm. 5.

[84] Herber/Czerwenka, Art. 7 Rn. 3; Staudinger/Magnus, Art. 7 Rn. 30; Honsell/Melis, Art. 7 Rn. 3.

[85] Schlechtriem/Ferrari, Art. 7 Rn. 19; Rudolph, Art. 7 Rn. 7, 9; Honsell/Melis, Art. 7 Rn. 10; Bianca/Bonell/Bonell, Art. 7 Anm. 2.2.1.

[86] Staudinger/Magnus, Art. 7 Rn. 30; Versuch der Entwicklung einer einheitlichen Auslegungsmethode von Diedrich, S. 108-117, der bis auf die teleologische Auslegungsmethode auf die Methoden des Civil Law zurückgreift.

[87] Summers/Taruffo, Interpretation and Comparative Analysis, S. 464, 465 unterscheiden in ihrer Studie über die Gesetzesinterpretation in neun Ländern elf Auslegungsargumente. Diese Argumente sind im wesentlichen durch die vier klassischen Auslegungsmethoden abgedeckt.

[88] Der EuGH wendet die grammatische, systematische, historische und teleologische Auslegungsmethode bei Auslegung des EWGV und des EuGVÜ i.d.R. nebeneinander an, vgl.

Modifikation bereits vorhandener Auslegungsmethoden durch die Besonderheiten des CISG zu rechnen.

Dabei stellt sich die Frage, ob die Auslegungsmethoden der Common-Law-Staaten[90] oder die der Civil-Law-Staaten[91] die Basis für die Auslegung des Übereinkommens bilden können. Die Civil-Law-Staaten gehen überwiegend von den vier klassischen Auslegungsmethoden aus: grammatische, systematische, historische und teleologische Auslegungsmethode. Im Bereich des Common Law stand bisher traditionell die grammatische Auslegung im Vordergrund,[92] während die historische Auslegung bis vor einigen Jahren überhaupt nicht verwendet wurde und die systematische und teleologische nur mit großer Zurückhaltung.[93] Die Auslegungsmethoden des Civil Law hatten bisher einen methodischen Vorteil, weil die Gerichte im Bereich des Common Law die Entstehungsgeschichte nicht zur Auslegung von Regelungen heranzog.[94] Die Materialien zur Entstehungsgeschichte und der Text des Übereinkommens sind die einzigen gemeinsamen Grundlagen, die in allen Vertragsstaaten gleich sind. Aus diesem Grund kann eine einheitliche Auslegung des Übereinkommens insbesondere über diese beiden Interpretationsmethoden erreicht werden. Mittlerweile haben sich die Auslegungsmethoden dieser beiden Rechtskreise etwas angenähert. Die historische Auslegung ist nunmehr auch in den Common-Law-Staaten weitgehend anerkannt.[95] Selbst die englische Rechtsprechung hat inzwischen ihre Bedenken gegen die Verwendung der „traveaux péperations" aufgegeben, zumindestens soweit es um die Auslegung internationaler Abkommen

---

Pieper/Schollmeier, S. 40; Kropholler, Europäisches Zivilprozeßrecht, Einl. Rn. 33; Beutler/Bieber/Pipkorn/Streil, Anm. 7.2.4.1. Der EuGH hat inzwischen aus den klassischen Auslegungsmethoden weitere Leitlinien für die Auslegung des Gemeinschaftsrecht entwikkelt, vgl. Bleckmann 1 1982, 1177, 1178 ff.

89 Simma/Ress, S. L-LXV, Rn. 10-38.

90 Mit Common-law-Staat ist ein Land gemeint, dessen Recht auf das englische Rechtssystem zurückgeht.

91 Mit Civil-law-Staat ist ein Land gemeint, dessen Recht in der römisch-rechtlichen Tradition steht.

92 Auslegung nach der „literal rule", vgl. Honnold, Uniform Words, S. 131; Volken, Scope, Interpretation and Gap-Filling, S. 39, 40 Nr. 50.

93 Magnus, RabelsZ 53 (1989), 116 ff; Honnold, Uniform Words, S. 115-146; Zweigert/Kötz, S. 259-262; Hartwieg, ZVglRWiss 92 (1993), 282, 291.

94 Diedrich, S. 105.

95 Honnold, Uniform Words, S. 131, 132; Farnsworth, S. 67-73; ausführlich Diedrich, S. 93-108.

geht.[96] Ferner verwenden die Gerichte in diesem Rechtskreis im beschränkten Umfang auch systematische[97] und teleologische Argumente[98].

Demnach kann wohl davon ausgegangen werden, daß Basis einer einheitlichen Auslegungsmethode grundsätzlich die Methoden des Civil Law sein werden.[99] Diese müssen jedoch wegen der Besonderheiten eines internationalen Abkommens noch modifiziert werden. Schließlich ist noch darauf hinzuweisen, daß zwischen den einzelnen Auslegungsmethoden weder im nationalen noch im internationalen Recht eine feste Rangfolge besteht.[100] Demnach sind diese Methoden nebeneinander anwendbar und ergänzen sich gegenseitig.

b) Grammatische Auslegung

Die grammatische Auslegung geht vom Wortlaut einer Norm aus. Sie ist bei einem internationalen Abkommen von besonderer Bedeutung, weil der Text des Übereinkommens von den Delegierten der Vertragsstaaten gemeinsam erarbeitet wurde und deshalb am ehesten eine einheitliche, von nationalen Vorverständnissen losgelöste Auslegung des Abkommens ermöglicht.[101]

Nach Art. 7 Abs. 1 ist bei Anwendung des Übereinkommens auf dessen internationalen Charakter Rücksicht zu nehmen. Aus diesem Grund sind die in einem solchen Abkommen verwendeten Begriffe autonom auszulegen. Diese Begriffe sollen ihre juristische Bedeutung erst durch eine Auslegung aus dem Funktionszusammenhang des CISG erhalten.[102] Ausnahmsweise darf ein Rechtsbegriff aus einer anderen Rechtsordnung zur Auslegung herangezogen werden, wenn sich aus den Materialien erkennbar ergibt, daß sich die Delegierten hinsichtlich der Übernahme des Begriffs aus einer nationalen Rechtsordnung einig waren.[103]

---

[96] Honnold, Uniform Words, S. 137; Zweigert/Kötz, S. 260, 261; Diedrich, S. 93-107.

[97] Bankowski/Mac Cormick, Statutory Interpretation United Kingdom, S. 366-370; Summers, Statutory Interpretation United States, S. 413, 414.

[98] Diedrich, S. 98

[99] Im Ergebnis ebenso: Staudinger/Magnus, Art. 7 Rn. 31-37; Honsell/Melis, Art. 7 Rn. 11; Botzenhardt, S. 117-122; ähnlich Bianca/Bonell/Bonell, Art. 7 Anm. 2.2.1.

[100] Kropholler, S. 261; Botzenhardt, S. 123.

[101] Kropholler, S. 264.

[102] Enderlein/Maskow/Strohbach, Einl. S. 34; siehe auch S. 15, Teil I, zweites Kapitel, C.II.2.a.aa.

[103] Schlechtriem/Ferrari, Art. 7 Rn. 26.

Eine weitere Besonderheit bei der Auslegung von internationalen Abkommen besteht darin, daß solche Abkommen in mehreren authentischen Vertragssprachen abgefaßt werden und es dadurch zu Auslegungszweifeln kommen kann.[104] Weichen die verbindlichen Sprachen bei Auslegungszweifeln voneinander ab, ist grundsätzlich davon auszugehen, daß die englische Sprache den Willen der Konferenz besser zum Ausdruck bringt, weil die Verhandlungen hauptsächlich in dieser Sprache geführt wurden.[105] Die deutsche Textfassung ist keine authentische Fassung, sondern stellt nur eine Übersetzung dar, die von den deutschsprachigen Ländern[106] erarbeitet wurde. Diese Übersetzung ist daher nur als ein unverbindliches Hilfsmittel anzusehen.[107]

c) Systematische Auslegung

Die systematische Auslegung stellt auf den Sinnzusammenhang der Norm innerhalb des Abkommens ab. Die betreffende Vorschrift ist danach so auszulegen, daß Widersprüche mit anderen Regelungen und Wertentscheidungen vermieden werden können. Darüber hinaus können bei der Interpretation des autonomen deutschen Zivilrechts nicht nur der Bedeutungszusammenhang innerhalb des betreffenden Gesetzes, sondern auch die Wertentscheidungen der gesamten Rechtsordnung berücksichtigt werden.[108] Dagegen ist es bei solchen Abkommen methodisch unzulässig, die gesamte Rechtsordnung des Forumstaates für die Auslegung heranzuziehen. Ansonsten besteht die Gefahr, daß über das Einfließen von nationalen Wertentscheidungen die internationale Rechtseinheit erheblich beeinträchtigt wird.[109]

Ferner stößt die systematische Auslegung bei internationalem Einheitsrecht an Grenzen, wenn Auslegungsargumente aus verwandten Texten des Einheitsrechts gewonnen werden sollen. Ein Rückgriff auf Wertentscheidungen aus anderen Texten des Einheitsrechts scheidet in der Regel schon deshalb aus, weil das internationale Einheitsrecht größtenteils eine untereinander nicht zusammenhängende, von verschiedenen internationalen Gremien erarbeitete Rechtsmasse bildet. Jedes internationale Abkommen stellt grundsätzlich ein kleines

---

[104] Die authentischen UN-Sprachen sind: Arabisch, Chinesisch, Englisch, Französisch, Russisch und Spanisch.

[105] Honsell/Melis, Art. 7 Rn. 10; Staudinger/Magnus, Art. 7 Rn. 17.

[106] Bundesrepublik, ehemalige DDR, Schweiz und Österreich.

[107] Honsell/Melis, Art. 7 Rn. 10.

[108] Kropholler, S. 271, 272.

[109] Kropholler, S. 272.

Rechtssystem für sich dar, das nur aus seinem Kontext heraus zu interpretieren ist.[110]

Eine andere Frage ist jedoch, ob zur Auslegung von Vorschriften des CISG, Rechtsprechung und Literatur zum Vorgängerabkommen (EKG) verwendet werden darf. Denn für die Heranziehung dieser Materialien spricht ein enger historischer und sachlicher Zusammenhang zwischen beiden Übereinkommen. Das EKG war von Anfang an Beratungsgrundlage für die Entwürfe der UNCITRAL. Aus diesem Übereinkommen wurden nicht nur die Grundstrukturen und Schlüsselbegriffe, sondern auch viele Detaillösungen ins CISG übernommen.[111] Gegen eine Einbeziehung spricht jedoch, daß das EKG und das CISG von verschiedenen Gremien erarbeitet wurden. Das EKG wurde überwiegend vom Kaufrechtsausschuß der Haager Konferenz und das CISG von einem Ausschuß der Vereinten Nationen erarbeitet. Ferner sind Vertreter verschiedener Länder an diesen Ausschüssen beteiligt gewesen.[112] Schließlich konnte sich das EKG im internationalen Rechtsverkehr nicht durchsetzen. Aus diesen Gründen können Rechtsprechung und Literatur zum EKG nur mit Vorsicht für die Auslegung von Vorschriften aus dem CISG herangezogen werden.[113]

d) Historische Auslegung

Die historische Auslegungsmethode dient der Ermittlung des tatsächlichen Willens des Normgebers.[114] Die Entstehungsgeschichte des CISG ist umfassend dokumentiert. Für die Auslegung können die UNCITRAL-Yearbooks von 1960-1979 (Erörterungen der UNCITRAL-Konferenzen, Vorentwürfe, Sekretariatskommentar) und die Official-Records der Wiener Konferenz (Anträge und Beratungen) herangezogen werden.

Die historische Interpretation ist bei internationalen Übereinkommen oft von besonderer Bedeutung, weil sie bei unklarem Wortlaut oft die einzige Möglichkeit darstellt, zu einem eindeutigen Ergebnis zu kommen.[115] Aufgrund der unterschiedlichen Rechtstradition der einzelnen Vertragsstaaten sind die veröf-

---

[110] Kropholler, S. 273.

[111] Schlechtriem/Schlechtriem, Einl. S. 27.

[112] Schlechtriem, Geschichte des Einheitskaufrechts, S. 30, 31-33.

[113] Loewe, S. 32, 33; Herber/Czerwenka, Art. 7 Rn. 8; a. A. Staudinger/Magnus, Art. 7 Rn. 35 und Diedrich, RIW 1993, 441, 446, die Rechtsprechung und Literatur zum EKG ohne Einschränkung zur Auslegung des CISG heranziehen wollen.

[114] Kropholler, S. 274; Kropholler, Europäisches Zivilprozeßrecht, Einl. Rn. 36.

[115] Kropholler, S. 275.

fentlichten Protokolle und Beratungen oft die einzigen gemeinsamen Grundlagen, die alle Vertragsstaaten verbinden.[116] Allerdings ist bei der historischen Interpretation zu bedenken, daß Äußerungen einzelner Delegierter oft nicht besonders aussagekräftig sind, weil sich oft nicht sicher feststellen lassen wird, welchen Einfluß einzelne Standpunkte auf den Übereinkommenstext gehabt haben. Insoweit wird es häufig an einem übereinstimmenden Willen des Gesetzgebers fehlen.[117] Daher kann in der Regel nur die für die endgültige Textfassung überwiegende Meinung zur Auslegung herangezogen werden.[118]

e) Teleologische Auslegung

Die teleologische Auslegung dient dazu, den objektiven Zweck einer Vorschrift zu ermitteln, indem die hinter dieser Regelung stehenden Grundsätze und Wertungen aufgedeckt werden. Darüber hinaus ist bei der Auslegung von internationalem Einheitsrecht auch der Gesichtspunkt der einheitlichen Interpretation der Konvention zu berücksichtigen.[119] Allerdings ist bei der Verwendung der teleologischen Auslegung im Einheitsrecht Zurückhaltung geboten, weil der Anwender über den Weg der teleologischen Auslegung regelmäßig eigene Wertungen einfließen läßt.[120]

f) Rechtsvergleichende Auslegung

Die rechtsvergleichende Auslegungsmethode gewinnt Argumente für die Auslegung einer Norm, indem sie diese mit der Auslegungspraxis einer ihr entsprechenden Bestimmung vergleicht, die in nationalen Rechtsordnungen ausgewählter Vertragsstaaten enthalten ist.[121] Für die Auslegung von internationalem Einheitsrecht ist sie jedoch nur von untergeordneter Bedeutung, weil die unveränderte Übernahme von bestimmten Begriffen oder Rechtsinstituten aus den nationalen Rechtsordnungen im Regelfall nicht dem internationalen Charakter und einer einheitlichen Auslegung des Abkommens entspricht. Vielmehr sind

---

[116] Diedrich, S. 105.

[117] Kropholler, S. 275; Magnus, RabelsZ 53 (1989), 116, 124; Karollus, S. 14.

[118] Magnus, RabelsZ 53 (1989), 116, 124.

[119] Kropholler, S. 277.

[120] Staudinger/Magnus, Art. 7 Rn. 36; Magnus, RabelsZ 53 (1989), 116, 125; Kropholler, S. 277.

[121] Zweigert/Kötz, S. 40; Diedrich, S. 195.

diese Begriffe autonom aus dem Abkommen selbst zu interpretieren.[122] Ferner ist zu berücksichtigen, daß die Durchführung einer Rechtsvergleichung wegen des erheblichen Arbeitsaufwand praktisch schwierig sein dürfte. Schließlich besteht die Gefahr, daß durch die Rechtvergleichung wieder nationale Verständnisse die Auslegung prägen und damit das Ziel einer einheitlichen Auslegung des Übereinkommens gefährden. Die rechtsvergleichende Auslegung ist daher nur von Bedeutung, wenn es sich um die Auslegung eines Begriffs oder Grundsatzes handelt, der für die anderen Staaten erkennbar aus einer bestimmten Rechtsordnung entnommen wurde.

Teilweise wird angenommen, daß auch die Einbeziehung der ausländischen Rechtsprechung und Lehre zum CISG eine Form der Rechtsvergleichung darstellt.[123] Diese Auffassung ist jedoch schon im Hinblick auf den Begriff der Rechtsvergleichung bedenklich, weil unter Rechtsvergleichung allgemein der Vergleich mit verschiedenen nationalen Rechtsordnungen verstanden wird.[124] Dagegen ist der Text eines internationalen Übereinkommens in allen Vertragsstaaten einheitlich.

g) Anwendbarkeit völkerrechtlicher Grundsätze

Das CISG ist ein völkerrechtliches Übereinkommen.[125] Deshalb stellt sich die Frage, ob für die Auslegung des CISG völkerrechtliche Auslegungsmethoden anwendbar sind. In Betracht kommen könnte die Anwendung von Art. 31-35 WVRK. Ausgangspunkt der Überlegungen ist, daß das CISG sowohl privatrechtliche als auch völkerrechtliche Regelungen beinhaltet.[126] Diese Doppelnatur des Übereinkommens hat entscheidenden Einfluß auf seine Auslegung. Auf die völkerrechtlichen Regelungen der Konvention (vgl. Art. 89-101), die sich nur auf Rechte und Pflichten der Vertragsstaaten untereinander beziehen (sog. „contractual treaties"), kann die Wiener Vertragsrechtskonvention unproblematisch angewendet werden. Im übrigen betrifft das Übereinkommen nur die Rechte und Pflichten der nicht staatlichen Vertragsparteien (sog. „law making treaties"). Auf die Auslegung dieser Rechte und Pflichten finden die Ausle-

---

[122] Schlechtriem/Ferrari, Art. 7 Rn. 26; Rudolph, Art. 7 Rn. 7.

[123] Kropholler, S. 278; Kropholler, Europäisches Zivilprozeßrecht, Einl. Rn. 39; Mansel, JZ 1991, 529, 531

[124] Zweigert/Kötz, S. 4.

[125] Volken, Scope, Interpretation, and Gap-Filling, S. 20 Nr. 3; Siehe S. 5, Teil I, erstes Kapitel, C.

[126] Vgl. Volken, Scope, Interpretation, and Gap-Filling, S. 20, 21 Nr. 4-8, S. 38, 39 Nr. 46, 47.

gungsmethoden der Wiener Vertragsrechtskonvention nach allgemeiner Ansicht zumindestens keine unmittelbare Anwendung.[127]

3. Zusammenfassung

Das Übereinkommen enthält in Art. 7 Abs. 1 drei Auslegungsgrundsätze, die eine Vereinheitlichung der Auslegungsmethoden bezwecken. Diese Regelung läßt jedoch die Auslegungsmethode offen. Aus diesen Auslegungsgrundsätzen und der Regelung über die Ausfüllung von Lücken im Übereinkommen (vgl. Art. 7 Abs. 2) läßt sich entnehmen, daß ein Rückgriff auf nationale Auslegungsmethoden grundsätzlich unzulässig ist.

Nachdem der Kanon der Auslegungsmethoden begrenzt ist, können jedoch bereits vorhandene Auslegungsmethoden als Basis für die Auslegung des CISG dienen. Insbesondere die klassischen Auslegungsmethoden des Civil Law. Dafür spricht zunächst ein methodischer Vorteil. Eine einheitliche Auslegung des Übereinkommens ist nur möglich, wenn in den einzelnen Vertragsstaaten eine gemeinsame Basis für die Auslegung vorhanden ist. Mangels einer gemeinsamen Rechtstradition zwischen den Vertragsstaaten kommen als gemeinsame Grundlage einer Auslegung nur der Vertragstext und die Materialien zur Entstehungsgeschichte in Betracht. Bis vor einigen Jahren wurde im Bereich des Common Law die Entstehungsgeschichte nicht bei der Auslegung von Vorschriften herangezogen. Deshalb scheinen die Auslegungsmethoden dieses Rechtskreises als Basis für die Auslegung von internationalen Abkommen nur beschränkt geeignet. Ferner besteht in diesem Rechtskreis mittlerweile eine große Aufgeschlossenheit gegenüber der historischen, systematischen und teleologischen Auslegung. Deshalb kann von einer gewissen Annäherung der Auslegungsmethoden beider Rechtskreise ausgegangen werden. Aus diesen Gründen wird in vorliegender Arbeit grundsätzlich von der Anwendbarkeit der klassischen Auslegungsmethoden für die Interpretation des CISG ausgegangen, die jedoch im Hinblick auf den internationalen Charakter des Übereinkommens noch modifiziert werden müssen.

---

[127] Gegen eine Anwendung der Wiener Vertragsrechtskonvention, Honnold, Rn. 103 und Volken, Scope, Interpretation, and Gap-Filling, S. 38, 39 Nr. 46, 47, Botzenhardt, S. 111-114. Für eine nur mittelbare Berücksichtigung dieser Konvention: Czerwenka, S. 33 und Kropholler, S. 237; a. A. Schlechtriem/Ferrari, Art. 7 Rn. 33, der diese Konvention zur Auslegung des CISG heranzieht.

III. Lückenfüllung

1. Anwendbare Regelungen

Die im Übereinkommen auftretenden Lücken sollen vorrangig, durch die allgemeinen Grundsätze gefüllt werden, die der Konvention zugrunde liegen (vgl. Art. 7 Abs. 2). Erst wenn solche Grundsätze nicht feststellbar sind, darf zur Lückenfüllung auf nationale Regelungen zurückgegriffen werden. Der Rückgriff auf das nationale Recht ist allerdings stets die ultima ratio.[128] Soweit deutsches IPR anwendbar ist, richtet sich die Entscheidung über die für die Lückenfüllung anwendbaren Vorschriften nach dem Recht, das mit dem Kaufvertrag die engste Verbindung aufweist (vgl. Art. 28 Abs. 1, S. 2 EGBGB), weil i.d.R. keine Rechtswahl (vgl. Art. 27 EGBGB) vorgenommen wird.

2. Allgemeine Grundsätze des CISG

Allgemeine Grundsätze können zunächst unmittelbar aus einzelnen Vorschriften des Übereinkommens gewonnen werden. Ferner können solche Grundsätze mittelbar aus einzelnen Regelungen des CISG entnommen werden, soweit diese einen über ihren Regelungsbereich verallgemeinerungsfähigen Gedanken enthalten. Schließlich kann sich aus mehreren Vorschriften des CISG ein allgemeines Prinzip ergeben.[129]

In weitgehender Übereinstimmung werden dem CISG insbesondere folgende allgemeine Prinzipien entnommen: Vorrang der Parteiautonomie (vgl. Art. 6), Berücksichtigung der Gebräuche (vgl. Art. 9), Prinzip der Formfreiheit (vgl. Art. 11), Gebot von Treu und Glauben (vgl. Art. 7 Abs. 1) und soweit das Übereinkommen den Maßstab des „Vernünftigen“ verwendet, ist der in Art. 8 Abs. 2 niedergelegte Standard zu berücksichtigen.[130]

---

[128] Staudinger/Magnus, Art. 7 Rn. 58; Schlechtriem/Ferrari, Art. 7 Rn. 41; Bianca/Bonell/Bonell, Art. 7 Anm. 2.3.; Audit, Anm. 54.

[129] Staudinger/Magnus, Art. 7 Rn. 40; Herber/Czerwenka, Art. 7 Rn. 11; Bianca/Bonell/Bonell, Art. 7 Anm. 2.3.2.2.; Honnold, Rn. 99; Audit, Anm. 55.

[130] Eine Aufzählung von allgemeinen Grundsätzen ist in Staudinger/Magnus, Art. 7 Rn. 42-57; Schlechtriem/Ferrari, Art. 7 Rn. 36 ff und Bianca/Bonell/Bonell, Art. 7 Anm. 2.3.2.2. enthalten.

C. Auslegung von Parteierklärungen

Der Parteiwille ist gemäß Art. 8 nach einer bestimmten Reihenfolge zu ermitteln. Während nach Absatz 1 grundsätzlich der subjektive Wille des Erklärenden maßgebend ist, stellt Absatz 2 darauf ab, wie ein fiktiver Erklärungsempfänger die Erklärung verstanden hätte.[131] Absatz 3 regelt, welche Umstände für die Auslegung beachtlich sind. Ferner besteht weitgehend Übereinstimmung darüber, daß bei der Auslegung zweifelhafter Parteierklärungen auch der Grundsatz von Treu und Glauben zu berücksichtigen ist.[132] Diese Vorschrift bezweckt die Angleichung der Auslegungsmethoden zwischen den einzelnen Vertragsstaaten.[133]

I. Auslegung nach dem subjektiven Willen

Für die Auslegung einer Erklärung ist nach Art. 8 Abs. 1 zunächst der wirkliche Wille des Erklärenden maßgebend, auch wenn dieser nach objektiven Maßstäben nicht oder nicht erkennbar in der Erklärung zum Ausdruck gelangt ist.[134] Dieser Grundsatz gilt gemäß Art. 8 Abs. 1 jedoch nur, soweit der Empfänger den wirklichen Willen kennt bzw. über ihn nicht in Unkenntnis sein konnte. Dabei ist auf den Zeitpunkt der Erklärung bzw. des sonstigen Verhaltens abzustellen.[135] Diese Auslegungsregel stellt in der Praxis jedoch die Ausnahme dar. Ist der wirkliche Wille dem Erklärungsgegner bekannt, wird er in aller Regel auch objektiv erkennbar in der Erklärung zum Ausdruck kommen. Andernfalls wird der Erklärende kaum beweisen können, daß der Erklärungsempfänger den abweichenden wirklichen Willen kannte oder kennen mußte.[136] Aus diesem Grund kommt der Auslegungsregel in Art. 8 Abs. 2 die größere Bedeutung zu. Der in Art. 8 Abs. 1 niedergelegte Grundsatz gilt für die Auslegung jeder vertraglichen Erklärung und jedes vertragserheblichen Verhaltens.[137]

---

[131] Staudinger/Magnus, Art. 8 Rn. 17; Schlechtriem/Herber, Art. 8 Rn. 7.

[132] Staudinger/Magnus, Art. 8 Rn. 10; Honsell/Melis, Art. 8 Rn. 5; Reinhart, Art. 7 Rn. 3; Schlechtriem/Ferrari, Art. 7 Rn. 4.

[133] Staudinger/Magnus, Art. 8 Rn. 3.

[134] Herber/Czerwenka, Art. 8 Rn. 2; Staudinger/Magnus, Art. 8 Rn. 11; Schlechtriem/Herber, Art. 8 Rn. 7.

[135] Honsell/Melis, Art. 8 Rn. 6; Staudinger/Magnus, Art. 8 Rn. 15.

[136] Bianca/Bonell/Farnsworth, Art. 8 Anm. 2.4.; Herber/Czerwenka, Art. 8 Rn. 5.

[137] Staudinger/Magnus, Art. 8 Rn. 3, 7; Honsell/Melis, Art. 8 Rn. 5.

II. Auslegung nach dem objektiven Empfängerhorizont

Die Auslegungsregel in Art. 8 Abs. 2 ist nur anwendbar, soweit die im vorherigen Absatz geregelte nicht eingreift. Gemäß Art. 8 Abs. 2 ist die Erklärung objektiv aus der Sicht des Empfängers auszulegen. Dabei kommt es darauf an, wie ein durchschnittlicher Geschäftspartner derselben Branche und in derselben Rolle unter denselben Bedingungen die Erklärung aufgefaßt hätte.[138]

III. Berücksichtigungsfähige Umstände

Das CISG regelt in Art. 8 Abs. 3 welche Umstände für die Auslegung einer Willenserklärung berücksichtigt werden müssen. Demnach ist für die Ermittlung des Parteiwillens auf alle Umstände des konkreten Falles zurückzugreifen.[139] In diesem Absatz werden in einer nicht abschließenden Aufzählung mehrere Umstände genannt, die bei der Auslegung von Willenserklärungen herangezogen werden müssen. Dazu zählen die Verhandlungen zwischen den Parteien, entstandene Gepflogenheiten, Gebräuche und das spätere Verhalten der Parteien.

Fraglich ist, in welchem Umfang Gebräuche im Rahmen der Auslegung von Willenserklärungen berücksichtigt werden müssen. Nach Art. 9 Abs. 2 sind Gebräuche, über deren Geltung die Vertragspartner keine ausdrückliche Vereinbarung getroffen haben, nur zu berücksichtigen, wenn sie weithin bekannt und anerkannt sind. Art. 8 Abs. 3 verwendet den Begriff „Gebräuche“ ohne diese Einschränkung. Eine Ansicht geht davon aus, daß bei Art. 8 Abs. 3 die Gebräuche ohne die in Art. 9 Abs. 2 genannten Einschränkung berücksichtigt werden dürfen. Denn im Gegensatz zu Art. 9 Abs. 2 gehe es bei Art. 8 Abs. 3 nicht um die Ergänzung des Vertrags, sondern um die Auslegung von Willenserklärungen. Daher bedürfe es bei Art. 8 Abs. 3 keiner Beschränkung auf bekannte und anerkannte Gebräuche.[140] Eine andere Auffassung berücksichtigt bei der Auslegung von Willenserklärungen nach Art. 8 Abs. 3 - wie bei Art. 9 Abs. 2 - nur Gebräuche, die bekannt und anerkannt sind. Durch die nur eingeschränkte Berücksichtigung von Gebräuche in Art. 9 Abs. 2 sollen insbesondere die Entwicklungsländer vor der Geltung von Gebräuchen geschützt werden, die sich in den Industrieländern gebildet haben und den Entwicklungsländern daher häufig nicht bekannt sind.[141] Es ist sachgerecht, diese Wertung auch bei der Auslegung

---

[138] Herber/Czerwenka, Art. 8 Rn. 6; Staudinger/Magnus, Art. 8 Rn. 17.

[139] Honsell/Melis, Art. 8 Rn. 10; Herber/Czerwenka, Art. 8 Rn. 9; Honnold, Rn. 109.

[140] Rudolph, Art. 8 Rn. 10; Schlechtriem, S. 26; Eörsi, § 2.05 sub. 2-18.

[141] Schlechtriem/Junge, Art. 9 Rn. 1, 9.

von Willenserklärungen zu beachten.[142] Demnach sind auch bei der Auslegung von Willenserklärungen nach 8 Abs. 3 nur bekannte und anerkannte Gebräuche zu berücksichtigen.

In dem Hinweis auf die Berücksichtigung von späterem Verhalten der Vertragspartner für die Auslegung von Willenserklärungen, wird ein vorsichtiges Verbot des venire contra factum proprium gesehen. Demnach muß sich eine Partei an ihrem zweiten Erklärungsverhalten festhalten lassen, soweit dieses im Widerspruch zu ihrem ersten Erklärungsverhalten steht.[143]

---

[142] Im Ergebnis ebenso: Herber/Czerwenka, Art. 8 Rn. 10; Honsell/Melis, Art. 8 Rn. 13; Staudinger/Magnus, Art. 8 Rn. 24.

[143] Enderlein/Maskow/Strohbach, Art. 8 Anm. 11.; Reinhart, Art. 8 Rn. 5; Herber/Czerwenka, Art. 8 Rn. 11; Staudinger/Magnus, Art. 8 Rn. 26; Schlechtriem/Junge, Art. 8 Rn. 6.

3. Kapitel: System der Vertragsverletzungen im CISG

A. Überblick

Der Gesetzgeber hat mehrere Möglichkeiten, um verschiedene Vertragsverletzungen in einem System zu erfassen. Er kann die einzelnen Arten von Pflichtverletzungen in verschiedene Tatbestände aufteilen oder alle Pflichtverletzungen in einen einheitlichen Tatbestand der Vertragsverletzung zusammenfassen. Ferner hat er die Möglichkeit, die bereits genannten zwei Grundtypen zu kombinieren.

I. Aufteilung in einzelne Tatbestände

Der Gesetzgeber kann die einzelnen Arten von Vertragsverletzungen in verschiedene Tatbestände aufteilen und ihnen eine eigenständige Rechtsfolge zuweisen. Stellvertretend für diese Konzeption soll hier kurz auf die Regelungen des BGB eingegangen werden. In diesem Gesetz hat der Gesetzgeber nach verschiedenen Formen der Nichterfüllung differenziert und sich darauf beschränkt, Unmöglichkeit und Verzug als wichtigste Arten der Leistungsstörung gesetzlich zu regeln. Die nicht gesetzlich geregelte Schlechterfüllung wird durch den von der Rechtsprechung und Literatur entwickelten „Auffangtatbestand" der positiven Forderungsverletzung erfaßt.[144] Daneben wurde die Gewährleistung in einem eigenen Abschnitt geregelt. Dieses Regelungssystem weist gravierende Nachteile auf:[145] Die gesetzliche Regelung ist zum Teil unvollständig. Das Gesetz enthält z.B. keine Regelung für die Schlechterfüllung, für einen Nachbesserungsanspruch des Käufers und für ein Nachbesserungs- oder Nachlieferungsrecht des Verkäufers. Ferner kommt es durch die gesetzliche Regelung, wie z.B. im Fall des Schadensersatzes nach §§ 463, 480 Abs. 2 BGB, zu schwierigen Abgrenzungsfragen. Indem sie Schadensersatz nur im Fall der Arglist oder des Fehlens einer zugesicherten Eigenschaft gewährt, kommt es bei der Abgrenzung zwischen Mangel und Fehlen einer zugesicherten Eigenschaft zu kaum lösbaren Schwierigkeiten.[146] Schließlich verkennt die gesetzliche Regelung die unterschiedlichen Funktionen von Rücktritt und Schadensersatz, indem der Rücktritt

---

[144] RG v. 13.6.1902, RGZ 52, 18; 53, 200; Palandt/Heinrichs, § 276 Rn. 104-108; Medicus, Rn. 306, 307.

[145] Abschlußbericht, S. 16 ff; Jakobs, S. 12, 13.

[146] Jakobs, S. 81.

an ein Verschulden geknüpft wird und nur alternativ zum Schadensersatz zulässig ist (vgl. §§ 325, 326 BGB).[147]

II. Zusammenfassung in einem einheitlicher Tatbestand

Der Gesetzgeber hat auch die Möglichkeit, einen einheitlichen Tatbestand der Vertragsverletzung zu schaffen, der alle Fälle von Pflichtverletzungen erfaßt. In einem solchen System können auch die Rechtsfolgen von Vertragsverletzungen im wesentlichen einheitlich ausgestaltet werden. Diese Konzeption liegt dem CISG zugrunde. Auch das französische Recht („inexécution"), das skandinavische Recht („Kontraktsbrott") und das englische und amerikanische Recht („breach of contract") bedienen sich dieser Regelungsmethode.[148] Allerdings kommt auch ein solches Regelungssystem nicht ohne Differenzierungen auf der Ebene der Rechtsfolgen aus. Im Anwendungsbereich des Sale of Goods Acts ist der Gläubiger beispielsweise nur zum Rücktritt vom Vertrag berechtigt, wenn der Schuldner eine Vertragspflicht von wesentlicher Bedeutung („condition") verletzt hat (vgl. Sect. 11 (3) SGA).[149] Auch nach französischen Recht wird ein Vertrag nur bei Verletzung einer erheblichen Vertragspflicht aufgehoben.[150] Erfaßt der Gesetzgeber die Vertragsverletzungen in einem einheitlichen Tatbestand, hat dies den Vorteil der Vollständigkeit, Übersichtlichkeit und der weitgehenden Widerspruchsfreiheit des Systems.

B. Einheitlicher Tatbestand der Vertragsverletzung

Das CISG geht in Anlehnung an das angloamerikanische, romanische und skandinavische Recht in Art. 25 von einem einheitlichen Begriff der Vertragsverletzung („breach of contract"; „contravention au contrat") aus. Im Gegensatz zum deutschen Recht unterscheidet das CISG nicht zwischen den einzelnen Arten einer Vertragsverletzung, sondern erfaßt alle denkbaren Pflichtverletzungen durch den Begriff der Vertragsverletzung in Art. 25.[151] Das Übereinkommen unterscheidet nur zwischen wesentlichen und unwesentlichen Vertrags-

---

[147] Jakobs, S. 13, 55.

[148] Beinert, S. 20, 21.

[149] Atiyah, S. 47; Zweigert/Kötz, S. 494.

[150] Rechtsprechung und Lehre räumen dem Richter, über den Wortlaut von Art. 1184 Abs. 3 Cc hinaus, die Befugnis ein, den Vertrag nach seinem Ermessen aufzuheben, wenn eine erhebliche Pflichtverletzung vorliegt, vgl. Beinert, S. 135-137; Zweigert/Kötz, S. 504.

[151] Von Caemmerer, SJZ 1981, 257, 264.

verletzungen. Diese Unterscheidung hat den Zweck, daß besonders harte Rechtsfolgen, wie beispielsweise die Vertragsaufhebung, nur bei solchen Pflichtverletzungen eingreift, deren Gewicht das rechtfertigt.[152] Trotz dieses einheitlichen Tatbestands kommt diese Konzeption - wie noch später zu zeigen ist[153] - nicht ohne weitere Untergliederungen aus. So kann der Zentralbegriff „wesentliche Vertragsverletzung“ in Art. 25 nur hinreichend konkretisiert werden, wenn in bezug auf das Tatbestandsmerkmal „Wesentlichkeit“ bestimmte Fallgruppen von typischen Vertragsverletzungen gebildet werden.

C. Überblick über die Rechtsfolgen einer Vertragsverletzung

Das CISG erfaßt alle Pflichtverletzungen in einem einheitlichen Tatbestand der Vertragsverletzung. Damit korrespondiert eine im wesentlichen einheitliche Ausgestaltung der Rechtsbehelfe. Jede Partei hat grundsätzlich einen Anspruch auf Erfüllung, Schadensersatz und Aufhebung des Vertrags. Das CISG sieht nur für die Lieferung von vertragswidriger Ware Sonderregelungen vor. In diesem Fall stehen dem Käufer besondere Rechtsbehelfe zu. Er kann nämlich einen Anspruch auf Nachbesserung oder Ersatzlieferung und ein Recht auf Minderung des Kaufpreises geltend machen.

I. Erfüllungsanspruch

1. Erfüllungsanspruch des Käufers und des Verkäufers

Hat der Verkäufer die Ware noch nicht an den Käufer geliefert, kann der Käufer vom Verkäufer Erfüllung der ihm obliegenden Pflichten verlangen (vgl. Art. 45 Abs. 1 lit. a, 46 Abs. 1). Im Fall der Lieferung vertragswidriger Ware, wird dieser Anspruch durch Art. 46 Abs. 2. und Abs. 3 modifiziert.[154] Der Käufer hat nach Art. 46 Abs. 3 einen Anspruch auf Nachbesserung. Anstelle der Nachbesserung kann der Käufer nach Art. 46 Abs. 2 Ersatzlieferung verlangen, wenn der Verkäufer eine wesentliche Vertragsverletzung begeht.

Im Fall einer Vertragsverletzung des Käufers, steht dem Verkäufer ein Erfüllungsanspruch zu (vgl. Art. 61 Abs. 1 lit. a, 62).

---

[152] Staudinger/Magnus, Art. 25 Rn. 2.

[153] Siehe S. 105 ff, Teil III, erstes Kapitel, C.III.

[154] Schlechtriem/Huber, Art. 46 Rn. 2-8; Soergel/Lüderitz/Schüßler-Langeheine, Art. 46 Rn. 1.

2. Grenzen des Erfüllungsanspruchs

Die gerichtliche Durchsetzung eines bestehenden Erfüllungsanspruchs wird nach Maßgabe von Art. 28 eingeschränkt. Ein solcher Anspruch ist nur gerichtlich durchsetzbar, wenn ein Gericht bei gleichartigen, nicht vom CISG erfaßten Kaufverträgen, nach seinem nationalen Recht zur Erfüllung in Natur verurteilen würde.

Der Erfüllungsanspruch steht unter dem Vorbehalt, daß der Käufer keinen damit unvereinbaren Rechtsbehelf ausgeübt hat (vgl. Art. 46 Abs. 1). Demnach kann der Käufer weder Erfüllung noch Ersatzlieferung oder Nachbesserung verlangen, wenn er die Aufhebung des Vertrags begehrt. Der Anspruch auf Schadensersatz wird durch Art. 46 Abs. 1 nicht ausgeschlossen (vgl. Art. 45 Abs. 1 lit. b und Abs. 2).

Fraglich ist, ob der Erfüllungsanspruch auch dadurch ausgeschlossen wird, daß sich der Verkäufer nach Art. 79 Abs. 1 und Abs. 2 von den Folgen seiner Vertragsverletzung entlasten kann.[155] Nach dem Wortlaut von Art. 79 Abs. 5 ist eine Haftungsbefreiung nur bei Schadensersatzansprüchen möglich. Dagegen weist die überwiegende Auffassung zu Recht darauf hin, daß zumindestens im Fall einer objektiven Unmöglichkeit der Erfüllungszweck nicht mehr erfüllt werden könne und daher eine Haftungsbefreiung auch bei Erfüllungsansprüchen in Betracht kommen müsse.[156]

Eine Entlastung setzt voraus, daß die Nichterfüllung auf einem außerhalb des Einflußbereichs des Schuldners liegenden Umstand beruht, den er erwartungsgemäß nicht in Betracht zu ziehen hatte oder dessen Folgen unvermeidbar waren. Liegen die Voraussetzungen von Art. 79 Abs. 2 vor, so haftet der Schuldner auch nicht für die Folgen einer Vertragsverletzung eines von ihm in die Erfüllung eingeschalteten Dritten.

Die Einschränkungen des Erfüllungsanspruches gelten auch für die Ansprüche auf Nachbesserung und Ersatzlieferung, weil diese Ansprüche nur besondere Ausprägungen des Erfüllungsanspruchs darstellen.[157]

---

[155] Die Voraussetzungen einer Haftungsentlastung werden ausführlich in Teil III, erstes Kapitel, C.I.3.c., S. 63 dargestellt.

[156] Schlechtriem/Huber, Art. 46 Rn. 11 ff; Schlechtriem/Stoll, Art. 79 Rn. 55 Bianca/Bonell/Tallon, Art. 79 Anm. 2.10.; Staudinger/Magnus, Art. 46 Rn. 25.

[157] Schlechtriem/Huber, Art. 46 Rn. 2-8; Staudinger/Magnus, Art. 46 Rn. 31.

3. Nachfristsetzung

Sowohl der Käufer als auch der Verkäufer können ihrem Vertragspartner für die Erfüllung der jeweiligen Pflichten eine angemessene Frist setzen, binnen derer diese zu erfüllen sind (vgl. Art. 47, 63). Wird die Pflicht nicht innerhalb dieser Frist erfüllt, kann die fristsetzende Partei den Vertrag nach Art. 49 Abs. 1 lit. b aufheben.[158]

II. Aufhebungsanspruch

1. Aufhebungsanspruch des Käufers und des Verkäufers

Im Gegensatz zu den Fällen einer nicht wesentlichen Vertragsverletzung gewähren die Art. 49 Abs. 1 lit. a, 64 Abs. 1 lit. a dem Käufer bzw. dem Verkäufer das Recht, auch unabhängig von der Bestimmung einer Nachfrist die Aufhebung des Vertrags zu verlangen, wenn die andere Partei eine wesentliche Vertragsverletzung begeht. Sondervorschriften für die Aufhebung des Vertrags enthalten Art. 51 Abs. 2 (Teillieferung), Art. 73 (Sukzessivlieferungsvertrag) und Art. 72 Abs. 1 (vorzeitige Vertragsverletzung), die ebenfalls das Vorliegen einer wesentlichen Vertragsverletzung voraussetzen.[159]

2. Ausschluß des Aufhebungsrechts

Die vertragsaufhebende Partei verliert ihr Aufhebungsrecht, wenn sie diese nicht innerhalb der in den Art. 49 Abs. 2, 64 Abs. 2 und 73 Abs. 2 genannten Fristen erklärt. Die Aufhebung durch den Käufer unterliegt noch einer weiteren Einschränkung. Er verliert das Recht, die Aufhebung des Vertrags zu erklären, wenn er nicht in der Lage ist, die Ware im wesentlichen im unveränderten Zustand zurückzugewähren (vgl. Art. 82).

[158] Eine ausführliche Darstellung der Anforderungen an eine wirksame Nachfristsetzung erfolgt in Teil III, zweites Kapitel, C., siehe S. 185 ff.

[159] Die Voraussetzungen und Rechtsfolgen einer Vertragsaufhebung werden in Teil II und in Teil III, erstes Kapitel, S. 35 ff umfassend erläutert.

III. Schadensersatzanspruch

1. Schadensersatzanspruch des Käufers und des Verkäufers

Der Käufer und der Verkäufer können bei jeder Pflichtverletzung ihres Vertragspartner Schadensersatz verlangen (vgl. Art. 45 Abs. 1 lit. b, Art. 64 Abs. 1 lit. b). Dieser Anspruch steht dem Anpruchsinhaber entweder anstelle oder neben einem anderen Rechtsbehelf zu (vgl. (vgl. Art. 45 Abs. 1 lit. b und Abs. 2, Art. 64 Abs. 1 lit. b und Abs. 2). Der Umfang des Schadensersatzanspruches bestimmt sich nach den Art. 74-77.

2. Haftungsentlastung

Die vertragsbrüchige Partei kann sich nach Art. 79 von den Folgen ihrer Vertragsverletzung entlasten. Nach dem Wortlaut von Art. 79 Abs. 5 kommt eine Entlastung nur bei Schadensersatzansprüchen in Betracht.

II. Teil: Voraussetzungen und Rechtsfolgen einer Vertragsaufhebung

1. Kapitel: Aufhebung nach Art. 49, 64

Das CISG regelt in den Art. 49, 64, unter welchen Voraussetzungen der Käufer bzw. der Verkäufer den Vertrag aufheben kann.

A. Voraussetzungen

I. Aufhebungsgründe

Das CISG sieht in den Art. 49 Abs. 1, 64 Abs. 1 jeweils zwei Aufhebungsgründe vor. Ein Recht zur Aufhebung des Vertrags besteht zunächst nur, wenn eine wesentliche Vertragsverletzung (vgl. Art. 25) vorliegt. Dem wird gleichgestellt, wenn eine Partei eine bestimmte Pflichtverletzung begeht und die andere Partei ihr für die Erfüllung dieser Pflicht eine Frist setzt, die diese erfolglos verstreichen läßt.

1. Wesentliche Vertragsverletzung

Der Verkäufer hat nach Art. 49 Abs. 1 lit. a, der Käufer nach Art. 64 Abs. 1 lit. a das Recht den Vertrag aufzuheben, wenn die andere Partei eine nach dem Vertrag oder diesem Übereinkommen obliegenden Pflicht nicht erfüllt und dadurch eine wesentliche Vertragsverletzung (vgl. Art. 25) entsteht. Die Voraussetzungen, unter denen eine solche Vertragsverletzung bejaht wird, werden im dritten Teil dieser Arbeit dargestellt.[160] An dieser Stelle soll das Auslegungsergebnis nur in kurzer Form dargestellt werden. Eine Vertragsverletzung wird als „wesentlich“ angesehen, wenn die Durchführung des Vertrags infolge der Pflichtverletzung für die andere Partei nicht mehr von Interesse ist, weil eine wesentliche Vertragserwartung weggefallen ist.

2. Nachfrist

Führt die Pflichtverletzung zu keiner wesentlichen Vertragsverletzung, kann eine Partei die Voraussetzungen für die Aufhebung des Vertrags schaffen, in-

---

[160] Siehe S. 59 ff, Teil III, erstes Kapitel, C.

dem sie der anderen Partei für die Erfüllung ihrer Pflichten eine Nachfrist setzt, die diese erfolglos verstreichen läßt. Das Recht, für die Erfüllung einer Pflicht eine Nachfrist zu setzen, ist allerdings auf bestimmte Pflichten beschränkt. Der Käufer kann dies nur für den Fall der Nichtlieferung (vgl. Art. 49 Abs. 1 lit. b, 47 Abs. 1), der Verkäufer nur für den Fall der Nichterfüllung der Zahlungs- bzw. der Abnahmepflicht (vgl. Art. 64 Abs. 1 lit. b, 63 Abs. 1). Nähere Ausführungen hinsichtlich der Anforderungen, die an eine wirksame Nachfristsetzung gestellt werden, erfolgen im dritten Teil dieser Arbeit.[161]

II. Aufhebungserklärung

1. Erfordernis einer Erklärung

Die Aufhebung des Vertrags bedarf einer einseitigen Erklärung durch die vertragsaufhebende Partei (vgl. Art. 26, 49 Abs. 1, 64 Abs. 1). Im Gegensatz zu den Regelungen im EKG[162] gibt es keine Aufhebung kraft Gesetzes mehr (sog. ipso facto Aufhebung). Bei einer gesetzlichen Aufhebung ist häufig nicht klar, ob und gegebenenfalls wann der Vertrag aufgehoben ist.[163] Deshalb wurden diese Regelungen aus Gründen der Rechtssicherheit nicht ins CISG übernommen.

Die Aufhebungserklärung muß der anderen Partei ordnungsgemäß und durch ein nach den Umständen geeignetes Mittel mitgeteilt werden (vgl. Art. 26, 27).[164] Die Eignung eines Transportmittels ist ex ante aus der Sicht des Absenders, d.h. anhand der diesem bekannten oder erkennbaren Umstände, zu beurteilen.[165] Bei der Auswahl eines geeigneten Transportmittels hat der Mitteilende die Zuverlässigkeit und Schnelligkeit des Transportmittels im Absender- und Empfängerland sowie in den Transitländern zu berücksichtigen.[166] Die Auswahl des geeigneten Erklärungsmittels wird auch durch dessen Zumutbarkeit für den Absender beeinflußt. Die Auswahl eines Transportmittels ist für den Absender beispielsweise unzumutbar, wenn die Kosten der Übermittlung in keinem ver-

---

[161] Siehe S. 186 ff, Teil III, zweites Kapitel, C.II.2.

[162] Vgl. Art. 26 Abs. 1 S. 2, 2. HS und Abs. 2, 30 Abs. 1 S. 2, 2. HS und Abs. 2, 62 Abs. 1 S. 2, 2. HS.

[163] Enderlein/Maskow/Strohbach, Art. 26 Anm. 1.1.; Staudinger/Magnus, Art. 26 Rn. 2; Honsell/Karollus, Art. 26 Rn. 3.

[164] Enderlein/Maskow/Strohbach, Art. 49 Anm. 2; Herber/Czerwenka, Art. 49 Rn. 11.

[165] Enderlein/Maskow/Strohbach, Art. 27 Anm. 5; Honsell/Karollus, Art. 27 Rn.8.

[166] Honsell/Karollus, Art. 27 Rn. 8; Schlechtriem/Schlechtriem, Art. 27 Rn.7.

nünftigen Verhältnis zur Bedeutung der Erklärung stehen.[167] Ist der Adressat z.B. nur postalisch erreichbar, und ist die Post im Lande des Adressaten bekanntermaßen höchst unzuverlässig und deshalb kein geeignetes Transportmittel, dann kann vom Erklärenden nicht verlangt werden, daß er sich eines geeigneten Erklärungsmittels (z.B. eines Boten) bedienen muß, um z.B. einen Mangel anzuzeigen.[168] Bei der Auswahl eines geeigneten Transportmittels ist schließlich die Bedeutung der Erklärung zu berücksichtigen.[169] Als Erklärungsmittel können je nach Entfernung, Post- und Nachrichtenverbindung und Eilbedürftigkeit im Einzelfall Brief, Telefon, Telex, Telefax, Telegramm oder E-Mail in Betracht kommen.[170] Ausnahmsweise kann auch eine doppelte Mitteilung erforderlich sein, wenn ein erhöhtes Verlustrisiko besteht. Dies ist beispielsweise der Fall, wenn für den Mitteilenden erkennbar ist, daß die Übermittlungsleitungen im Empfängerstaat gestört sein könnten. In diesem Fall ist nur die Übermittlung durch Telefax und Brief ein geeignetes Transportmittel.[171]

Die Erklärung muß gegenüber dem Empfänger abgegeben werden. Dazu muß die Erklärung die Sphäre des Mitteilenden verlassen haben. Dies ist der Fall, wenn die Erklärung so in Lauf gesetzt wird, daß sie bei ordentlichem Funktionieren des verwendeten Transportmittels rechtzeitig und richtig angekommen wäre. So muß etwa ein Brief bei der Post abgegeben oder einem selbständigen Transportunternehmer übergeben werden, ein Telex in das eingeschaltete Übermittlungsgerät eingegeben oder ein E-Mail das hausinterne Netz verlassen haben.[172]

Die Erklärung kann nicht unter einer Bedingung abgegeben werden, weil dieser eine Gestaltungswirkung zukommt.[173] Möglich ist jedoch eine Verbindung mit der Fristbestimmung der Art. 47, 63.[174]

---

[167] Honsell/Karollus, Art. 27 Rn. 8; Schlechtriem/Schlechtriem, Art. 27 Rn.7.

[168] Schlechtriem/Schlechtriem, Art. 27 Rn.7.

[169] Enderlein/Maskow/Strohbach, Art. 27 Anm. 5.; Honsell/Karollus, Art. 27 Rn. 8; a. A. Schlechtriem/Schlechtriem, Art. 27 Rn.7.

[170] Schlechtriem/Schlechtriem, Art. 27 R. 7; Kritzer, S. 212

[171] Schlechtriem/Schlechtriem, Art. 27 Rn.7.

[172] Honsell/Karollus, Art. 27 Rn. 12,13; Schlechtriem/Schlechtriem, Art. 27 Rn.9.

[173] Staudinger/Magnus, Art. 49 Rn. 26; Art. 64 Rn. 31; Herber/Czerwenka, Art. 49 Rn. 11; Art. 64 Rn. 7.

[174] Staudinger/Magnus, Art. 49 Rn. 26; Art. 64 Rn. 31; Herber/Czerwenka, Art. 49 Rn. 11; Art. 64 Rn. 7.

2. Form und Inhalt

Die Erklärung ist an keine bestimmte Form gebunden (vgl. Art. 11). Sie kann mündlich wie auch schriftlich abgegeben werden. Fraglich ist jedoch, ob auch die Abgabe einer konkludenten Erklärung ausreichend ist. Die überwiegende Auffassung hält die Abgabe einer konkludenten Erklärung nicht für ausreichend und verlangt aus Gründen der Rechtssicherheit eine ausdrückliche Erklärung.[175] Die Aufhebung des Vertrags ist von anderen Rechtsbehelfen abzugrenzen. Aus diesem Grund muß die Erklärung zweifelsfrei erkennen lassen, daß die erklärende Partei nicht mehr am Vertrag festhalten will.[176] Deshalb ist es z.B. nicht ausreichend, wenn eine Partei die Ware zurückschickt und gleichzeitig erklärt, daß sie einen Teil der Ware bezahlen wolle.[177] Es genügt ebenfalls nicht, wenn lediglich die Mangelhaftigkeit der Ware gerügt wird,[178] nur Ersatzansprüche geltend gemacht werden oder eine Vertragsaufhebung erst für die Zukunft angedroht wird.[179] Schließlich reicht es nicht aus, wenn der Käufer den Verkäufer lediglich zur Rücknahme der Ware oder zur Gewährung eines Preisnachlasses auffordert.[180]

3. Rechtsfolgen einer ordnungsgemäßen Erklärung

Wird die Erklärung mit einem nach den Umständen geeigneten Mittel an den Empfänger übermittelt, so geht das Übermittlungsrisiko zum Zeitpunkt der Abgabe der Erklärung auf den Empfänger über.[181] Damit ist jedoch noch nicht die Frage geklärt, zu welchem Zeitpunkt die Erklärung gegenüber dem Empfänger wirksam wird und wann der Erklärende an seine Erklärung gebunden ist.

---

[175] Enderlein/Maskow/Strohbach, Art. 26 Anm. 1.2.; Staudinger/Magnus, Art. 64 Rn.29; Herber/Czerwenka, Art. 26 Rn. 3; Reinhart, Art. 26 Rn. 2; a. A.: Schlechtriem/Leser/Hornung, Art. 26 Rn. 10 und Schlechtriem/Huber, Art. 49 Rn. 29, die eine konkludente Aufhebungserklärung ausreichen lassen, wenn zweifelsfrei erkennbar ist, daß eine Partei nicht mehr am Vertrag festhalten will.

[176] Herber/Czerwenka, Art. 49 Rn. 11; Honsell/Schnyder/Straub, Art. 49 Rn. 34; Staudinger/Magnus, Art. 64 Rn. 29; Schlechtriem/Huber, Art. 49 Rn. 29; LG Frankfurt v. 16.09.91, RIW 1991, 952, das allerdings nicht darüber entscheidet, ob die Erklärung ausdrücklich erfolgen muß oder nicht.

[177] LG Frankfurt v. 16.09.91, RIW 1991, 952.

[178] Honnold Rn. 187.2.

[179] Honsell/Karollus, Art. 26 Rn. 13.

[180] Piltz, S. 247; Honsell/Karollus, Art. 26 Rn. 13.

[181] Bianca/Bonell/Date-Bah, Art. 27 Anm. 2.1.; Audit, Anm. 122.

Fraglich ist, ob eine Erklärung mit Absendung oder mit Zugang wirksam wird. Eine Ansicht geht davon aus, daß die Erklärung bereits mit ihrer Absendung an den Empfänger ihre Rechtswirkung entfaltet.[182] Für ein Abstellen auf den Zeitpunkt der Absendung spreche der unterschiedliche Wortlaut von Art. 26, 49, 63 und Art. 47 Abs. 2, 63 Abs. 2 („has received notice"). Das Übereinkommen verwende die Formulierung „has received notice" nur, wenn es für die Wirksamkeit einer Erklärung auf den Zugang ankomme (vgl. Art. 47 Abs. 2, 63 Abs. 2).[183] Ferner beruft sich diese Auffassung auf die im anglo-amerikanischen Rechtskreis geltende Absendetheorie, die nicht zwischen Übermittlungsrisiko, Wirksamkeit und Bindung der Erklärung unterscheidet. Nach dieser Theorie wird eine Erklärung bereits mit ihrer Absendung wirksam.[184] Diese Ansicht ist jedoch mit Hinblick auf den Wortlaut und die Entstehungsgeschichte von Art. 27 abzulehnen. Der Wortlaut von Art. 27 regelt nur die Übermittlungsgefahr und nicht die Frage der Wirksamkeit und der Bindung der Erklärung. Auch aus der Entstehungsgeschichte läßt sich erkennen, daß Art. 27 nur das Übermittlungsrisiko regeln sollte.[185] Wird auf den Zeitpunkt der Absendung der Erklärung abgestellt, besteht die Gefahr, daß die Erklärung wirksam wird, ohne daß der Empfänger Kenntnis von der Wirksamkeit der Erklärung erhält. Aus diesem Gründen tritt die Wirkung der Erklärung erst mit deren Zugang ein. Liegt eine Übermittlungsstörung vor, so ist auf den Zeitpunkt des hypothetischen Zugangs abzustellen, d.h. auf den Zeitpunkt, in dem die Erklärung bei ungestörter Übermittlung zugegangen wäre.[186]

An dieser Stelle taucht die Frage auf, was unter Zugang (vgl. Art. 24) zu verstehen ist. Mündliche Erklärungen gehen zu dem Zeitpunkt zu, zu dem der Erklärende nach den Umständen davon ausgehen durfte, daß sie verbal aufgenommen und inhaltlich verstanden wurde.[187] Der Zugang einer schriftlichen Erklärung setzt voraus, daß diese derart in den Machtbereich des Empfängers gelangt, daß er bei normalem Lauf der Dinge von ihr Kenntnis nehmen kann.[188] Eine verkörperte Erklärung ist zugegangen, wenn sie in eine vom Empfänger eingerichtete Empfangsvorrichtung gelangt. So ist z.B. eine Erklärung zugegangen, die in

[182] Schlechtriem/Schlechtriem, Art. 27 Rn. 13; Bianca/Bonell/Will, Art. 49 Anm. 2.1.1.; Staudinger/Magnus, Art. 26 Rn. 10; Honnold, Rn. 187.2.

[183] Staudinger/Magnus, Art. 26 Rn. 10.

[184] Schlechtriem/Schlechtriem, Art. 27 Rn. 13; Honnold, Rn. 187.2.

[185] Neumayer, in FS für Drobnig, S. 101-105.

[186] Honsell/Karollus, Art. 27 Rn. 18; Schlechtriem/Leser, Art. 26 Rn. 12; Piltz, § 5 Rn. 274; Neumayer , in FS für Drobnig, S. 105-107.

[187] Staudinger/Magnus, Art. 24 Rn. 13; Schlechtriem/Schlechtriem, Art. 24 Rn. 7.

[188] Bianca/Bonell/Farnsworth, Art. 24 Anm. 2.4.; Staudinger/Magnus, Art. 24 Rn. 15; Herber/Czwerwenka, Art. 24 Rn. 2; Schlechtriem/Schlechtriem, Art. 24 Rn. 13.

dessen Briefkasten eingeworfen wurde, die in dessen Postfach eingelagert wurde oder in einem empfangsbereiten „elektronischen“ Briefkasten des Empfängers angekommen ist.[189] Werden für die Entgegennahme einer verkörperten Erklärung Hilfspersonen des Empfängers eingeschaltet, so geht die Erklärung mit der Übergabe an diese Personen dem Empfänger zu.[190] Vereitelt der Empfänger absichtlich den Zugang einer Erklärung, indem er z.B. sein Faxgerät abschaltet, liegt darin ein Verstoß gegen Treu und Glauben (vgl. Art. 7 Abs. 1). In diesem Fall ist der Zeitpunkt der Übermittlung der Erklärung durch eine Fiktion zu bestimmen.[191]

Schließlich stellt sich noch die Frage, zu welchem Zeitpunkt die Erklärung für den Erklärenden bindend wird. Für die Bindung des Erklärenden gilt derselbe Zeitpunkt, der für die Wirksamkeit der Erklärung gilt.[192] Ansonsten bestände die Gefahr, daß der Zeitpunkt der Wirksamkeit der Erklärung und der Zeitpunkt der Bindung der Erklärung auseinanderfallen. Das Auseinanderfallen beider Zeitpunkte führt z.B. dazu, daß eine Erklärung zwar wirksam, aber noch nicht bindend ist. Der Erklärende kann in diesem Fall eine bereits wirksame Erklärung wieder rückgängig machen. Dieses Ergebnis ist nicht sachgerecht, weil sich der Empfänger bereits auf die Wirksamkeit der Erklärung eingestellt hat. Der Erklärende ist zu dem Zeitpunkt an seine Erklärung gebunden, zu dem diese dem Empfänger zugeht. Treten während der Übermittlung der Erklärung Störungen auf, so ist auf den Zeitpunkt des hypothetischen Zugangs abzustellen.[193]

III. Aufhebungsfrist

Die vertragsaufhebende Partei muß die Aufhebung des Vertrags innerhalb einer bestimmten Frist erklären, damit sie ihr Aufhebungsrecht nicht verliert. Welche Frist dabei einzuhalten ist, wird in den Art. 49 Abs. 2, 64 Abs. 2 geregelt. Bei diesen Fristen handelt es sich wegen der Spekulationsgefahr um Ausschlußfri-

---

[189] Bianca/Bonell/Farnsworth, Art. 24 Anm. 2.4.; Staudinger/Magnus, Art. 24 Rn. 16; Honnold, Rn. 179; Schlechtriem/Schlechtriem, Art. 24 Rn. 12;.

[190] Honsell/Schnyder/Straub, Art. 24 Rn. 39; Honnold, Rn. 179; Rudolph, Art. 24 Rn. 7; Bianca/Bonell/Farnsworth, Art. 24 Anm. 2.3.

[191] Staudinger/Magnus, Art. 24 Rn. 25; Schlechtriem/Schlechtriem, Art. 24 Rn. 17; Honsell/Schnyder/Sraub, Art. 24 Rn. 41.

[192] Honsell/Karollus, Art. 27 Rn. 21; Schlechtriem/Leser/Hornung, Art. 26 Rn. 12.

[193] Honsell/Karollus, Art. 27 Rn. 21; Schlechtriem/Leser/Hornung, Art. 26 Rn. 12; a. A. Schlechtriem/Schlechtriem, Art. 27 Rn. 14, der eine Bindung erst annimmt, wenn sich der Empfänger auf die Erklärung eingestellt hat.

sten.[194] Das Übereinkommen unterscheidet hinsichtlich des Ob und Wie der Frist danach, ob bestimmte Vertragspflichten erfüllt wurden und welcher Art die Vertragsverletzung ist.

1. Frist bei Erklärung durch den Käufer

Das CISG enthält in Art. 49 Abs. 2 verschiedene Fristen, die das Aufhebungsrecht des Käufers beschränken. Diese Beschränkung gilt jedoch nur, wenn die andere Partei bereits geliefert hat. Das Übereinkommen unterscheidet zwischen zwei Fallgruppen:

a) Verspätete Lieferung

Im Fall der verspäteten Lieferung durch den Verkäufer, muß der Käufer die Aufhebung des Vertrags innerhalb einer angemessenen Frist erklären, damit er sein Aufhebungsrecht nicht verliert. Die Erklärungsfrist beginnt ab dem Zeitpunkt der Kenntnis von der erfolgten Lieferung (vgl. Art. 49 Abs. 2 lit. a).[195] Die Angemessenheit der Frist bestimmt sich nach den Umständen im Einzelfall und nach dem Zweck der Vorschrift, die die Fristbestimmung enthält. Der Verkäufer hat im Fall der verspäteten Erfüllung ein erhebliches Interesse daran, möglichst frühzeitig von der Aufhebungserklärung und der damit verbundenen Zurückweisung der Ware durch den Käufer zu erfahren, weil er die gelieferte Ware anderweitig veräußern muß. Dagegen hat der Käufer kein schutzwürdiges Interesse an einer längeren Überlegungsfrist, weil bei der Entscheidung über eine Vertragsaufhebung aufgrund einer verspäteten Lieferung im Regelfall keine besonders schwierigen rechtlichen Überlegungen anzustellen sind.[196] Aus diesem Grund ist die Frist relativ knapp zu bemessen.[197]

---

[194] Enderlein/Maskow/Strohbach, Art. 49 Anm. 7.; Herber/Czerwenka, Art. 49 Rn. 13; Leser, Vertragsaufhebung und Rückabwicklung, S. 234; Staudinger/Magnus, Art. 64 Rn. 36.

[195] Rudolph, Art. 49 Rn. 13; Herber/Czerwenka, Art. 49 Rn. 13.

[196] Schlechtriem/Huber, Art. 49 Rn. 38, 44.

[197] Staudinger/Magnus, Art. 49 Rn. 36; Rudolph, Art. 49 Rn. 14; Enderlein/Maskow/Strohbach, Art. 49 Anm. 7.; Schlechtriem/Huber, Art. 49 Rn. 38; Honsell/Schnyder/Straub, Art. 49 Rn. 43 halten einen Zeitraum von zwei bis drei Tagen für angemessen; zu großzügig Kappus, RIW 1992, 528, 532, der einen Zeitraum von ein bis zwei Monaten für angemessen hält; vgl. auch AG Ludwigsburg v. 21.1.90, CISG Online Nr. 17, das zumindestens bei Lieferung von Saisonwaren eine Frist von sechs Wochen nicht mehr für angemessen erachtet.

b) Sonstige Vertragsverletzungen

Hat der Verkäufer den Vertrag in anderer Weise als durch verspätete Lieferung verletzt - z.B. durch Lieferung vertragswidriger Ware, Lieferung von Ware unter Verletzung von Rechten Dritter, Pflicht zur Übergabe vertragsgemäßer Dokumente und der Pflicht zur Einhaltung von Ausschließlichkeitsbindungen -[198], so muß er auch in diesem Fall die Aufhebung innerhalb einer angemessenen Frist erklären, um sein Aufhebungsrecht nicht zu verlieren. Die Frist beginnt mit dem Zeitpunkt, zu dem er die Vertragsverletzung kannte oder hätte kennen müssen (vgl. Art. 49 Abs. 2 lit. b i), mit Ablauf einer vom Käufer nach Artikel 47 Absatz 1 gesetzten Nachfrist oder mit Erklärung der Nichterfüllung seiner Pflichten innerhalb der Nachfrist durch den Käufer (vgl. Art. 49 Abs. 2 lit. b ii), mit Ablauf einer vom Verkäufer nach Artikel 48 Absatz 2 gesetzten Frist oder mit Erklärung der Nichtannahme der Erfüllung durch den Käufer (vgl. Art. 49 Abs. 2 lit. b iii). Im Gegensatz zur Fristbestimmung in Art. 49 Abs. 2 lit. a, ist die angemessene Frist in diesem Fall regelmäßig länger, weil dem Käufer eine gewisse Frist zur Überlegung und zur Einholung von Rechtsauskünften zuzubilligen ist.[199]

2. Frist bei Erklärung durch den Verkäufer

Ebenso wie das Aufhebungsrecht des Käufers, ist nach Art. 64 Abs. 2 auch das Aufhebungsrecht des Verkäufers beschränkt. Diese Beschränkung gilt jedoch nur, wenn der Käufer bereits den Kaufpreis entrichtet hat. Das CISG unterscheidet zwischen zwei Fallgruppen:

a) Verspätete Erfüllung

Erfüllt der Käufer seine Pflichten nicht rechtzeitig, muß der Verkäufer die Aufhebung des Vertrags erklären, bevor er davon erfahren hat (vgl. Art. 64 Abs. 2 lit. a). Nach h. M. ist dafür positive Kenntnis erforderlich, ein „Kennenmüssen“

---

[198] Schlechtriem/Huber, Art. 49 Rn. 41.

[199] Schlechtriem/Huber, Art. 49 Rn. 44; BGH v. 15.02.95, RIW 1995, 505, 506 (Zeitraum von fünf Monaten ist nicht mehr angemessen); OLG München v. 02.03.94, RIW 1994, 595, 596 (Zeitraum von vier Monaten ist nicht mehr angemessen); OLG Frankfurt a. M. v. 20.04.94, RIW 1994, 593, 595 (Zeitraum von zwei Monaten ist nicht mehr angemessen, wenn die Lieferung erkennbar vertragswidrig ist).

reicht hier nicht aus.[200] Dafür spricht der unterschiedliche Wortlaut von Art. 64 Abs. 2 lit. a „...has become aware that..." und Art. 64 Abs. 2 lit. b i „...knew or ought to have known...".[201] Unter das Tatbestandsmerkmal „verspätete Erfüllung" fällt nach überwiegender Auffassung nicht nur die verspätete Erfüllung der Zahlungs- und Abnahmepflicht, sondern auch die nicht rechtzeitige Erfüllung einer sonstigen Pflicht,[202] wie beispielsweise der nicht rechtzeitigen Erfüllung einer Mitwirkungspflicht oder der verspäteten Vorlage einer Bankbestätigung über die Eröffnung eines Akkreditivs[203]. Dafür spricht der Wortlaut der Vorschrift, der gerade nicht zwischen der Art der verletzten Pflichten unterscheidet.[204] Die Frist ist ebenso, wie die in Art. 49 Abs. 2 lit. a, relativ kurz zu bemessen.

b) Sonstige Vertragsverletzungen

Verletzt der Käufer den Vertrag in anderer Weise als durch verspätete Erfüllung - z.B. durch den Verstoß gegen eine Ausschließlichkeitsbindung oder der Beistellung von Materialien von minderer Qualität -[205], muß er auch in diesem Fall die Aufhebung rechtzeitig erklären, damit er sein Aufhebungsrecht nicht verliert. Die Frist beginnt mit dem Zeitpunkt, zu dem er die Vertragsverletzung kannte oder hätte kennen müssen (vgl. Art. 64 Abs. 2 lit. b i), mit Ablauf einer vom Käufer nach Artikel 63 Abs. 1 gesetzten Nachfrist oder mit Erklärung der Nichterfüllung seiner Pflichten innerhalb der Nachfrist durch den Käufer (vgl. Art. 64 Abs. 2 lit b ii), mit Ablauf einer vom Verkäufer nach Artikel 63 Abs. 1 gesetzten Frist oder mit Erklärung der Nichtannahme der Erfüllung durch den Käufer (vgl. Art. 64 Abs. 2 lit. b iii). Die Angemessenheit der Frist bestimmt sich einerseits nach den Umständen im Einzelfall und andererseits nach dem Zweck der Vorschrift, die eine Fristbestimmung enthält. Die Angemessenheit der Frist ist in dieser Alternative, wie die in Art. 49 Abs. 2 lit. b, länger als die

---

[200] Rudolph, Art. 64 Rn. 13; Herber/Czerwenka, Art. 64 Rn. 9; Enderlein/Maskow/Strohbach, Art. 64 Anm. 9.; a. A. Bianca/Bonell/Knapp, Art. 64 Anm. 3.17.

[201] Enderlein/Maskow/Strohbach, Art. 64 Anm. 9.

[202] Honsell/Schnyder/Straub, Art. 64 Rn. 30, 31; Herber/Czerwenka, Art. 64 Rn. 9; Bianca/Bonell/Knapp, Art. 64 Anm. 3.13.; Enderlein/Maskow/Strohbach, Art. 64 Anm. 7.; Staudinger/Magnus, Art. 64 Rn. 43; Schlechtriem/Hager, Art. 64 Rn. 14; a. A. Karollus, S. 180 und Posch, Pflichten des Käufers, S. 161, die nur eine Verletzung der Zahlungs- und Abnahmepflicht unter den Ausdruck „verspätete Erfüllung" fallen lassen wollen.

[203] Enderlein/Maskow/Strohbach, Art. 64 Anm. 3. ; LG Kassel v. 21.09.95, CISG Online Nr. 192.

[204] Karollus/Schnyder/Straub, Art. 64 Rn. 30; Enderlein/Maskow/Strohbach, Art. 64 Anm. 7.

[205] Enderlein/Maskow/Strohbach, Art. 64 R.10.

Frist in Art. 64 Abs. 2 lit. a, weil dem Käufer eine gewisse Frist zur Überlegung und zur Einholung von Rechtsauskünften zuzubilligen ist.

B. Rechtsfolgen

Der Vertrag wird zum Zeitpunkt der Wirksamkeit der Aufhebungserklärung in ein Abwicklungsverhältnis umgewandelt.[206] Dieses Verhältnis ist in den Art. 81-84 näher geregelt.

Im Fall einer wirksamen Aufhebungserklärung werden die Parteien zunächst von der Erfüllung ihrer vertraglichen Pflichten befreit, soweit es sich nicht um Schadensersatzpflichten handelt (vgl. Art. 81 Abs. 1 S. 1 2. HS, 45 Abs. 2, 61 Abs. 2). Sie sind nach Art. 81 Abs. 2 S. 1 verpflichtet, bereits erbrachte Leistungen zurückgeben. Die Rückgabe erfolgt Zug um Zug, wenn beide Parteien zur Rückgabe verpflichtet sind (vgl. Art. 81 Abs. 2 S. 2). Der Verkäufer hat neben der Rückzahlung des Kaufpreises noch Zinsen auf diesen Betrag an den Käufer zu zahlen (vgl. Art. 84 Abs. 1). Dagegen ist der Käufer nach Art. 84 Abs. 2 verpflichtet, dem Verkäufer nicht nur die Ware selbst, sondern auch sämtliche Vorteile der erhaltenen Sachleistungen zurückzugewähren.

Der Käufer verliert unter den Voraussetzungen von Art. 82 sein Aufhebungsrecht. Dies ist der Fall, wenn er die gelieferte Ware im wesentlichen nicht mehr in dem Zustand zurückzugeben kann, indem er sie erhalten hat (vgl. Art. 82 Abs. 1). Er behält jedoch auch in diesem Fall sein Aufhebungsrecht, sofern die Voraussetzungen von Art. 82 Abs. 2 vorliegen. Diese liegen vor, wenn die Ursache für den Untergang oder die Verschlechterung nicht dem Käufer anzulasten ist (vgl. lit. a). Da nicht auf ein Verschulden abgestellt wird, schließt jede, auch schuldlose Handlung oder Unterlassung des Käufers dessen Aufhebungsrecht aus.[207] Eine Unterlassung des Käufer schließt dessen Aufhebungsrecht nur aus, wenn ein Handeln nach der Verkehrsauffassung geboten war. Hat der Käufer beispielsweise einen Sachmangel entdeckt, ist dieser nach der Verkehrsauffassung im Regelfall verpflichtet, die Sache besonders sorgfältig zu behandeln. Besteht etwa die Gefahr der Zerstörung einer gelieferten Maschine, hat er deren Weiterverwendung zu unterlassen.[208] Ist der Untergang oder die Verschlechterung nicht auf ein Verhalten des Käufers, sondern seiner Hilfspersonen zurückzuführen, so hat er dieses Verhalten nach Art. 79 Abs. 1 analog zu vertreten.[209]

---

[206] Schlechtriem/Leser/Hornung, Vor Art. 81-84 Rn. 8; Rudolph, Art. 81 Rn. 2.

[207] Schlechriem/Leser/Hornung, Art. 82 Rn. 20; Herber/Czerwenka, Art. 82 Rn. 6.

[208] Herber/Czerwenka, Art. 82 Rn. 6.

[209] Herber/Czerwenka, Art. 82 Rn. 7; Rudolph, Art. 82 Rn. 8.

Ferner bleiben die Rechte des Käufers erhalten, wenn die in Art. 38 vorgesehene Untersuchung auf Mängel zu einer wesentlichen Verschlechterung der Ware führt (vgl. lit. b). Schließlich tritt kein Rechtsverlust des Käufers ein, wenn er die Ware im Rahmen des normalen Geschäftsbetriebs verkauft oder der normalen Verwendung entsprechend verbraucht oder veräußert hat (vgl. lit. c). Verliert der Käufer nach Art. 82 sein Recht auf Vertragsaufhebung, so bleiben ihm die anderen Rechtsbehelfe auf Minderung und Schadensersatz erhalten (vgl. Art. 83).

2. Kapitel: Aufhebung in Sonderfällen

Neben der Aufhebung des Vertrags nach Art. 49, 64 sieht das CISG noch weitere Aufhebungsmöglichkeiten vor. Das Übereinkommen ermöglicht in den Art. 51 Abs. 1 und Abs. 2 (Teillieferung), 72 (antizipierter Vertragsbruch) und Art. 73 Abs. 1 und Abs. 2 (Sukzessivlieferungsvertrag) die Aufhebung des Vertrags, wenn - neben anderen Voraussetzungen - auch eine wesentliche Vertragsverletzung (vgl. Art. 25) vorliegt.

A. Vertragsaufhebung bei Teillieferung

I. Teilaufhebung

Liefert der Verkäufer nur einen Teil der Ware oder ist nur ein Teil der gelieferten Ware vertragsgemäß, so kann der Käufer den Vertrag nach Art. 51 Abs. 1 nur im Hinblick auf den nicht gelieferten oder nicht vertragsgemäßen Teil aufheben. Die Teilaufhebung setzt jedoch zunächst voraus, daß die Lieferung des Verkäufers in selbständige Teile zerlegbar ist.[210] Die Lieferung ist teilbar, wenn die Ware aus einer „Sachmehrheit“ besteht, weil sich diese aus mehreren Gegenständen zusammensetzt, wobei jeder dieser Gegenstände für den Käufer eine eigenständige wirtschaftliche Einheit bildet. Aus diesem Grund ist die Lieferung von 300 Paar Schuhen oder eines Computers mit Software und Benutzerhandbuch in selbständige Teile zerlegbar.[211] Die Lieferung kann nicht in selbständige Teile aufgeteilt werden, wenn sie aus „Einzelsachen“ besteht, weil diese nur aus einem selbständigen Gegenstand bestehen. Ferner scheidet eine Teilbarkeit der Lieferung aus, wenn sie aus einer Sachgesamtheit besteht. Zwar setzt sich eine „Sachgesamtheit“ aus mehreren Gegenständen zusammen, die einzelnen Gegenstände bilden jedoch für den Käufer keine wirtschaftliche Einheit und sind daher als bloße Einzelteile anzusehen. Eine „Sachgesamtheit“ liegt zum Beispiel vor, wenn eine Maschine, ein Kfz oder eine Buchgesamtausgabe mit mehreren Einzelbänden geliefert wird.[212] Art. 51 Abs. 1 verweist hinsichtlich der weiteren Voraussetzungen einer Teilaufhebung auf die Vorschriften, die auch für die Aufhebung des gesamten Vertrags gelten (vgl. Art. 46-50). Demnach kann der Käufer den Vertrag teilweise aufheben, wenn in bezug auf den fehlenden bzw. nicht vertragsgemäß gelieferten Teil eine wesentliche Ver-

---

[210] Schlechtriem/Huber, Art. 51 Rn. 2; Herber/Czerwenka, Art. 51 Rn. 3; Bianca/Bonell/Will, Art. 51 Anm. 2.1.; Audit, Anm. 135.

[211] Honsell/Schnyder/Straub, Art. 51 Rn. 9; Schlechtriem/Schlechtriem, Art. 51 Rn. 2.

[212] Honsell/Schnyder/Straub, Art. 51 Rn. 10; Schlechtriem/Schlechtriem, Art. 51 Rn. 2.

tragsverletzung (vgl. Art. 25) vorliegt[213] bzw. wenn er hinsichtlich des fehlenden Teils eine Nachfrist (vgl. Art. 47) gesetzt hat, die der Verkäufer ergebnislos verstreichen läßt. Handelt es sich um die Aufhebung von Teillieferungen im Rahmen eines Sukzessivlieferungsvertrags, hat Art. 73 als Sondervorschrift Vorrang vor einer Aufhebung nach Art. 51 Abs. 1.[214]

II. Aufhebung des gesamten Vertrags

Abweichend vom Grundsatz der Teilaufhebung in Art. 51 Abs. 1, kann der Käufer die Aufhebung des gesamten Vertrags erklären, wenn die teilweise Nichtlieferung oder mangelhafte Lieferung so erhebliche Auswirkungen auf die Interessen des Verkäufers hat, daß diese nicht nur zu einer wesentlichen Vertragsverletzung hinsichtlich eines Vertragsteils, sondern des ganzen Vertrags führt (vgl. Art. 51 Abs. 2).[215] Im Gegensatz zur teilweisen Aufhebung des Vertrags nach Art. 51 Abs. 1 kann der Käufer die Voraussetzungen der Aufhebung des gesamten Vertrags nicht dadurch herbeiführen, daß er dem Verkäufer eine Nachfrist für die Erfüllung seiner Pflichten einräumt. Dieses Ergebnis läßt sich mit Hinweis auf den Wortlaut von Art. 51 Abs. 2 „only if" begründen, der nur eine Aufhebung unter den Voraussetzungen von Art. 49 Abs. 1 lit. a, also ohne Bestimmung einer Nachfrist, meint.[216]

B. Vertragsaufhebung bei antizipiertem Vertragsbruch

I. Zweck

Eine Partei kann die sofortige Aufhebung des Vertrags im Regelfall nur verlangen, wenn die andere Partei eine bereits fällige Pflicht nicht vertragsgemäß erfüllt hat (vgl. Art. 49 Abs. 1 lit. a, 64 Abs. 1 lit. a). In bestimmten Fällen ist es der vertragstreuen Partei jedoch nicht zuzumuten, bis zum Zeitpunkt des Ver-

---

[213] OLG Frankfurt a. M. v. 18.01.94, NJW 1994, 1013, 1014, das eine wesentliche Vertragsverletzung annahm, weil ein Teil der gelieferten Schuhe einen erheblichen Mangel aufwies.

[214] Herber/Czerwenka, Art. 51 Rn. 3; Reinhart, Art. 51 Rn. 4.

[215] Zum EKG: OLG Koblenz v. 18.05.84, in Schlechtriem/Magnus, Art. 45 Nr. 3, das eine wesentliche Vertragsverletzung des gesamten Vertrags bejahte, weil 80 % der gelieferten Schuhe einen schwerwiegenden Mangel aufwiesen und dadurch weder eine ordnungsgemäße Präsentation noch ein geregelter Abverkauf der Schuhe möglich war.

[216] Reinhart, Art. 51 Rn. 3; Bianca/Bonell/Will, Art. 51 Anm. 2.2.; Sekretariatskommentar, Art. 47 Anm. 4.

tragsbruchs zu warten, um dann die Aufhebung des Vertrags zu erklären. Ferner hat die vertragstreue Partei häufig ein Interesse daran, ihre Dispositionfreiheit möglichst schnell zurückzugewinnen.[217] Aus diesen Gründen eröffnet das Übereinkommen unter den Voraussetzungen des Art. 72 die Möglichkeit, den Vertrag aufzuheben, auch wenn die Vertragsverletzung noch nicht eingetreten ist.

II. Antizipierte Vertragsverletzung

Eine vorzeitige Aufhebung des Vertrags ist nur möglich, wenn es zu dem für die Vertragserfüllung festgesetzten Zeitpunkt offensichtlich ist, daß eine Partei eine wesentliche Vertragsverletzung (vgl. Art. 25) begehen wird (vgl. Art. 72 Abs. 1).

Die künftig zu erwartende Vertragsstörung ist offensichtlich, wenn sie mit einem gewissen Grad an Wahrscheinlichkeit zu erwarten ist. Nach überwiegender Ansicht sind an den Wahrscheinlichkeitsmaß in Art. 72 Abs. 1 höhere Anforderungen zu stellen als an den in Art. 71 Abs. 1. Dafür spricht zunächst der unterschiedlich Wortlaut (Art. 72 Abs. 1 „clear“, „manifeste“; Art. 71 Abs. 1 „it becomes apparent that...“, „lorsqu`il apparaît...“). Ferner spricht dafür, daß Art. 71 nur ein Zurückbehaltungsrecht zur Rechtsfolge hat, während Art. 72 ein Recht zur Vertragsaufhebung gewährt. [218] Es besteht Einigkeit darüber, daß die zu erwartende Vertragsstörung nicht mit absoluter Gewißheit eintreten muß.[219] Allerdings ist eine sehr hohe naheliegende Wahrscheinlichkeit gemeint, die allgemein einleuchtet.[220] Das Wahrscheinlichkeitsurteil ist anhand eines objektiven Maßstabs aus Sicht einer vernünftigen Person zu ermitteln.[221]

Im Gegensatz zur Regelung in Art. 71 Abs. 1 setzt Art. 72 Abs. 1 nicht voraus, daß eine Vertragsverletzung aus bestimmten Gründen erkennbar sein muß. Vielmehr ist es ausreichend, wenn vernünftige Anhaltspunkte für eine künftige Vertragsstörung ersichtlich sind.[222] Vernünftige Anhaltspunkte für das Eintreten einer künftigen wesentlichen Vertragsverletzung liegen z.B. vor, wenn der Käu-

---

[217] Honsell/Schnyder/Straub, Art. 72 Rn. 2; Schlechtriem/Leser/Hornung, Art. 72 Rn. 3.

[218] Schlechtriem/Leser/Hornung, Art. 72 Rn. 12; Staudinger/Magnus, Art. 72 Rn. 9; Bianca/Bonell/Bennett, Art. 71 Anm. 3.2.; Reinhart, Art. 72 Rn. 2; a. A. Herber/Czerwenka, Art. 72 Rn. 2, die davon ausgehen, daß bei beiden Vorschriften der gleiche Maßstab anzuwenden ist.

[219] Honsell/Schnyder/Straub, Art. 72 Rn. 26; Schlechtriem/Leser/Hornung, Art. 72 Rn. 12.

[220] Schlechtriem/Leser/Hornung, Art. 72 Rn. 12.

[221] Staudinger/Magnus, Art. 72 Rn. 10; Schlechtriem/Leser/Hornung, Art. 72 Rn. 12.

[222] Herber/Czerwenka, Art. 72 Rn. 3; Staudinger/Magnus, Art. 72 Rn. 11.

fer bereits mit der Bezahlung einer Rechnung aus einer früheren Geschäftsbeziehung in Verzug ist und dem Verkäufer keine Sicherheit für den Kaufpreis aus dem gegenwärtigen Vertrag stellt.[223]

Während die Aufhebungserklärung in Art. 49 Abs. 2, 64 Abs. 2 im Regelfall an eine bestimmte Frist gebunden ist, sieht Art. 72 keine Frist für die Erklärung vor. Der Gläubiger kann die Vertragsaufhebung daher jederzeit erklären. Handelt es sich jedoch um eine Aufhebung nach Art. 72 Abs. 1, kann die vertragsaufhebende Partei den Vertrag nicht ohne weiteres aufheben. Sie muß die Aufhebung zuvor der anderen Partei anzeigen. Damit soll der anderen Partei die Möglichkeit gegeben werden, das Aufhebungsrecht der anzeigenden Partei abzuwenden, indem sie gegenüber dieser Partei die ausreichende Gewähr für die Erfüllung ihrer Pflichten übernimmt.[224] Die Aufhebung muß jedoch nur gegenüber der anderen Partei angezeigt werden, „wenn es die Zeit erlaubt und es nach den Umständen vernünftig ist“ (vgl. Art. 72 Abs. 2). Die deutsche Übersetzung weicht hier vom englischen und französischen Originaltext ab.[225] Aus diesem Grund bestehen Zweifel, ob für die Anzeigepflicht neben dem Zeitmoment noch auf die vernünftigen Umstände abzustellen ist. Im Hinblick auf den Wortlaut von Art. 72 Abs. 2 in der authentischen englischen und französischen Fassung, der die „Angemessenheit“ nur auf die Anzeige bezieht, ist allein auf das Zeitmoment abzustellen.[226] Diese Anzeige ist entbehrlich, wenn es sich um einen Fall der Erfüllungsverweigerung nach Art. 72 Abs. 3 handelt.

C. Sukzessivlieferungsverträge

Die Aufhebung eines Sukzessivlieferungsvertrags ist in Art. 73 Abs. 1 besonders geregelt. In dieser Vorschrift wird der Sukzessivlieferungsvertrag als Vertrag bezeichnet, der aufeinander folgende Lieferungen von Ware vorsieht. Das Übereinkommen sieht drei Möglichkeiten vor, um zu einer (Teil-) Aufhebung eines solchen Vertrags zu gelangen. In Absatz 1 wird das Aufhebungsrecht auf die betreffende Teillieferung beschränkt, in Absatz 2 werden auch künftige Teillieferungen einbezogen und durch Absatz 3 wird das Aufhebungsrecht des Käufers auf bereits erhaltene oder noch ausstehende Teillieferungen erweitert.

---

[223] OLG Düsseldorf v. 14.01.94, CISG Online Nr. 119.

[224] Herber/Czerwenka, Art. 72 Rn. 5.

[225] „if time allows...give reasonable notice in order to permit him to provide...assurance“, „ si elle dispose du temps nécessaire...notifier...dans des conditions raisonnables pour lui permettre de donner des assurances“.

[226] Staudinger/Magnus, Art. 72 Rn. 21; Bianca/Bonell/Bennett, Art. 72 Anm. 3.3.; a. A. Schlechtriem/Leser/Hornung, Art. 72 Rn. 15 und Herber/Czerwenka, Art. 72 Rn. 6.

I. Aufhebung hinsichtlich einer fälligen Teilleistung

Begeht der Schuldner hinsichtlich einer Teilleistung eine wesentliche Vertragsverletzung (vgl. Art. 25), so kann der andere Teil in bezug auf die betreffende Teilleistung die Aufhebung des Vertrags erklären.

II. Aufhebung hinsichtlich einer künftigen Teilleistung

Verletzt der Schuldner eine vertragliche Pflicht, die sich auf eine Teillieferung bezieht, kann der Gläubiger die Teilaufhebung des Vertrags auch für die Zukunft erklären, wenn diese Pflichtverletzung triftigen Grund zu der Annahme gibt, daß eine wesentliche Vertragsverletzung in bezug auf eine künftige Teillieferung zu erwarten ist (vgl. Art. 73 Abs. 2).

Im Gegensatz zu Absatz 1 muß keine wesentliche Vertragsverletzung hinsichtlich einer fälligen Teilleistung vorliegen, sondern eine solche in bezug auf die künftige Teilleistung zu erwarten sein.[227] Ob ein triftiger Grund vorliegt, ist vom Standpunkt eines objektiven Betrachters zu beurteilen.[228] Im Rahmen dieser Beurteilung stellt sich die Frage, welche Anforderungen an die Wahrscheinlichkeit des Eintretens einer künftigen Vertragsverletzung zu stellen sind, insbesondere ob der Wahrscheinlichkeitsmaßstab wegen der ähnlichen Formulierung in Art. 72 Abs. 1 in beiden Vorschriften derselbe ist. Dagegen spricht jedoch, daß im Gegensatz zu Art. 72 Abs. 1 bereits eine Pflichtverletzung hinsichtlich einer Teillieferung eingetreten ist. Deshalb sind die Anforderungen an den Grad der Wahrscheinlichkeit in Art. 73 Abs. 2 geringer als die in Art. 72 Abs. 1.[229] Eine hinreichende Wahrscheinlichkeit des Eintretens einer künftigen Vertragsverletzung liegt vor, wenn die naheliegende Annahme besteht, daß sich die Vertragsverletzung wiederholen wird.[230] Dies ist z.B. der Fall, wenn die Parteien vereinbaren, daß der Käufer die gelieferte Ware nicht auf einem bestimmten Markt weiterverkaufen darf und dieser gegen die Abrede verstößt.[231] Das Auf-

---

[227] Bianca/Bonell/Bennett, Art. 73 Anm. 2.7.;; Schlechtriem/Leser/Hornung, Art. 73 Rn. 20; Reinhart, Art. 73 Rn. 3.

[228] Staudinger/Magnus, Art. 73 Rn. 19; Herber/Czerwenka, Art. 73 Rn. 4.

[229] Herber/Czerwenka, Art. 73 Rn. 4; Staudinger/Magnus, Art. 73 Rn. 22; Honsell/Schnyder/Straub, Art. 73 Rn. 51.

[230] Herber/Czerwenka, Art. 73 Rn. 4.

[231] CA de Grenoble, J.D.I. 1995, 632, 638.

hebungsrecht muß allerdings innerhalb einer angemessenen Frist ausgeübt werden.[232]

III. Aufhebung hinsichtlich bereits erbrachter und künftiger Teilleistungen

Art. 73 Abs. 3 erweitert das Aufhebungsrecht auf bereits erbrachte und noch zu erbringende Teilleistungen, für die kein selbständiges Aufhebungsrecht besteht. Das Aufhebungsrecht kann sich somit auf den ganzen Vertrag oder nur bestimmte Vertragsteile beziehen. Die Aufhebung des Vertrags setzt zunächst voraus, daß dem Käufer bereits ein Aufhebungsrecht in bezug auf eine Teillieferung zusteht. Diese Bestimmung enthält jedoch keine Anhaltspunkte, aus welcher Regelung sich ein solches Aufhebungsrecht ergeben kann. Liegen die Voraussetzungen von Art. 73 Abs. 1 oder Abs. 2 vor, kann sich aus diesen Bestimmungen ein Aufhebungsrecht ergeben.[233]

Das Aufhebungsrecht nach Art. 73 Abs. 3 umfaßt alle Teillieferungen, die in einem Sachzusammenhang zu der Teillieferung stehen, hinsichtlich derer bereits ein Aufhebungsrecht nach Art. 73 Abs. 1 oder Abs. 2 besteht. Nach zutreffender Ansicht kann der Käufer - über den Wortlaut von Art. 73 Abs. 3 hinaus - auch die Aufhebung des gesamten Vertrags verlangen, wenn der Zweck des Gesamtvertrags nicht mehr erreichbar ist.[234] Ein Sachzusammenhang zu der aufzuhebenden Teillieferung wird angenommen, wenn die Verwendung der schon erhaltenen bzw. künftigen Teillieferungen wegen ihres Zusammenhangs mit dieser Teilleistung im Hinblick auf den Vertragszweck für den Käufer nicht mehr von Interesse ist.[235] Ob ein solcher Zweckzusammenhang besteht, ist nach objektiven Kriterien zu beurteilen.[236] Es ist allerdings nach überwiegender An-

---

[232] Reinhart, Art. 73 Rn. 4; Herber/Czerwenka, Art. 73 Rn. 5.

[233] Staudinger/Magnus, Art. 73 Rn. 30; Herber/Czerwenka, Art. 73 Rn. 6; Honsell/Schnyder/Straub, Art. 73 Rn. 66; a. A. wohl Schlechtriem/Leser/Hornung, Art. 73 Rn. 29, die ein Aufhebungsrecht aus Art. 73 Abs. 2 als mögliche Grundlage einer Aufhebung nach Art. 73 Abs. 3 ablehnen.

[234] Reinhart, Art. 73 Rn. 6; Piltz, § 5 Rn. 266; Rudolph, Art. 73 Rn. 19; Schlechtriem/Leser/Hornung, Art. 73 Rn. 37, die auf die Entstehungsgeschichte von Art. 73 und den Sachzusammenhang hinweisen; a. A. Honsell/Schnyder/Straub, Art. 73 Rn. 69, die sich auf den Wortlaut und den Zweck von Art. 73 Abs. 3 berufen.

[235] Staudinger/Magnus, Art. 73 Rn. 32; Schlechtriem/Leser/Hornung, Art. 73 Rn. 32-35.

[236] Staudinger/Magnus, Art. 73 Rn. 34; Schlechtriem/Schlechtriem, Art. 73 Rn. 35.

sicht nur ein Verwendungszweck zu berücksichtigen, der dem anderen Vertragspartner bekannt war.[237]

Die Ausübung des Aufhebungsrechts unterliegt noch einer zeitlichen Beschränkung. Der Käufer kann die Aufhebung weiterer Teilleistungen nur verlangen, wenn er diese Aufhebung gleichzeitig mit der Aufhebung der aufzuhebenden Teillieferung erklärt. Eine spätere Erweiterung der Aufhebung auf andere Teillieferungen ist nicht möglich.[238]

[237] Herber/Czerwenka, Art. 73 Rn. 6; Staudinger/Magnus, Art. 73 Rn. 34; Bianca/Bonell/Bennett, Art. 73 Anm. 3.5.; Enderlein/Maskow/Strohbach, Art. 73 Anm. 14.; a. A.: Schlechtriem/Leser/Hornung, Art. 73 Rn. 35; Honsell/Karollus, Art. 73 Rn. 80; Piltz, § 5 Rn. 265, die eine Erkennbarkeit des Verwendungszwecks ausreichen lassen.

[238] Staudinger/Magnus, Art. 73 Rn. 35; Honsell/Schnyder/Straub, Art. 73 Rn. 87.

III. Teil: Aufhebungsgründe

Die sofortige Aufhebung des Vertrags ist nur möglich, wenn die Voraussetzungen einer wesentliche Vertragsverletzung (vgl. Art. 25) als Aufhebungsgrund vorliegen.[239] Das CISG läßt jedoch in drei besonderen Fällen eine Aufhebung des Vertrags zu, ohne daß dabei auf die Tatbestandsmerkmale von Art. 25 zurückgegriffen werden muß. Treffen die Parteien eine von dieser Vorschrift abweichende Vereinbarung, richtet sich die Aufhebung des Vertrags nach den in dieser Vereinbarung genannten Voraussetzungen, weil eine Parteivereinbarung nach Art. 6 Vorrang vor den Regelungen des CISG hat. Sind zwischen den Parteien von Art. 25 abweichende Gepflogenheiten und Gebräuche entstanden, sind diese die Grundlage für die Vertragsaufhebung, weil diese ebenfalls den Regelungen des Abkommens vorgehen (vgl. Art. 9).[240] Darüber hinaus kann eine Partei die Aufhebung des Vertrags verlangen, wenn sie der anderen Partei für die Erfüllung ihrer Pflichten eine Nachfrist gesetzt hat, die diese erfolglos verstreichen läßt (vgl. Art. 49 Abs. 1 lit. b, 64 Abs. 1 lit. b).[241] Bevor jedoch im Einzelnen die von Art. 25 abweichenden Vereinbarungen bzw. Gebräuche dargestellt werden, soll zuerst auf die Voraussetzungen eingegangen werden, unter denen der in dieser Vorschrift definierte Regelfall einer „wesentlichen Vertragsverletzung“ gegeben ist.

1. Kapitel: Die wesentliche Vertragsverletzung als Aufhebungsgrund

Art. 25 definiert den Begriff „wesentliche Vertragsverletzung“ in einer komplexen und verschachtelten Weise. Aus diesem Grund werden zunächst die Grundgedanken dieser Vorschrift erörtert (A.). Anschließend wird auf die Funktion dieser Norm als ein Schlüsselbegriff in der Systematik des Übereinkommens eingegangen (B.). Schließlich folgt eine Auslegung der Tatbestandsmerkmale von Art. 25 (C.).

A. Grundgedanken von Art. 25

Art. 25 verwendet zur Erläuterung des Begriffs der wesentlichen Vertragsverletzung eine tautologische Formulierung. Danach liegt eine wesentliche Ver-

---

[239] Vgl. Art. 49 Abs. 1 lit. a, 64 Abs. 1 lit. a, 51 Abs. 1 und Abs. 2, 72 Abs. 1 und 73 Abs. 1 und Abs. 2.

[240] Siehe S. 173 ff, Teil III, zweites Kapitel, A. und B.

[241] Siehe S. 185 ff, Teil III, zweites Kapitel, C.

tragsverletzung vor, wenn einer Partei durch die Vertragsverletzung ein solcher Nachteil entsteht, daß ihr im wesentlichen entgeht, was sie nach dem Vertrag hätte erwarten dürfen, es sei denn, daß die andere Partei diesen Nachteil nicht vorausgesehen hat und auch eine vernünftige Person diesen nicht vorausgesehen hätte. Trotz der verschachtelten Formulierung läßt sich diese Definition auf zwei einfache Grundgedanken - „wesentlicher Nachteil" und „Voraussehbarkeit" - zurückführen. Die Formulierung „wesentlicher Nachteil" weist auf das für eine wesentliche Vertragsverletzung erforderliche Ausmaß des Nachteils hin. Der Nachteil erreicht das für eine solche Vertragsverletzung notwendige Gewicht, wenn die vertragstreue Partei aufgrund der Pflichtverletzung kein Interesse mehr an der Durchführung des Vertrags hat, weil ein grundlegendes Vertragsinteresse weggefallen ist.[242] Ferner muß dieser Nachteil für die vertragsbrüchige Partei bzw. eine objektive Vergleichsperson voraussehbar gewesen sein.

B. Funktionen von Art. 25

Die besondere Bedeutung des Begriffs „wesentliche Vertragsverletzung" im CISG, läßt sich anhand der Funktionen von Art. 25 aufzeigen. Diese Bestimmung erfüllt die Funktion einer Definitionsnorm, eines Auffangtatbestandes und eines Leitbildes für das System der Rechtsbehelfe.

I. Funktion als Definitionsnorm und als Auffangtatbestand

Art. 25 umschreibt die Voraussetzungen, unter denen eine wesentliche Vertragsverletzung angenommen wird. Diese Begriffsbestimmung ist immer anwendbar, wenn eine Regelung des CISG in ihrem Wortlaut auf den Eintritt einer wesentlichen Vertragsverletzung abstellt,[243] weshalb dieser Ausdruck in allen Vorschriften möglichst einheitlich auszulegen ist. Das Übereinkommen verwendet den Begriff der wesentlichen Vertragsverletzung in mehreren Artikeln, die insbesondere das System der Rechtsbehelfe betreffen. Aus diesem Grund ist dieser Begriff, der einen Beurteilungsmaßstab für die Abgrenzung zwischen wesentlicher und unwesentlicher Vertragsverletzung enthält, von entscheidender Bedeutung für die Einteilung der Rechtsbehelfe im CISG.

---

[242] Schlechtriem/Schlechtriem, Art. 25 Rn. 9-14.

[243] Vgl. Art. 49 Abs. 1 lit. a, 64 Abs. 1 lit. a, 51 Abs. 2, 72 Abs. 1, 73 Abs. 1 und 2, 46 Abs. 2 und 70.

In seiner Funktion als Definitionsnorm ist Art. 25 jedoch nur anwendbar, wenn die Vertragspartner keine von dieser Regelung abweichende Vereinbarungen treffen, die dieser Vorschrift vorgehen. In diesen Fällen hat Art. 25 nur die Funktion eines Auffangtatbestandes.[244]

II. Funktion als Leitbild

Art. 25 hat nicht nur die Funktion einer Definitionsnorm, sondern erfüllt noch eine darüber hinausgehende Leitbildfunktion[245] für das gesamte Übereinkommen. Das CISG regelt in seinem dritten Teil, der mit „Warenkauf" überschrieben ist, das materielle Kaufrecht. Die an der Spitze dieses Teils stehenden Art. 25-29 erfüllen die Funktion eines knappen allgemeinen Teils,[246] wobei die Definition des Begriffs der wesentlichen Vertragsverletzung im Vordergrund. Aus dieser systematischen Anordnung der Artikel ist äußerlich erkennbar, daß Art. 25 offenbar eine Leitbildfunktion für das gesamte CISG erfüllen soll.

Diese Leitbildfunktion läßt sich auch aus der inneren Systematik des Übereinkommens erkennen. Art. 25 enthält einen Beurteilungsmaßstab, der die Pflichtverletzungen in wesentliche und nicht wesentliche einteilt. Aufgrund dieses Maßstabs können auch die Rechtsbehelfe in zwei Gruppen aufgeteilt werden. Nur im Fall einer wesentlichen Vertragsverletzung werden der vertragstreuen Partei ein Vertragsaufhebungsrecht (vgl. Art. 49 Abs. 1 lit. a, 64 Abs. 1 lit. a, 51 Abs. 2, 72 Abs. 1, 73 Abs. 1 und 2) bzw. ein Ersatzlieferungsrecht (vgl. 46 Abs. 2) gewährt. Daraus ist ersichtlich, daß eine solche einschneidende Rechtsfolge nur eingreift, wenn bei der durch die Vertragsverletzung benachteiligten Partei eine erheblichen Interessenbeeinträchtigung eingetreten ist. Für diese Beschränkung des Aufhebungsrechts waren hauptsächlich wirtschaftliche Erwägungen maßgebend. Wird der Vertrag aufgehoben, muß die Kaufsache wieder zum Verkäufer zurücktransportiert werden. Im internationalen Handelsverkehr sind dabei unter Umständen weite Strecken zurückzulegen, was erhebliche Transportkosten und -risiken auslösen kann.[247] Deshalb wurde das Rechtsbehelfssystem des CISG so konzipiert, daß der Ausgleich für die durch eine Vertragsverletzung entstehenden Nachteile grundsätzlich über die Gewährung von Erfüllungs-, Minderungs- und Schadensersatzansprüchen erfolgen soll. Das CISG läßt demnach die Aufhebung des Vertrags nur im Ausnahmefall zu. Dem steht nicht entgegen, daß das Übereinkommen auch im Fall einer nicht wesent-

---

[244] Siehe S. 173, Teil III, zweites Kapitel, A.

[245] Zum Begriff, vgl. Beinert, S. 33 (allerdings zu Art. 10 EKG) und Botzenhardt, S. 177-179.

[246] Staudinger/Magnus, Vorbem. zu Art. 25 ff Rn. 3; Honsell/Karollus, Vorbem. Art. 25 Rn. 8.

[247] Holthausen, RIW 90, 101, 106; Schlechtriem, JZ 88, 1037, 1043; Heilmann, S. 457.

lichen Vertragsverletzung die Aufhebung des Vertrags ermöglicht. Das CISG beschränkt die Möglichkeit, die Voraussetzungen einer Vertragsaufhebung durch die Bestimmung einer Nachfrist herbeizuführen, auf die Fälle der Nichtlieferung (vgl. Art. 9 Abs. 1 lit. b), Nichtzahlung und Nichtabnahme (vgl. Art. 64 Abs. 1 lit. b). Diese zusätzliche Aufhebungsmöglichkeit wurde im CISG bewußt auf diese Fälle beschränkt, weil beim Vorliegen einer nur geringfügigen Pflichtverletzung im Regelfall kein Aufhebungsrecht bestehen sollte.[248] Das Übereinkommen lehnt sich hinsichtlich der Voraussetzungen einer Vertragsaufhebung an das englische und französische Recht an. In diesen beiden Rechtsordnungen ist eine Aufhebung des Vertrags nur zulässig, wenn eine wesentliche Vertragspflicht verletzt wurde.[249]

Ferner setzt der Anspruch des Käufers auf Ersatzlieferung (vgl. Art. 46 Abs. 2) das Vorliegen einer wesentlichen Vertragsverletzung voraus. Steht ihm ein solcher Anspruch zu, muß die vertragswidrige Ware wieder zum Verkäufer zurücktransportiert werden. Aus diesem Grund hat die Lieferung einer Ersatzware wirtschaftlich ähnlich gravierende Konsequenzen wie eine Vertragsaufhebung.[250] Aus diesem Grund soll dieser Anspruch, ebenso wie der Anspruch auf Aufhebung des Vertrags, nur im Ausnahmefall gewährt werden. Schließlich hat der Begriff „wesentliche Vertragsverletzung" auch bei der Regelung des Gefahrenübergangs in Art. 70 Bedeutung. Ist eine solche Pflichtverletzung eingetreten, behält der Käufer alle Rechtsbehelfe, obwohl bereits die Gefahr auf ihn übergegangen ist.[251] In diesem Fall erfüllt Art. 25 nur die Funktion einer Definitionsnorm.

Die Aufhebung des Vertrags setzt im Regelfall das Vorliegen einer Pflichtverletzung voraus, die erhebliche Auswirkungen auf die Interessen des anderen Vertragspartners hat. Aus diesem Grund ergibt sich aus den Regelungen über die Aufhebung des Vertrags das Leitbild, daß der Vertrag bei unerheblichen Vertragsstörungen grundsätzlich aufrecht erhalten bleiben soll. Daraus läßt sich schließen, daß das CISG von einem Vorrang der Vertragserhaltung (favor contractus) ausgeht und die Aufhebung des Vertrags nur als ultima ratio in Betracht kommen soll.[252]

---

[248] Dagegen war im EKG eine Nachfristsetzung noch in weitem Umfang möglich, vgl. Art. 27 Abs. 2, 26 Abs. 1, 31 Abs. 2, 30, 44 Abs. 2, 51, 62 Abs. 2 und 66 Abs. 2 EKG.

[249] Siehe S. 30, Teil I, drittes Kapitel, I.2.

[250] Schlechriem/Schlechtriem, Art. 25 Rn. 4; Schlechtriem/Huber, Art. 46 Rn. 6.

[251] Honsell/Karollus, Art. 25 Rn. 9.

[252] Honsell/Schnyder/Straub, Art. 49 Rn. 2; Honsell/Karollus, Art. 25 Rn. 11; von Caemmerer, in FS für Coing II, S. 50; Posch/Kandut, Allgemeine Bestimmungen, S. 60; vgl. auch BGH v. 03.04.96, RIW 1996, 594, 596.

C. Die Voraussetzungen einer wesentlichen Vertragsverletzung

Die Definition der wesentlichen Vertragsverletzung in Art. 25 ist nur anwendbar, wenn keine davon abweichende Regelung vorliegt. Eine solche Regelung können die Parteien durch Vertrag treffen. Ferner können sich Abweichungen von dieser Vorschrift durch die zwischen ihnen entstandenen Gewohnheiten und Gebräuche ergeben.[253]

Die Prüfung der Tatbestandsmerkmale erfolgt zweckmäßigerweise in drei Schritten. Zunächst setzt Art. 25 eine Vertragsverletzung durch einen Vertragspartner voraus (I.). Ferner muß diese Pflichtverletzung zu einem wesentlichen Nachteil für die vertragstreue Partei führen (II. und III.). Schließlich muß der Eintritt dieses Nachteils für die vertragsbrüchige Partei voraussehbar gewesen sein (IV.).

I. Vertragsverletzung

1. Grammatische Auslegung

Zunächst ist die Bedeutung des Wortlauts zu ermitteln. Nachdem die deutsche Übersetzung des Vertragstexts nur ein unverbindliches Hilfsmittel darstellt, wird bei der Auslegung hauptsächlich von der authentischen englischen bzw. französischen Fassung ausgegangen, weil die Verhandlungen im wesentlichen in diesen Sprachen geführt wurden.[254] Der englische Text des Übereinkommens spricht von „breach of contract[255], die französische Fassung von „contravention au contrat“ [256]. Die deutsche Übersetzung mit dem Wort „Vertragsverletzung“ entspricht damit diesen beiden Vertragstexten. Zur Auslegung des Begriffs „breach of contract“ kann nicht auf die früher im englischen Recht geltende Doktrin des „fundamental breach"[257] verwendet werden. Dieses Rechtsinstitut sollte bewußt nicht ins Übereinkommen übernommen werden.[258] Damit kann

---

[253] Siehe S. 180 ff, Teil III, erstes Kapitel, B.

[254] Siehe S. 19, Teil I, zweites Kapitel,C.II.2.b.bb.

[255] “Vertragsbruch, Vertragsverletzung bzw. Nichterfüllung des Vertrags“, vgl. Dietl/Moss/Lorenz.

[256] „Vertragsverletzung“, vgl. Doucet/Fleck.

[257] Diese Doktrin diente der Inhaltskontrolle von Freizeichnungsklauseln in allgemeinen Geschäftsbedingungen. Mittlerweile wurde dieses Rechtsinstitut aufgegeben, vgl. Zweigert/Kötz, S. 334.

[258] Herber/Czerwenka, Art. 25 Rn. 4; Bianca/Bonell/Will, Art. 25 Anm. 2.; Staudinger/Magnus, Art. 25 Rn. 10.

dieses Rechtsinstitut nicht zur Auslegung von Art. 25 herangezogen werden. Die verschiedenen Fassungen des Abkommens verwenden jeweils einen allgemeinen Begriff der Vertragsverletzung, der nicht nach dem Grund der Pflichtverletzung unterscheidet. Deshalb kann davon ausgegangen werden, daß dieser Begriff in einem umfassenden Sinn zu verstehen ist und daher sämtliche Arten von Pflichtverletzungen, wie z.B. Unmöglichkeit, Verzug, positive Forderungsverletzung und Gewährleistung, beinhaltet.

2. Historische Auslegung

Als nächstes stellt sich die Frage, ob mit Hilfe der historischen Auslegung eine weitere Klärung des Begriffsinhalts möglich ist. In allen Vorentwürfen[259] der Arbeitsgruppe der UNCITRAL wurde lediglich der Begriff „breach" verwendet. Dieser Begriff wurde erst auf der Wiener Konferenz durch die Wendung „of the contract" ergänzt. Mit dieser Ergänzung sollte keine inhaltliche Änderung vorgenommen werden. Damit sollte lediglich klargestellt werden, daß eine vertragliche Pflicht verletzt werden muß. Ferner gingen alle Vorentwürfe von einem einheitlichen Tatbestand der Vertragsverletzung aus, der alle denkbaren Pflichtverletzungen umfaßte.[260] Aus der historischen Auslegung kann daher entnommen werden, daß der Begriff der Vertragsverletzung weit auszulegen ist und deshalb alle denkbaren Arten von Vertragsverletzungen umfaßt.

3. Systematische und teleologische Auslegung

a) Vorliegen einer Vertragsverletzung

Möglicherweise ergeben sich aus diesen beiden Auslegungsmethoden nähere Anhaltspunkte für die Auslegung von Art. 25. Nach Art. 4 S. 1 ist das CISG und damit auch Art. 25 nur auf die Verletzung von Pflichten anwendbar, die sich aus einem wirksamen Kaufvertrag ergeben. Mit Rechte und Pflichten der Vertragsparteien aus einem Kaufvertrag, sind die Pflichten gemeint, die unmittelbar den Leistungsaustausch betreffen, also die primären gegenseitigen Ansprüche. Damit sind zunächst die im CISG geregelten Pflichten des Verkäufers (vgl. Art. 30-44) bzw. des Käufers (vgl. Art. 53-60) gemeint. [261] Ferner ist auch die Verletzung einer nicht ausdrücklich im CISG geregelten Pflicht, wie z.B. einer

---

[259] Vgl. Art. 10 E 1974; Art. 9 E 1975; Art. 9 E 1976; Art. 8 E 1977; Art. 23 E 1978.

[260] Beinert, S. 87 (allerdings zu Art. 9 E 1976).

[261] Siehe S. 8, Teil I, erstes Kapitel, D.III.1.a.

Leistungstreuepflicht, ausreichend.[262] Schließlich kann auch eine nicht in diesem Übereinkommen geregelte Pflicht Gegenstand einer Vertragsverletzung sein, wenn die Parteien eine solche vereinbart haben (vgl. Art. 6, 49 Abs. 1 lit. a, 64 Abs. 1 lit. a). Vereinbaren die Parteien zusätzlich zu den kaufrechtlichen Rechten und Pflichten beispielsweise Einarbeitungs-, Montage- und Instruktionspflichten, so werden solche Pflichten vom Anwendungsbereich des CISG erfaßt, wenn sie die kaufrechtlichen Pflichten nicht überwiegen.[263]

Fraglich ist, ob auch die Verletzung außervertraglicher Pflichten in den Anwendungsbereich des CISG fällt. Diese Frage stellt sich insbesondere, wenn deliktische Pflichten verletzt werden. Das Übereinkommen erfaßt diese Fälle nur, wenn damit gleichzeitig eine Pflicht aus dem Kaufvertrag verletzt wird.[264] Daran fehlt es beispielsweise, wenn eine verkaufte Sache zwar nach den Vorschriften des Produkthaftungsrechts defekt ist, sie aber trotzdem vertragsgemäß ist, weil ihre Eigenschaften so vereinbart wurden.[265]

Wie bereits oben angesprochen, geht das CISG von einem umfassenden Begriff der Vertragsverletzung aus. Jede Pflichtverletzung führt im wesentlichen zu den gleichen Rechtsfolgen. Aus diesem Grund setzt der Begriff „Vertragsverletzung" nicht voraus, daß die vertragsbrüchige Partei eine im CISG besonders hervorgehobene Pflicht,[266] wie beispielsweise die Liefer- oder die Zahlungspfllicht (vgl. Art. 30, 53) verletzt hat. Auch die Verletzung einer weniger gewichtigen Pflicht,[267] wie etwa der Pflicht zur Versendungsanzeige (vgl. Art. 32 Abs. 1) oder der Pflicht zur Erhaltung der Ware (vgl. Art. 85), führt zu einer Vertragsverletzung.[268]

---

[262] Das Bestehen solcher Pflichten wird teilweise angenommen von Leser, Vertragsaufhebung und Rückabwicklung, S. 254, 255 und Staudinger/Magnus, Art. 4 Rn. 17.

[263] Siehe S. 10, Teil I, erstes Kapitel, D.III.1.a; vgl. OLG Frankfurt a. M. v. 17.09.1991, NJW 1992, 633, 635; LG Frankfurt a. M. v. 16.09.91, RIW 1991, 952, 953; HGer des Kantons Aargau v. 26,09.97, SZIER 1998, 79.

[264] Schlechtriem/Schlechtriem, Art. 25 Rn. 7; Staudinger/Magnus, Art. 5 Rn. 9, siehe S.11, erstes Kapitel, D.III.2.

[265] Schlechtriem/Schlechtriem, Art. 25 Rn. 7.

[266] Im deutschen Schuldrecht werden diese Pflichten als Hauptpflichten angesehen, vgl. Larenz, § 2 I.

[267] Solche Pflichten werden im deutschen Schuldrecht als Nebenpflichten bezeichnet, vgl. Larenz, § 2 I.

[268] Welchen Einfluß die Hervorhebung bestimmter Pflichten auf das Vorliegen einer wesentlichen Vertragsverletzung hat, wird an anderer Stelle ausgeführt, siehe S. 79, Teil III, erstes Kapitel, C.II.2.d.cc.

b) Verschulden

Fraglich ist, ob die Haftung für eine Vertragsverletzung von einem Verschulden der vertragsbrüchigen Partei abhängig ist. Dagegen spricht zunächst der Wortlaut mehrere Bestimmungen des CISG. Die Rechtsstellung einer Partei wird nicht dadurch verschlechtert, daß sie einen bestimmten Sachverhalt „verschuldet" hat. Die Rechtsstellung einer Partei wird z.B. dadurch verschlechtert, daß sie durch ihr Verhalten bestimmte Folgen verursacht hat (vgl. Art. 66, 60, 82 Abs. 2 lit. a) oder bestimmte Umstände kannte oder über sie nicht in Unkenntnis sein konnte (vgl. Art. 35 Abs. 3, 40, 42 Abs. 1, 43 Abs. 2, 68 S. 3). Ferner hängen Art und Umfang der Rechtsbehelfe nicht von einem Verschulden der vertragsverletzenden Partei ab. Das CISG stellt bei der Berechnung des Umfangs eines Schadensersatzanspruchs nicht auf ein Verschulden der vertragsbrüchigen Partei ab (vgl. Art. 74 S. 2, 77). Auch beim Anspruch auf Vertragsaufhebung (vgl. Art. 49 Abs. 1 lit. a, 64 Abs. 1 lit. a) und Ersatzlieferung (vgl. Art. 46 Abs. 2), wird nicht auf ein Verschulden abgestellt. Diese beiden Ansprüche setzen das Vorliegen einer Vertragsverletzung nach Art. 25 voraus. Der Wortlaut von Art. 25 stellt dabei nicht auf ein Verschulden der vertragsbrüchigen Partei ab. Schließlich ist zu berücksichtigen, daß sich das Rechtsbehelfssystem des CISG nicht an das im deutschen Recht geltende Verschuldensprinzip anlehnt, sondern an das im anglo-amerikanischen Rechtskreis geltende Prinzip der Garantiehaftung.[269] Das Vorliegen einer Vertragsverletzung nach Art. 25 ist demnach unabhängig von einem Verschulden der vertragsbrüchigen Partei zu bestimmen. Maßgeblich ist daher allein, ob eine Partei ihre vertraglichen Pflichten objektiv verletzt hat.[270] Teilweise wird die Ansicht vertreten, daß ein Verschulden ausnahmsweise berücksichtigt werden dürfe. Liefere der Verkäufer z.B. arglistig vertragswidrige Ware, könne unter Berücksichtigung des Verschuldens eine wesentliche Vertragsverletzung vorliegen.[271] Diese Auffassung ist jedoch abzulehnen, weil das CISG nicht vom Verschuldensprinzip ausgeht.

---

[269] Piltz, § 1 Rn. 15.

[270] Schlechtriem/Schlechtriem, Art. 25 Rn. 7; Piltz, § 1 Rn. 15; Rudolph, Art. 25 Rn. 6; Art. 79 Rn. 3; Staudinger/Magnus, Art. 45 Rn. 11; Honsell/Schnyder/Straub, Art. 45 R. 23.

[271] von Caemmerer, in FS für Coing II, S. 52; Honsell/Karollus, Art. 25 Rn. 23; Holthausen, RIW 1990, 101, 107; Benicke, IPRax, 1997, 326, 330; Staudinger/Magnus, Art. 49 Rn. 19 a; OLG Hamburg v. 14.12.1994, CISG Online Nr. 216; BGH v. 03.04.96, BGHZ 132, 290, 303 der bezweifelte, ob ein arglistiges Unterschieben vertragswidriger Ware stets zu einer wesentlichen Vertragsverletzung führt; im Ergebnis konnte der BGH diese Frage offen lassen, weil der Käufer ein arglistiges Verhalten des Verkäufers nicht beweisen konnte.

c) Zurechnung und Haftungsentlastung

Das CISG enthält keine Vorschrift, die dem Schuldner das Verhalten einer von ihm zur Erfüllung eingesetzten Person bei der Haftungsbegründung zurechnet. Eine solche Regelung war auch nicht erforderlich, weil die Haftung des Schuldners allein durch das Begehen einer objektiven Vertragsverletzung ausgelöst wird. Auf ein Verschulden kommt es nicht an.[272] Die umfassende Garantiehaftung wird nur durch Art. 79, 80 eingeschränkt.

Der Schuldner kann sich von den Folgen seiner Pflichtverletzung entlasten, wenn er sich darauf beruft, daß die Nichterfüllung auf einem außerhalb seines Einflußbereichs liegenden Hinderungsgrundes beruht, mit dem er vernünftigerweise nicht rechnen mußte (vgl. Art. 79 Abs. 1). Fraglich ist, was unter „Einflußbereich des Schuldners" zu verstehen ist. Der Schuldner haftet für Hinderungsgründe, die aus seiner betrieblichen Sphäre stammen. Zur betrieblichen Spähre gehört der Bereich, für den der Schuldner die Möglichkeit hat, durch eine ordnungsgemäße Organisation und geeignete Kontrollen den störungsfreien Ablauf der für die Vorbereitung und Durchführung des Vertrags nötigen Vorgänge sicherzustellen.[273] Der Schuldner hat zunächst für das Versagen seiner Produktions- oder Datenverarbeitungsanlagen einzustehen.[274] Ferner trägt er auch das Personalrisiko. Daher sind ihm betriebliche Störungen zuzurechnen, die auf Krankheit oder Urlaub seiner Mitarbeiter beruhen.[275] Das Personalrisiko erfaßt auch die Haftung für Pflichtverletzungen eigener Leute, die er in die Erfüllung seiner Pflichten eingeschaltet hat.[276] Im übrigen hat er grundsätzlich auch für seine finanzielle Leistungsfähigkeit einzustehen.[277]

Schließlich trägt er beim Gattungskauf das Beschaffungsrisiko.[278] Dieses Risiko wird jedoch durch eine Zumutbarkeitsgrenze beschränkt. Die Zumutbarkeitsgrenze ist hoch anzusetzen, da eine Haftungsentlastung nur im Ausnahmefall in Betracht kommen soll.[279] Eine Beschaffung ist unzumutbar, wenn die Ware am

---

[272] Siehe S. 62, Teil III, erstes Kapitel C.I.3.b.

[273] Staudinger/Magnus, Art. 79 Rn. 18; Schlechtriem/Stoll, Art. 79 Rn. 20.

[274] Schlechtriem/Stoll, Art. 79 Rn. 29.

[275] Honsell/Magnus, Art. 79 Rn. 13; Schlechtriem/Stoll, Art. 79 Rn. 33.

[276] Schlechtriem/Stoll, Art. 79 Rn. 34; Staudinger/Magnus, Art. 79 Rn. 19.

[277] Bianca/Bonell/Tallon, Art. 79 Anm. 2.6.5; Schlechtriem/Stoll, Art. 79 Rn. 29; Staudinger/Magnus, Art. 79 Rn. 18; Schiedsgericht der IHK der Russischen Förderation v. 17.10.95, CLOUT Nr. 142; Audit, Anm. 182.

[278] Staudinger/Magnus, Art. 79 Rn. 22; Schlechtriem/Stoll, Art. 79 Rn. 30-32; Rudolph, Art. 79 Rn. 12.

[279] Rudolph, Art. 79 Rn. 12; Schlechtriem/Stoll, Art. 79 Rn. 40.

Markt nicht mehr oder nur zu ganz unverhältnismäßigen Kosten zu erhalten ist.[280] Die Kosten sind z.B. noch nicht unverhältnismäßig, wenn der Preis nach Vertragsschluß um 30 % gestiegen ist.[281] Beim Stückkauf trägt der Verkäufer nur dann das Beschaffungsrisiko, wenn er nach dem Inhalt oder Zweck des Vertrags die Beschaffung der verkauften Sache übernommen hat.[282]

Ein Hinderungsgrund außerhalb des Einflußbereichs des Schuldners liegt vor, wenn die Vertragsverletzung auf einem äußeren, nicht in der betrieblichen Sphäre des Schuldners liegenden Grund beruht. Solche Gründe sind z.B. Naturkatastrophen, Kriege, staatliche Eingriffe (z.B. Export- oder Importverbote) oder Großunfälle (z.B. Reaktorunfall).[283]

Der Schuldner haftet nach Art. 79 Abs. 2 auch für die Pflichtverletzung eines Dritten, den er in die Erfüllung seiner Pflichten eingeschaltet hat. Mit „Dritte" sind nicht die eigenen Beschäftigten des Schuldners gemeint, da er das Personalrisiko für diese Leute bereits nach Art. 79 Abs. 1 trägt. Unter den Begriff „Dritte" fallen daher nur Personen, die eigenverantwortlich handeln und die nicht im Organisationsbereich des Schuldners tätig werden.[284] Damit sind insbesondere Subunternehmer gemeint, denen der Schuldner bestimmte vertragliche Pflichten zur eigenverantwortlichen Erfüllung überträgt (sog. Erfüllungsübernehmer).[285] Darunter fällt z.B. ein Subunternehmer, der selbständig Teile der vom Verkäufer zu liefernden Anlage produziert.[286] Dagegen werden Zulieferer nicht von Art. 79 Abs. 2 erfaßt. Denn diese Personengruppe ist nicht in die Erfüllung von Vertragspflichten des Verkäufer gegenüber dem Käufer einbezogen, sondern sie schaffen nur die Voraussetzungen dafür, daß der Verkäufer seine Lieferpflicht erfüllen kann.[287] Der Schuldner kann sich nach Art. 79 Abs. 2 nur von seiner Haftung entlasten, wenn er für sich und den Dritten den Nachweis führt, daß der Erfüllung ein unvorhersehbarer und unvermeidbarer

---

[280] Staudinger/Magnus, Art. 79 Rn. 22; Schlechtriem/Stoll, Art. 79 Rn. 40.

[281] Trib. Civile di Monza v. 14.01.1993, CLOUT Nr. 54.

[282] Schlechtriem/Stoll, Art. 79 Rn. 32; Rudolph, Art. 79 Rn. 12.

[283] Staudinger/Magnus, Art. 79 Rn. 27-30; Rudolph, Art. 79 Rn. 11; Honnold, Rn. 427; Audit, Anm. 182.

[284] Schlechtriem/Stoll, Art. 79 Rn. 35; Staudinger/Magnus, Art. 79 Rn. 20.

[285] Schlechtriem/Stoll, Art. 79 Rn. 35; Staudinger/Magnus, Art. 79 Rn. 40; Audit, Anm. 183. Nach a. A. setzt Art. 79 Abs. 2 weder voraus, daß es sich um einem vom Schuldner unabhängigen Dritten handeln muß, noch daß sich dieser der Übernahme von Vertragspflichten bewußt sein muß, vgl. Rudolph, Art. 79 Rn. 20 und wohl auch Honnold, Rn. 433.

[286] Staudinger/Magnus, Art. 79 Rn. 40.

[287] Honsell/Magnus, Art. 79 Rn. 1; Rudolph, Art. 79 Rn. 23; Audit, Anm. 183; Honnold, Rn. 434.

Hinderungsgrund entgegenstand, der weder dem Einflußbereich des Schuldners noch jenem des Dritten zuzurechnen war. Wenn sich der Schuldner auf Art. 79 Abs. 1 oder Abs. 2 beruft, entfällt nach Art. 79 Abs. 5 lediglich ein Schadensersatzanspruch gegen den Schuldner. Dieser Umstand beseitigt jedoch nicht eine bereits entstandene Vertragsverletzung.[288]

Ferner kann sich eine Partei nicht auf die Nichterfüllung von Pflichten durch die andere Partei berufen, wenn sie diese Pflichtverletzung durch ihre Handlung oder ihre Unterlassung verursacht hat (vgl. Art. 80). Der Käufer verursacht beispielsweise eine Verletzung der Lieferpflicht des Verkäufers, wenn er eine Mitwirkungspflicht bei der Herstellung der Ware nicht erfüllt, indem er vereinbarte Zeichnungen nicht rechtzeitig zur Verfügung stellt und der Verkäufer daher nicht rechtzeitig liefern kann.[289] Auch der Verkäufer kann eine Pflichtverletzung des Käufers verursacht haben. Dies ist z.B. der Fall, wenn der Käufer ein Akkreditiv nicht rechtzeitig eröffnen kann, weil der Verkäufer dem Käufer die Unterlagen verspätet übersendet hat, die der Käufer für die Eröffnung eines Akkreditivs benötigt.[290]

Hat der Gläubiger die Verletzung von Vertragspflichten des Schuldners verursacht, führt dies im Gegensatz zu Art. 79 nicht nur zum Ausschluß von Schadensersatzansprüchen, sondern auch aller sonstigen Rechtsbehelfe wegen der Nichterfüllung. Im Hinblick darauf wird teilweise angenommen, daß die Pflichtverletzung den Charakter einer Vertragsverletzung verliere.[291] Dagegen könnte jedoch sprechen, daß Art. 80 systematisch im IV. Abschnitt geregelt ist, der mit „Befreiungen" überschrieben ist. Zwar wurde diese Vorschrift auf der Wiener Konferenz mit der Definition der Vertragsverletzung in Zusammenhang gebracht,[292] letztendlich hat der Redaktionsausschuß diese Vorschrift aber im IV. Abschnitt geregelt. Die systematische Stellung dieser Vorschrift spricht deshalb dafür, daß das Vorliegen der Voraussetzungen von Art. 80 keinen Einfluß auf eine bereits entstandene Vertragsverletzung hat. Der Gläubiger kann lediglich die Rechtsbehelfe einer Vertagsverletzung nicht geltend machen.[293]

---

[288] Schlechtriem/Stoll, Art. 79 Rn. 52; Honsell/Magnus, Art. 79 Rn. 24.

[289] Rudolph, Art. 80 Rn. 5.

[290] Rudolph, Art. 80 Rn. 10.

[291] Schlechtriem/Schlechtriem, Art. 25 Rn. 8; Schlechtriem/Stoll, Art. 80 Rn. 4.

[292] O.R., S. 386, Nr. 53.

[293] Herber/Czerwenka, Art. 80 Rn. 6; Staudinger/Magnus, Art. 80 Rn. 17; Rudolph, Art. 80 Rn. 11.

d) Einfluß des Zurückhalte- oder Anhaltesrechts auf das Vorliegen einer Vertragsverletzung

Fraglich ist, ob eine Vertragsverletzung vorliegt, wenn sich der Schuldner auf ein in Art. 71 geregeltes Rechts beruft. Er hat das Recht, die Erfüllung auszusetzen, wenn sich nach Vertragsschluß herausstellt, daß die andere Partei einen wesentlichen Teil ihrer Pflichten nicht erfüllen wird (vgl. Art. 71 Abs. 1). Diese Erfüllungsgefährdung muß sich entweder aus einem wesentlichen Mangel der Erfüllungfähigkeit oder Kreditwürdigkeit (lit. a) oder um ein Verhalten bei der Vorbereitung oder während der Erfüllung des Vertrags handeln (lit. b). Ein erheblicher Mangel in der Kreditwürdigkeit liegt z. B. vor, wenn über das Vermögen des Schuldners ein Insolvenzverfahren eröffnet wurde.[294] Hat der Verkäufer die Ware bereits abgesandt, ist er nach Art. 71 Abs. 2 berechtigt, sich der weiteren Erfüllung zu widersetzen. Beruft sich der Schuldner ausdrücklich oder konkludent auf eines dieser Rechte, so wird er vorläufig von der Pflicht zur Erbringung seiner Leistungen befreit.[295] Solange die Voraussetzungen des Aussetzungs- oder des Anhalterechts vorliegen, liegt demnach keine Vertragsverletzung des Schuldners vor.[296]

4. Ergebnis

Der Begriff der Vertragsverletzung erfaßt jede denkbare Pflichtverletzung. Dieses Ergebnis wird durch alle Auslegungsmethoden gestützt. Die Pflichtverletzung kann zunächst eine im CISG ausdrücklich geregelte Pflicht bzw. eine darin enthaltene ungeschriebene Zusatzpflicht betreffen. Ferner kann sich die Pflichtverletzung auch auf eine von den Parteien selbst geschaffene Pflicht der Materie Kaufrecht bzw. auf eine von ihnen einvernehmlich dem CISG unterstellte Pflicht beziehen. Wird eine Pflicht verletzt, die nicht für einen Kaufvertrag typisch ist, fällt diese Pflichtverletzung nur in den Anwendungsbereich des CISG, wenn diese Pflicht die kaufvertraglichen Pflichten nicht überwiegt. Die Verletzung einer außervertraglichen Pflicht stellt nur eine Vertragsverletzung dar, wenn gleichzeitig eine vertragliche Pflicht verletzt wird.

Für das Vorliegen einer Vertragsverletzung ist es ausreichend, wenn die vertragsbrüchige Partei eine objektive Pflichtverletzung begeht. Auf ein Verschulden dieser Partei kommt es nicht an. Das Vorliegen einer Vertragsverletzung

---

[294] Staudinger/Magnus, Art. 71 Rn. 25; Schlechtriem/Leser/Hornung, Art. 71 Rn. 11.

[295] Staudinger/Magnus, Art. 71 Rn. 5.

[296] Honsell/Schnyder/Straub, Art. 71 Rn. 62; Staudinger/Magnus, Art. 71 Rn. 5, 31; Bianca/Bonell/Bennett, Art. 71 Anm. 2.1; Schlechtriem/Schlechtriem, Art. 25 Rn. 8; Enderlein/Maskow/Strohbach, Art. 71 Anm. 1; Schlechtriem/Leser/Hornung, Art. 71 Rn. 22.

wird nicht dadurch ausgeschlossen, daß sich die vertragsbrüchige Partei auf eine Haftungsbefreiung nach den Art. 79, 80 beruft. Dagegen scheidet eine Vertragsverletzung aus, wenn sich die vertragsbrüchige Partei auf das in Art. 71 geregelte Aussetzungs- oder Anhalterecht beruft.

II. Wesentlicher Nachteil

Gemäß Art. 25 ist eine Vertragsverletzung wesentlich, wenn sie für die andere Partei einen solchen Nachteil zur Folge hat, daß ihr im wesentlichen entgeht, was sie nach dem Vertrag hätte erwarten dürfen.

1. Nachteil

Art. 25 charakterisiert den Nachteil durch die vertraglichen Erwartungen der vertragstreuen Partei. Bei der Auslegung dieses Begriffs geht es hauptsächlich darum, ob dieser objektiv einen Schaden voraussetzt oder der Eintritt einer sonstigen Beeinträchtigung ausreicht

a) Grammatische Auslegung

Die englische Fassung des Übereinkommens verwendet den Begriff „detriment". Dieses Tatbestandsmerkmal kann mit Nachteil, Schaden bzw. Beeinträchtigung übersetzt werden.[297] Im Bereich des civil law hat der Begriff „detriment" einen eher weiten und ungenauen Sinn.[298] Das zeigt sich auch in der französischen Fassung, die den Ausdruck „préjudice" benutzt, der mit Nachteil, Schaden, Beeinträchtigung bzw. Schädigung übersetzt werden kann.[299] Auch die deutsche Textfassung verwendet mit dem Wort „Nachteil" einen Ausdruck, der ebenfalls eine umfassende Bedeutung hat. Die grammatische Auslegung deutet daher darauf hin, daß der Begriff „detriment" jede Beeinträchtigung von Interessen der vertragstreuen Partei erfaßt, die sich auf den Vertrag stützen.

---

[297] Dietl/Moss/Lorenz.

[298] Bianca/Bonell/Will, Art. 25 Anm. 2.1.1.

[299] Doucet/Fleck.

b) Historische Auslegung

Art. 10 EKG bestimmte das Vorliegen einer wesentlichen Vertragsverletzung mit Rücksicht auf die Interessen der vertragstreuen Partei und setzte damit nicht voraus, daß durch die Pflichtverletzung ein Schaden entsteht. Nach der Kritik an dieser Vorschrift, sollte diese objektiver gefaßt werden. Aus diesem Grund verwendete der Wortlaut in Art. 9 E 1975[300] erstmals einen objektiven Begriff des Nachteils („detriment"), der in allen Entwürfen bis zur endgültigen Fassung in Art. 25 CISG erhalten blieb. Der Text dieses Entwurfs verzichtete darauf, den Nachteil durch die Heranziehung der Interessen der anderen Partei zu ermitteln. Statt dessen stellte dieser Entwurf dem Wort „detriment" unmittelbar den Ausdruck „substantial" beiseite, was auf das Ausmaß eines eingetretenen Nachteils hinzuweisen scheint. Offenbar sollte es auf einen objektiv meßbaren größeren Nachteil in Form eines Schadens ankommen.[301] Darum verwundert es nicht, daß seit der textlichen Änderung von Art. 10 EKG nicht mehr ganz klar war, ob der Nachteil den Eintritt eines objektiv meßbaren Schadens im technischen Sinn oder eine sonstigen Interessenbeeinträchtigung voraussetzt.[302]

Die Unklarheiten über die Auslegung des Nachteilsbegriffs konnte auch im weiteren Verlauf der Vorarbeiten zum CISG nicht behoben werden. Der Sekretariatskommentar zu Art. 23 des New Yorker Entwurfs bezeichnete den „Nachteil" abwechselnd und undeutlich mit „monetary value of the contract, monetary harm caused by the breach bzw. extent to which the breach interferes with other activities of the injured party".[303]

Auf der Wiener Konferenz wurden verschiedene Konzepte zur Bestimmung des Nachteils vertreten. Ein Teil der Delegierten wollte den Nachteil objektiv bestimmen, ein anderer Teil ging von einem subjektiven Konzept aus, das auf die Interessen der betroffenen Partei abstellte.[304] Im Bericht einer Arbeitsgruppe auf dieser Konferenz wurde unter anderem betont, daß der Nachteilsbegriff weit auszulegen sei.[305] Die Staatenvertreter beschlossen auf dieser Konferenz, den Nachteil im Gegensatz zur objektiven Bestimmung in den Vorentwürfen wieder

---

[300] YB VI (1975), S. 64 (Art. 9).

[301] Lessiak, Diskussionsbeitrag, S. 144.

[302] Musger, S. 10, 11; Beinert, S. 90 (allerdings zu Art. 9 E 1976); Huber, RabelsZ 43 (1979), 413, 463 (allerdings zu Art. 23 E 1978); Schlechtriem/Schlechtriem, Art. 25 Rn. 9.

[303] Sekretariatskommentar, Art. 23 Anm. 3.

[304] Schlechtriem, S. 47; vgl. auch O.R., S. 295-304; 329, 330. Auf dieser Konferenz wurden die Ausdrücke subjektiv und objektiv von den Delegierten jedoch nicht einheitlich verwendet, vgl. Musger, Fn. 34; Eörsi, Am.J.Comp.L. (1983), 333, 344.

[305] O.R., S. 330, Nr. 33.

etwas subjektiver zu fassen. Deshalb wurde der Nachteilsbegriff erstmals in textliche Beziehung zu den Vertragserwartungen der verletzten Partei gesetzt. Aus diesem Umstand wird überwiegend geschlossen, daß der Nachteilsbegriff keinen Schaden im technischen Sinn voraussetzt.[306] Die historische Auslegung deutet demnach darauf hin, daß der Begriff des Nachteils keinen Schaden voraussetzt und jede Form der Interessenbeeinträchtigung, wie z.B. eine Rufschädigung, erfaßt.

c) Systematische und teleologische Auslegung

Die Aufhebung eines Vertrags ist nur zulässig, wenn bei der vertragstreuen Partei eine wesentliche Vertragsverletzung eintritt. Damit geht es bei der Bestimmung des „Nachteils“ um die Frage, unter welchen Voraussetzungen der vertragstreuen Partei ein Festhalten am Vertrag nicht mehr zuzumuten ist. Der Begriff des Nachteils steht daher nicht im Zusammenhang mit dem Ausgleich von Schäden, sondern ist Indiz für die „Wesentlichkeit“ einer Vertragsverletzung. Der Begriff „Nachteil“ ist weit auszulegen.[307] Das Vorliegen eines Nachteils setzt daher nicht voraus, daß durch die Pflichtverletzung ein Schaden entsteht.[308] Er umfaßt daher auch eine Beeinträchtigung der Interessen der vertragstreuen Partei in Form einer Behinderung in ihren Handels- und Produktionsaktivitäten[309] oder einer Verletzung immaterieller Interessen, wie beispielsweise einer Schädigung ihres Rufes[310].

Aufgrund des weiten Bedeutungsinhalts des Nachteilsbegriffs hat dieses Tatbestandsmerkmal nur eine beschränkte Filterfunktion.[311] Es hat die Aufgabe, die Fälle aus dem Anwendungsbereich von Art. 25 auszuschließen, die zu keinem Nachteil für die vertragstreue Partei führen.[312] Führt die Pflichtverletzung aufgrund günstiger Umstände nicht zu einer Verletzung der Käuferinteressen, soll eine Vertragsaufhebung ausscheiden. Wenn z.B. der Verkäufer die Ware nicht

---

[306] Schlechtriem/Schlechtriem, Art. 25 Rn. 9; Aicher, Leistungsstörungen, S. 130.

[307] Enderlein/Maskow/Strohbach, Art. 25 Anm. 3.1.;Honsell/Karollus, Art. 25 Rn. 14.

[308] Staudinger/Magnus, Art. 25 Rn. 11; Posch/Kandut, Allgemeine Bestimmungen, S. 63; Bianca/Bonell/Will, Art. 25 Anm. 2.1.1.2.; Enderlein/Maskow/Strohbach, Art. 25 Anm. 3.1.; Kritzer, S. 205, 206; Posch/Kandut, Allgemeine Bestimmungen, S. 63.

[309] Enderlein/Maskow/Strohbach, Art. 25 Anm. 3.1.; Honsell/Karollus, Art. 25 Rn. 14.

[310] Honsell/Karollus, Art. 25 Rn. 14.

[311] Aicher, Leistungsstörungen, S. 128; Honsell/Karollus, Art. 25 Rn. 14; Bianca/Bonell/Will, Art. 25 Anm. 2.1.1.2.

[312] Bianca/Bonell/Will, Art. 25 Anm. 2.1.1.2.; Honsell/Karollus, Art. 25 Rn. 14.

ordnungsgemäß verpackt bzw. versichert und die Ware beim Käufer trotzdem unversehrt angelangt, liegt trotz der Pflichtverletzung kein Nachteil vor.[313]

Teilweise wird dem Tatbestandsmerkmal „Nachteil“ keine eigenständige Funktion zugesprochen und deshalb eine Auslegung dieses Begriffs nicht für erforderlich gehalten.[314] Dies wird damit begründet, daß dieser Ausdruck lediglich als Anknüpfungspunkt für die Tatbestandsmerkmale „im wesentlichen“ und „was sie nach dem Vertrage hätte erwarten dürfen“ diene. Er sei so weit gefaßt, daß er die Folgen jeder möglichen Vertragsverletzung einschließe.[315] Letztendlich besteht zwischen dieser Auffassung und der Ansicht, die dem Nachteilsbegriff eine eigenständige Funktion zuschreibt, kein großer praktischer Unterschied. Wird dem Nachteilsbegriff eine eigenständige Funktion zugeschrieben, werden aus dem Anwendungsbereich von Art. 25 schon vor der meist umfangreichen und schwierigen Prüfung des Ausmaßes des Nachteils die Fälle herausgefiltert, in denen kein Nachteil vorliegt. Auf diesen Filter glaubt die Gegenansicht verzichten zu können.

Diese Auffassung ist jedoch nicht ganz konsequent. Zunächst wird behauptet, es bedürfe keiner Auslegung dieses Tatbestandsmerkmals. Anschließend wird dann aber ausgeführt, daß der Nachteilsbegriff weit zu fassen sei. Damit kann jedoch nur gemeint sein, daß dieses Tatbestandsmerkmal weit auszulegen ist. Der Gegenmeinung kann aber insoweit zugestimmt werden, als die Filterfunktion des Nachteilsbegriffs eher bescheiden ist und der Schwerpunkt auf der Prüfung des Gewichts des eingetretenen Nachteils liegt.

d) Ergebnis

Der Begriff des Nachteils in Art. 25 ist weit auszulegen. Das Vorliegen eines Nachteils setzt nicht voraus, daß ein Schaden im technischen Sinn eintritt. Aus diesem Grund umfaßt dieses Tatbestandsmerkmal jede Beeinträchtigung von Interessen der vertragstreuen Partei. Solche Beeinträchtigungen sind beispielsweise eine Behinderung in den Handels- und Produktionsaktivitäten der vertragstreuen Partei oder einer Schädigung ihres Rufes.

---

[313] Schlechtriem, S. 48; Bianca/Bonell/Will, Art. 25 Anm. 2.1.1.2.; Aicher, Leistungsstörungen, S. 129; Kritzer, S. 205. Eine Beeinträchtigung der vertraglichen Interessen des Käufers kann allerdings vorliegen, wenn die Verpackungsart oder die Transportversicherung für den Weiterverkauf der Ware erforderlich war.

[314] Herber/Czerwenka, Art. 25 Rn. 6.

[315] Herber/Czerwenka, Art. 25 Rn. 6.

2. Entgang der wesentlichen Vertragsvorteile

Das Übereinkommen konkretisiert das für eine Vertragsaufhebung erforderliche Ausmaß des Nachteils dadurch, daß der verletzten Partei im wesentlichen entgehen muß, was sie nach dem Vertrag hätte erwarten dürfen. Während sich die Delegierten über die Natur des Nachteilsbegriffs weitgehend einig waren, bestand von Anfang an Streit darüber, welches Ausmaß der Nachteil haben muß, damit er das für eine Vertragsaufhebung notwendige Gewicht erreicht.

a) Grammatische Auslegung

Art. 25 verwendet das Stilmittel der Tautologie, um den Begriff der wesentlichen Vertragsverletzung zu definieren.[316] Dies wird insbesondere in der deutschen Übersetzung deutlich, die den Ausdruck „wesentlich“ sowohl für den zu bestimmenden Begriff als auch für dessen Definition verwendet. Sie kennzeichnet eine „wesentliche“ Vertragsverletzung damit, daß der vertragstreuen Partei durch die Pflichtverletzung ein „wesentlicher“ Nachteil entstehen muß. In den anderen Fassungen des Übereinkommens tritt der tautologische Charakter dieser Formulierung nicht so deutlich hervor, weil diese Vertragstexte jeweils unterschiedliche Begriffe verwenden. Die englische Fassung verwendet die Wörter „fundamental“ und „substantially“,[317] der französische Text „essentielle“ und „substantiellement“.[318] Obwohl diese Vertragstexte von unterschiedlichen Formulierungen ausgehen, ergeben sich daraus keine nennenswerte Bedeutungsunterschiede zur deutschen Textfassung.[319] Die Verwendung verschiedener Begriffe hatte wohl nur rein sprachliche Gründe. Eine tautologische Formulierung hat den Vorteil, daß sie auf den ersten Blick so klar erscheint, daß sie keiner weiteren Erörterung bedarf.[320] Teilweise wird diese Art der Definition für unvermeidlich gehalten, weil ansonsten die Übereinstimmung von Definiens und Definiendum nicht mehr gewährleistet wäre.[321]

Letztendlich ergeben sich aus der Verwendung dieses Stilmittels keine weiteren Folgerungen für die Auslegung dieses Begriffs. Der Wortlaut stellt vielmehr nur

---

[316] Bianca/Bonell/Will, Art. 25 Anm. 2.1.2.; Honsell/Karollus, Art. 25 Rn. 15; Enderlein/Maskow/Strohbach, Art. 25 Anm. 3.2.; Eörsi, Am.J.Comp.L. (1983), 333, 337; Posch/Kandut, Allgemeine Bestimmungen, S. 63.

[317] „wesentlich, grundlegend, erheblich, nennenswert“, vgl. Dietl/Moss/Lorenz.

[318] Vgl. Doucet/Fleck.

[319] Loewe, S. 47.

[320] Eörsi, Am.J.Comp.L. (1983), 333, 336.

[321] Enderlein/Maskow/Strohbach, Art. 25 Anm. 3.2.

eine Kompromißformel dar. Die Verwendung von solchen Kompromißformeln ist bei internationalen Abkommen üblich, weil die Verabschiedung eines internationalen Abkommens nicht an geringfügigen Hindernissen scheitern soll.[322] Aus dem Wortlaut läßt sich lediglich schließen, daß der aus der Vertragsverletzung resultierende Nachteil ein erhebliches Gewicht haben muß, damit er als wesentlich angesehen werden kann. Darüber hinaus läßt sich aus der sprachlichen Verknüpfung der Begriffe „wesentlich" und „Vertrag" erkennen, daß der Vertrag eine maßgebliche Rolle bei der Bestimmung des Ausmaßes des Nachteils spielen muß. Schließlich deutet der Wortlaut von Art. 25 darauf hin, daß das Gewicht des Nachteils nur mit Rücksicht auf die vertraglichen Erwartungen der vertragstreuen Partei festzustellen ist.[323]

b) Historische Auslegung

aa) Vorarbeiten zur Wiener Konferenz

Im Rahmen der Vorarbeiten zur Wiener Konferenz wurde von Anfang an auf Grundlage der Haager Kaufgesetze beraten. Dort waren die Voraussetzungen einer wesentlichen Vertragsverletzung in Art. 10 geregelt. Nachdem diese Vorschrift schon auf der Haager Konferenz umstritten war,[324] war es nicht verwunderlich, daß die Kritik an dieser Vorschrift auch während der Vorarbeiten zum CISG wieder aufgenommen wurde. Sie wurde als zu subjektiv, vage und zu kompliziert kritisiert.[325] Ebenso wie auf der Haager Konferenz stand die Definition des wesentlichen Nachteils von Anfang an im Mittelpunkt der Diskussion und war bis zum Schluß umstritten. Die Delegierten versuchten die allgemein kritisierten Unzulänglichkeiten von Art. 10 EKG zu vermeiden und deshalb das Ausmaß des für eine Vertragsaufhebung erforderlichen Nachteils möglichst genau und in einfacher Sprache zu umschreiben. Im übrigen sollte das Gewicht dieses Nachteils nach objektiveren Kriterien bestimmt werden.[326] Im Jahre 1975 beschloß die von UNCITRAL eingesetzte Arbeitsgruppe eine im Vergleich zu Art. 10 EKG objektivere Fassung, die auf das Konzept eines wesentlichen Nachteils („substantial detriments") abstellte. Im Gegensatz zum subjektiven Konzept in Art. 10 EKG sollte es zur Bestimmung des Ausmaßes des Nachteils nicht mehr erforderlich sein, auf den hypothetischen Parteiwillen zurückzugrei-

---

[322] Eörsi, Am.J.Comp.L. (1983), 333, 345-356.

[323] Bianca/Bonell/Will, Anm. 2.1.2.1.

[324] Documents, S. 108, 138, 169.

[325] YB III (1972), S. 47, Nr. 34; YB VI (1975), S. 72, Nr. 4; S. 77 Nr. 43, 44; S. 95, Nr. 67, 68.

[326] YB VI (1975), S. 53, Nr. 44, 45.

fen.[327] Das Konzept des „substantial detriment" findet sich in allen Entwürfen bis zu Art. 23 des New Yorker Entwurfs wieder.

bb) Wiener Konferenz

Auf der diplomatischen Konferenz in Wien wurde auf Grundlage von Art. 23 des New Yorker Entwurfs beraten. Dabei kam es hinsichtlich der näheren Bestimmung des Gewichts des für eine Vertragsaufhebung erforderlichen Nachteils zu mehreren Abänderungsanträgen und langen Diskussionen. Während der Konferenz waren sich die Delegierten weitgehend darüber einig, daß die Voraussetzungen eines wesentlichen Nachteils genauer und objektiver bestimmt werden sollten. Während der Diskussion über die folgenden Abänderungsanträge zeigte sich jedoch bald der Nachteil einer solchen Begriffsbestimmung. Die Zahl der Mißverständnisse steigt.[328]

Zunächst wurde ein Vorschlag der ehemaligen Tschechoslowakei eingebracht, der das für eine Vertragsaufhebung erforderliche Ausmaß des Nachteils mit Rücksicht auf die für den Vertragsschluß maßgeblichen Gründe oder sonstiger Informationen bestimmen wollte.[329] Der Vorschlag wurde abgelehnt, weil er zu eng und sprachlich zu kompliziert gefaßt und daher schwer zu handhaben sei.[330] Daraufhin wurde dieser Vorschlag zurückgezogen. Anschließend schlug der pakistanische Delegierte vor, das Ausmaß des Nachteils mit den Worten „basically change the terms of the transaction" zu beschreiben.[331] Auch dieser Vorschlag fand in der Arbeitsgruppe keine Mehrheit, weil er entweder als sprachlich mißverständlich, als nicht objektiv, als zu eng oder als nicht flexibel genug bezeichnet wurde.[332] Ferner wurde ein Vorschlag der deutschen Delegation abgelehnt, die das Gewicht des Nachteils aus den vertraglichen Regelungen entnehmen wollte.[333] Dieser Vorschlag wurde abgelehnt, weil ein Teil der Delegierten diesen so verstand, daß nur die im Vertrag niedergelegten Umstände und nicht auch außervertragliche Begleitumstände für die Bestimmung des Nach-

[327] YB VI (1975), S. 53, Nr. 44, 45.

[328] O.R., S. 301, Nr. 71 „Language had it´s limitations and increasing the number of words simply increased the possibilities of error."

[329] O.R., S. 99, Nr. 3 (ii) „in the light of the reasons for the conclusion of the contract, or any information disclosed at any time before or at the conclusion of the contract."

[330] O.R., S. 296, Nr. 6, 12, 32.

[331] O.R., S. 99, Nr. 3 (iii).

[332] O.R., S. 299, Nr. 50, 52, 54, 57.

[333] O.R., S. 99, Nr. 3 (i) „all express and implied terms of the contract."

teils maßgebend seien.[334] Schließlich fand auch ein Vorschlag des britischen Delegierten keine Mehrheit, der offenbar das Vorliegen einer wesentlichen Vertragsverletzung für den Fall verneinen wollte, daß die Interessenbeeinträchtigung durch einen Schadensersatzanspruch ausgeglichen werden kann.[335] Nachdem sich die Delegierten nicht auf eine gemeinsame Definition der „Wesentlichkeit“ des Nachteils einigen konnten, wurde eine Arbeitsgruppe beauftragt, eine neue Fassung zu erarbeiten.

Diese Arbeitsgruppe schlug eine neue Formulierung vor, in der der zu definierende Begriff erstmals mit den vertraglichen Erwartungen der verletzten Partei verknüpft wurde.[336] Die neue Fassung wurde von mehreren Delegierten als kompliziert, als nicht flexibel genug und als zu subjektiv bemängelt.[337] Es gab aber auch Stimmen, die die Neufassung als objektiv bezeichneten.[338] Die sprachliche Anbindung des „Nachteils“ an die „vertraglichen Erwartungen“ der vertragstreuen Partei wurde von mehreren Delegierten als große Verbesserung gewürdigt, weil das Tatbestandsmerkmal „Wesentlichkeit“ nicht mehr leer im Raum stehe.[339] Der Richter könne nunmehr auf einen objektiven Maßstab in Form der vertraglichen Erwartungen zurückgreifen.[340] Offenbar war damit die frühere Ablehnung eines Vorschlags, der im Hinblick auf die Bestimmung des wesentlichen Nachteils ebenfalls auf die vertraglichen Interessen abstellte,[341] hinfällig geworden. Letztendlich wurde der von der Arbeitsgruppe erarbeitete Vertragstext trotz der ausgeführten Bedenken mit knapper Mehrheit angenommen.

Anschließend wurde diese Fassung durch den Redaktionsausschuß nochmals abgeändert. Die Formulierung „impair his expectations“ wurde in „entitled to expect under the contract“ abgeändert. Einige Delegierte glaubten, daß der Ausschuß mit der Umformulierung auch inhaltliche Änderungen vornehmen wollte.[342] Nach Aussage des Ausschußvorsitzenden sollte durch diese sprachliche

---

[334] O.R., S. 300, 301, Nr. 70, 74, 75.

[335] O.R., S. 302, Nr. 7, 8, 10.

[336] „A breach of contract comitted by one of the parties is fundamental if ist results in such detriment to the other party as will substantially impair his expectations under the contract....“

[337] O.R., S. 329, Nr. 19, 21; S. 330, Nr. 29.

[338] O.R., S. 330, Nr. 24, 37.

[339] O.R., S. 330, Nr. 35, 36, 37.

[340] O.R., S. 330, Nr. 37.

[341] YB VIII (1977), S. 31, Nr. 91.

[342] O.R., S. 425, Nr. 10, 12.

Umformulierung jedoch keine inhaltliche Änderung vorgenommen werden. Die Änderung des Wortlauts sei deshalb erforderlich geworden, weil die Erläuterung des Nachteils durch den Satzteil „impair his expectations“ inakzeptabel für die Civil-Law-Staaten und die Verwendung des Ausdrucks „interest“ inaktzeptabel für die Common-Law-Staaten gewesen wäre.[343] Die vom Redaktionsausschuß abgeänderte Fassung wurde anschließend unverändert im Plenum angenommen.

Die nähere Bestimmung des Ausmaßes des für eine Vertragsaufhebung erforderlichen Nachteils war von Anfang an unter den Mitgliedern der UNCITRAL-Arbeitsgruppe heftig umstritten. Die Mehrheit der Staatenvertreter wollte das Gewicht des Nachteils offenbar unter Berücksichtigung der vertraglichen Vereinbarungen bestimmen. Fraglich ist jedoch nach wie vor, ob für die Bestimmung des Gewichts des Nachteils nach dem Willen der Abgeordneten auch auf außervertragliche Umstände zurückgegriffen werden kann. Die Delegierten lehnten den Vorschlag des deutschen Vertreters ab, weil sie glaubten, dieser Vorschlag bestimme das Gewicht des Nachteils ausschließlich nach den vertraglichen Erwartungen. Daraus läßt sich schließen, daß die Delegierten das Gewicht des Nachteils nicht nur aus den vertraglichen Erwartungen, sondern anhand der gesamten Umstände des Einzelfalls bestimmen wollten.

c) Systematische Auslegung

Das CISG verwendet den Begriff „wesentlich“ in der deutschen, französischen („substantiellement“) und der spanischen Fassung („sustencialmente“) auch noch in Art. 19 Abs. 3. Der Satzteil „entitled to expect under the contract“ findet sich in keiner der Vertragssprachen wieder. Diese Regelung kann nur zur Auslegung von Art. 25 herangezogen werden, wenn sie ähnlichen Zwecken dient.

Art. 19 regelt den Fall einer Annahmeerklärung, die nicht mit dem Angebot deckungsgleich ist. Gemäß Art. 19 Abs. 1 liegt in einer nicht deckungsgleichen Annahmeerklärung eine Ablehnung des Angebot verbunden mit einem Gegenangebot. Weicht die Annahmeerklärung nur unwesentlich vom Angebot ab, kommt trotz dieser Abweichung nach Art. 19 Abs. 2 ein Vertrag mit dem Inhalt der Annahmeerklärung zustande, wenn der Anbieter nicht unverzüglich widerspricht. Eine Ablehnung des Antrags liegt nur vor, wenn Angebot und Annahmeerklärung wesentlich voneinander abweichen. In Art. 19 Abs. 3 werden in einem nicht abschließenden Katalog bestimmte Änderungen als wesentlich angesehen. Im Hinblick darauf, daß Art. 19 zu einer Einschränkung der Vertrags-

---

[343] O.R., S. 425, Nr. 13.

freiheit führt,[344] bietet sich eine weite Auslegung dieses Tatbestandsmerkmals an. Im Zweifel soll die Abweichung der Annahmeerklärung vom Angebot wesentlich sein, damit in der Annahmeerklärung ein neues Angebot liegt.

Dagegen dient der Begriff „Wesentlichkeit“ in Art. 25 anderen Zwecken. Die vertragstreue Partei hat nur bei Vorliegen einer wesentlichen Vertragsverletzung einen Anspruch auf die sofortige Aufhebung des Vertrags. Dieses Recht zur Aufhebung des Vertrags soll nur im Ausnahmefall gewährt werden.[345] Aus diesem Grund soll der Vertrag im Zweifel bestehen bleiben.

Damit dienen beide Vorschriften unterschiedlichen Zwecken. Während im Fall von Art. 19 Abs. 3 die Abweichung zwischen beiden Erklärungen im Zweifel wesentlich sein soll, soll eine Vertragsverletzung im Fall von Art. 25 im Zweifel nicht wesentlich sein. Aus diesem Grund kann Art. 19 Abs. 3 nicht zur Auslegung von Art. 25 herangezogen werden. Dafür spricht auch, daß nicht in allen sprachlichen Fassungen von Art. 19 Abs. 3 bzw. Art. 25 identische Formulierungen für das Tatbestandsmerkmal „wesentlich“ verwendet werden. Dieses Tatbestandsmerkmal wird beispielsweise in der englischen Fassung von Art. 25 mit „substantially“ und in Art. 19 Abs. 3 mit „material“ umschrieben. Da auf der Wiener Konferenz die Verhandlungssprache Englisch war, entspricht die englische Fassung im Zweifel eher dem Willen der Konferenz als die Fassungen in den anderen Sprachen.

d) Teleologische Auslegung

aa) Einfluß des Vertrags auf die Bestimmung des wesentlichen Nachteil

Das Ausmaß des Nachteils kann durch ein objektives bzw. subjektives Konzept bestimmt werden. Eine objektive Bestimmung bewertet den Nachteil nach dem Ausmaß eines eingetretenen Schadens. Dagegen stellt ein subjektives Konzept diesbezüglich auf die Interessen der durch die Vertragsverletzung betroffenen Partei ab. Beide Konzepte wurden auf der Wiener Konferenz vertreten.

Die aktuelle Fassung von Art. 25 nimmt einen wesentlichen Nachteil an, wenn der vertragstreuen Partei „entgeht, was sie nach dem Vertrag hätte erwarten dürfen“. Sie stellt einen Kompromiß zwischen beiden Konzepten dar. Das Gewicht des Nachteils wird anhand der Interessen der vertragstreuen Partei bestimmt (subjektives Element). Im Rahmen dieser Interessensbewertung dürfen jedoch nur solche Interessen berücksichtigt werden, die einen vertraglichen Bezug

---

[344] Staudinger/Magnus, Art. 19 Rn. 12; Schlechtriem/Schlechtriem, Art. 19 Abs. 1.

[345] Siehe S. 57, Teil III, erstes Kapitel, B.II.

aufweisen (objektives Element). Mit dieser Bestimmung des Nachteils sollen zwei Ziele erreicht werden. Zum einen soll mit der Bezugnahme auf den Vertrag eine gewisse Rechtssicherheit erreicht werden. Die Grundlage für die Bewertung der vertraglichen Interessen bilden nur solche Erwartungen der verletzten Partei, die im Vertragstext ihren Niederschlag gefunden haben bzw. sich aus den Umständen des Vertrags ergeben. Rein subjektive Erwartungen dieser Partei dürfen nicht berücksichtigt werden.[346] Zum anderen wird dem Richter ein Beurteilungsmaßstab an die Hand gegeben, mit dem er die Grenze zwischen wesentlicher und nicht wesentlicher Vertragsverletzung bestimmen kann. Er darf diesen Maßstab nicht frei entwickeln, sondern muß ihn aus den vertraglichen Vereinbarungen der Parteien entnehmen.[347]

bb) Ermittlung und Wegfall der vertraglichen Interessen

Die Voraussetzungen, unter denen ein wesentlicher Nachteil vorliegt, werden in Rechtsprechung und Literatur mit verschiedenen Formulierungen allgemein umschrieben. Diese Formulierungen lassen sich im Kern darauf reduzieren, daß ein Nachteil als „wesentlich“ angesehen wird, wenn die Durchführung des Vertrags infolge der konkreten Pflichtverletzung für die andere Partei nicht mehr von Interesse ist, weil eine wesentliche Vertragserwartung weggefallen ist.[348]

Bei Bewertung eines Nachteils als wesentlich sind der Vertrag und die Umstände des Vertrags zu berücksichtigen.[349] Demnach läßt der Vertrag nicht nur die Pflichten der Parteien entstehen, sondern bestimmt auch ihr Gewicht für den jeweiligen Gläubiger.[350] Die Parteien können im Vertrag ausdrücklich regeln, welche Bedeutung ihren Interessen zukommen soll. Eine solche Regelung bietet sich deshalb an, weil aufgrund des weiten Auslegungsspielraums von Art. 25 ein hohes Prozeßrisiko besteht.[351] Ferner wird die Bedeutung der Interessen durch Gepflogenheiten und Gewohnheiten beeinflußt, die zwischen den Ver-

---

[346] Rudolph, Art. 25 Rn. 7; Honsell/Karollus, Art. 25 Rn. 19; Bianca/Bonell/Will, Art. 25 Anm. 2.1.2.1.; BG v. 28.10.98, CISG Online Nr. 413.

[347] Bianca/Bonell/Will, Art. 25 Anm. 2.1.2.2.

[348] Staudinger/Magnus, Art. 25 Rn. 13; Schlechtriem/Schlechtriem, Art. 25 Rn. 9; Herber/Czerwenka, Art. 25 Rn. 8; Holthausen, RIW 1990, 101, 102; BGH v. 03.04.96, BGHZ 132, 290, 298; OLG Frankfurt a. M. v. 17.09.91, NJW 1992, 633, 634.

[349] BGH v. 03.04.96, BGHZ 132, 290, 299.

[350] Schlechtriem/Schlechtriem, Art. 25 Rn. 9.

[351] Siehe S. 174, Teil III, zweites Kapitel, A.II.

tragspartnern gelten.[352] Gilt zwischen den Parteien keine andere Regelung, muß das Gewicht der vertraglichen Interessen durch Auslegung des Vertrags ermittelt werden.

Das CISG hat die Auslegung von Willenserklärungen in Art. 8 geregelt.[353] Für die Auslegung solcher Erklärungen ist nach Art. 8 Abs. 1 grundsätzlich der wirkliche Wille des Erklärenden maßgebend. Dieser Grundsatz gilt jedoch nur, soweit der Empfänger den wirklichen Willen kennt bzw. über ihn nicht in Unkenntnis sein konnte. Diese Voraussetzung wird häufig nicht erfüllt sein. In diesem Fall ist die Erklärung nach Art. 8 Abs. 2 objektiv aus der Sicht des Empfängers auszulegen. Dabei kommt es darauf an, wie ein durchschnittlicher Geschäftspartner derselben Branche und in derselben Rolle unter denselben Bedingungen die Erklärung aufgefaßt hätte. Zur Ermittlung des Parteiwillens kann auf alle erheblichen Umstände zurückgegriffen werden.[354] Dazu gehören insbesondere die Verhandlungen zwischen den Parteien, die zwischen ihnen entstandenen Gepflogenheiten, die Gebräuche und das spätere Verhalten der Parteien (vgl. Art. 8 Abs. 3).

Teilweise wird in der Literatur die Wesentlichkeit einer Vertragsverletzung in zwei Schritten ermittelt. Zunächst wird die Bedeutung der in Frage kommenden Interessen, unabhängig von den Bestimmungen des konkreten Vertrags, abstrakt bestimmt. Dazu werden die Interessen abstrakt in drei Gruppen eingeteilt: „Leistungsaustauschinteresse", „Vertragsmodalitäteninteresse" und Vertrauensinteresse". Anschließend folgt in einem zweiten Schritt die Auslegung des konkreten Vertrags.[355]

Eine solche Vorgehensweise ist jedoch wenig ergiebig, weil sie über den Zwischenschritt einer abstrakten Einteilung der Interessen zu denselben Ergebnissen wie die hier vertretene Ansicht führt. Die abstrakte Einteilung der Interessen kann nur für den Fall der Verletzung des Leistungsaustauschinteresses eine Entscheidungshilfe geben. Liefert der Verkäufer die Ware überhaupt nicht oder bezahlt der Käufer den Kaufpreis nicht, werden im Regelfall die grundlegenden Interessen der jeweils anderen Vertragspartei betroffen. In diesen Fällen hat der Gläubiger ein besonderes Interesse an der Einhaltung dieser Pflichten, weil die

---

[352] Siehe S. 180, Teil III, zweites Kapitel, B.

[353] Ausführlich zur Auslegung von Willenserklärungen, vgl. S. 26, Teil I, zweites Kapitel, C.III.

[354] Dies gilt auch für die Auslegung von Art. 25, vgl. Babiak, Temp.Int. & Comp.L.J. (1992), 113, 120; Bianca/Bonell/Will, Art. 25 Anm. 2.1.2.1., 2.1.2.2.

[355] Botzenhardt, S. 197-208; ähnlich Musger, S. 12-14.

Durchführung des Leistungsaustausches der Zweck jedes Kaufvertrags ist.[356] Aus diesem Grund muß die Bedeutung der Interessen nicht mehr durch einen zweiten Schritt, nämlich einer Auslegung des Vertrags, ermittelt werden.[357] Die Lösung dieser Fälle bereitet jedoch auch ohne den Zwischenschritt einer abstrakte Einteilung der Interessen keine Probleme. Handelt es sich um eine Verletzung des „Vertragsmodalitäten- oder Vertrauensinteresses“, ist die abstrakte Bewertung der Interessen ein wenig sinnvoller Zwischenschritt, weil sich die Bedeutung dieser Interessen nicht abstrakt, sondern nur durch Auslegung des konkreten Vertrags treffen läßt. Weil die Bedeutung der Interessen nicht abstrakt festgestellt werden kann, bestimmt auch die oben genannte Ansicht, das Gewicht der Interessen letztendlich durch die Auslegung des Vertrags.[358]

Im Hinblick auf die große Zahl der möglichen Vertragsverletzungen und der dabei beteiligten Interessen kann nicht allgemein beantwortet werden, welche Interessen der vertragstreuen Partei als so wichtig angesehen werden, daß bei ihrer Enttäuschung die Partei nicht mehr am Vertrag festhalten will. Vielmehr kann die Entscheidung über die Bedeutung des vertraglichen Interesses nur von Fall zu Fall getroffen werden, wobei sich allerdings für typische Fälle bestimmte Fallgruppen bilden lassen, die einen gewissen Anhalt für das Gewicht bestimmter Interessen geben können.[359] Im Regelfall hat das Interesse des Käufers, die Ware zu erhalten wesentliche Bedeutung für ihn. Dasselbe gilt, wenn er für die andere Partei erkennbar ein besonderes Interesse an der pünktlichen Erfüllung der Lieferpflicht hat. Aus diesem Grund stellt die endgültige Nichterfüllung einer Leistungspflicht, die Nichteinhaltung eines Fixtermins und die ernsthafte und endgültige Erfüllungsverweigerung eine wesentliche Vertragsverletzung dar.[360]

cc) Einteilung in Haupt- und Nebenpflichten

Eine Unterteilung der Pflichten in Haupt- und Nebenpflichten hat Einfluß auf die Bedeutung der vertraglichen Interessen. Ob das CISG eine solche Unterscheidung trifft, ist jedoch umstritten. Eine Auffassung in der Literatur geht davon aus, daß das CISG die Pflichten der Vertragspartner in Haupt- und Nebenpflichten einteilt. Diese Ansicht teilt die Pflichten nach einem ähnlichen Maß-

[356] Botzenhardt, S. 197; ähnlich Musger, S. 12.

[357] Botzenhardt, S. 207.

[358] Botzenhardt, S. 207-208.

[359] Posch/Kandut, Allgemeine Bestimmungen, S. 64; Staudinger/Magnus, Art. 25 Rn. 13; Eörsi, Am.J.Comp.L. (1983), 333, 337; Nicholas, 105 L.Q.R. (1989), 201, 219.

[360] vgl. S. 168 ff, Teil II, drittes Kapitel.

stab ein, der auch für die für die Unterscheidung von wesentlicher und nicht wesentlichen Vertragsverletzung maßgebend ist.[361] Hat eine Pflicht für einen Vertragspartner besondere Bedeutung, wird sie als Hauptpflicht angesehen. Nur die Verletzung einer Hauptpflicht soll zu einer wesentlichen Vertragsverletzung führen können.[362] Diese Ansicht ist jedoch abzulehnen, weil sie das Problem der Bewertung der vertraglichen Interessen lediglich auf eine andere Ebene verschiebt.

Nach überwiegender Ansicht nimmt das CISG keine Einteilung der Pflichten in Haupt- und Nebenpflichten vor,[363] weil Art. 25 von einem einheitlichen Tatbestand der Vertragsverletzung ausgeht, der alle Pflichten annähernd den gleichen Rechtsfolgen unterstellt. Deshalb sei eine Einteilung der Pflichten weder erforderlich noch hilfreich. So führe die Verletzung einer wichtigen Pflicht, beispielsweise der Lieferungspflicht, nicht stets zu einer wesentlichen Vertragsverletzung (vgl. Art. 49 Abs. 1 lit. b). Dagegen könne die Verletzung einer untergeordneten oder zusätzlich vereinbarten Pflicht zu einer wesentlichen Vertragsverletzung führen, wenn dadurch der Vertragszweck gefährdet werde.[364] Die Bedeutung der vertraglichen Interessen sei daher allein aus den konkreten Umstände des jeweiligen Vertrags zu entnehmen.[365] Gegen diese Ansicht spricht jedoch, daß das CISG bestimmte Pflichten besonders hervorhebt. Das Übereinkommen stellt in Art. 30 die Lieferpflicht, die Pflicht zur Dokumentenübergabe und Eigentumsübertragung an die Spitze der Verkäuferpflichten. Die besondere Bedeutung der Lieferpflicht läßt sich auch daraus erkennen, daß der Käufer im Fall der Verletzung dieser Pflicht die Möglichkeit hat, die Voraussetzungen einer Vertragsaufhebung über die Bestimmung einer Nachfrist herbeizuführen (vgl. Art. 49 Abs. 1 lit. b). Auf Seiten des Käufers wird die Pflicht, den Kaufpreis zu zahlen und die Ware abzunehmen in Art. 53 besonders hervorgehoben. Bei einer Verletzung der Zahlungs- bzw. der Abnahmepflicht, kann der Verkäufer den Vertrag aufheben, wenn er dem Käufer für die Erfüllung dieser Pflichten eine Nachfrist setzt (Art. 63 Abs. 1 lit. b). Diese besonders wichtigen Pflichten werden in manchen Rechtsordnungen als Hauptpflichten bezeichnet. Zwar teilt das CISG die Pflichten nicht ausdrücklich in Haupt- und Nebenpflichten ein, trotzdem ist die besondere Hervorhebung einiger Pflichten im

---

[361] Kock, S. 35, 36.

[362] Kock, S. 17.

[363] Schlechtriem/Schlechtriem, Art. 25 Rn. 7; Enderlein/Maskow/Strohbach, Art. 45 Anm. 2.; Staudinger/Magnus, Art. 25 Rn. 7; Ziegler, S. 44.

[364] OLG Frankfurt v. 17.09.91, NJW 1992, 633, 634; Schlechtriem/Schlechtriem, Art. 25 Rn. 13.

[365] Schlechtriem/Schlechtriem, Art. 25 Rn. 9, 24; BGH v. 03.04.96, BGHZ 132, 290, 297.

CISG ein Indiz für die Bedeutung der vertraglichen Interessen.[366] Da die Erfüllung einer „Hauptpflicht“ im Regelfall von besonderer Bedeutung für die Interessen der vertragstreuen Partei ist, ist bei Verletzung einer solchen Pflicht die Hürde für das Vorliegen einer wesentlichen Vertragsverletzung niedriger als bei Verletzung einer „Nebenpflicht“.

dd) Verschulden

Das CISG geht vom Prinzip einer Garantiehaftung aus. Aus diesem Grund darf bei der Bestimmung einer Vertragsverletzung als wesentlich nicht berücksichtigt werden, ob die vertragsbrüchige Partei die Pflichtverletzung verschuldet hat.[367]

e) Ergebnis

Der durch die Pflichtverletzung entstandene Nachteil muß ein gewisses Ausmaß erreichen, damit er als wesentlich charakterisiert werden kann. Dies ist der Fall, wenn die grundlegenden vertraglichen Interessen der vertragstreuen Partei durch die Pflichtverletzung beeinträchtigt sind. Haben die Vertragspartner über die Bedeutung ihrer Interessen keine ausdrückliche Vereinbarung getroffen, ist das Gewicht dieser Interessen durch Auslegung des Vertrags nach Art. 8 zu ermitteln, wobei neben dem Vertragsinhalt auch außervertragliche Umstände zu berücksichtigen sind. Der Charakter der verletzten Pflicht ist ein Indiz für die Bedeutung der vertraglichen Interessen. Die Verletzung einer „Hauptpflicht“ hat im Regelfall größere Auswirkungen auf die vertraglichen Interessen als die Verletzung einer „Nebenpflicht“. Dagegen darf bei der Qualifikation einer Vertragsverletzung als wesentlich nicht berücksichtigt werden, ob die vertragsbrüchige Partei schuldhaft gehandelt hat, weil das CISG nicht vom Verschuldensprinzip ausgeht. Im Hinblick auf die Vielzahl der denkbaren Pflichtverletzungen und der beteiligten Interessen kann die Bewertung einer Pflichtverletzung als wesentlich nicht abstrakt vorgenommen werden. Vielmehr muß in jedem konkreten Fall festgestellt werden, ob die Vertragsverletzung das für eine Vertragsaufhebung erforderliche Gewicht hat. Allerdings können durch die Bildung von Fallgruppen zu typischen Vertragsverletzungen gewisse Anhaltspunkte für die Bedeutung bestimmter Interessen gewonnen werden.

---

[366] Enderlein/Maskow/Strohbach, Art. 53 Anm. 4.1.; Bianca/Bonell/Maskow, Art. 53 Anm. 2.2.

[367] Siehe S. 62, Teil III, erstes Kapitel, C.I.3.b.

3. Einfluß der Behebbarkeit auf die Wesentlichkeit des Nachteils

Hat der Verkäufer eine Pflicht nicht ordnungsgemäß erfüllt, steht ihm unter bestimmten Voraussetzungen ein Nacherfüllungsrecht zu. Dieses Recht kann er wahlweise in Form der Ersatzlieferung oder der Nachbesserung ausüben. Verletzt er eine bestimmte Pflicht vor Ablauf des Liefertermins, gewährt ihm Art. 37 ein Nacherfüllungsrecht. Erfolgt die Pflichtverletzung nach Ablauf dieses Termins, richtet sich das Nacherfüllungsrecht nach Art. 48. Art. 48 Abs. 1 enthält eine Verweisung auf das in Art. 49 Abs. 1 geregelte Aufhebungsrecht des Käufers. Aus diesem Grund stellt sich die Frage, welchem der beiden Rechte der Vorrang einzuräumen ist. Dieses Problem taucht insbesondere bei der Lieferung vertragswidriger Ware auf, weil in diesem Fall keine Vertragsaufhebung mittels Bestimmung einer Nachfrist (vgl. Art. 49 Abs. 1 lit. b) möglich ist. Die Lösung dieses Problems wird hauptsächlich in der Auslegung des Begriffs „wesentlich" in Art. 49 Abs. 1 lit. a gesucht. Im Rahmen der Auslegung dieses Tatbestandsmerkmals stellt sich die Frage, ob für die Beurteilung der Wesentlichkeit einer Vertragsverletzung allein auf das Gewicht der Pflichtverletzung abzustellen ist oder ob in diese Bewertung auch die mögliche Behebbarkeit des Mangels einbezogen werden kann.

a) Grammatische Auslegung

Der Wortlaut von Art. 48 Abs. 1 verweist auf das in Art. 49 geregelt Aufhebungsrecht des Käufers. Die englische Fassung verwendet dafür den Ausdruck „subject to"[368], die französische Fassung „sous reservé de"[369]. Damit entsprechen diese Formulierungen dem Wortlaut des deutschen Vertragstexts, der das Wort „vorbehaltlich" benutzt. Der Wortlaut dieser Bestimmung räumt demnach dem Aufhebungsrecht des Käufers grundsätzlich den Vorrang vor dem Nacherfüllungsrecht des Verkäufers ein.[370]

Die überwiegende Ansicht versucht diesen Vorbehalt zugunsten des Aufhebungsrechts abzuschwächen, indem die Möglichkeit der Beseitigung des Mangels bei der Qualifikation einer Vertragsverletzung als wesentlich berücksichtigt wird.[371] Die Berücksichtigung der Behebungsmöglichkeit wird häufig dazu

---

[368] „Vorbehaltlich", vgl. Dietl/Moss/Lorenz.

[369] „Vorbehaltlich", vgl. Doucet/Fleck.

[370] Herber/Czerwenka, Art. 48 Rn. 9; Schlechtriem/Huber, Art. 48 Rn. 2, 17; Honsell/Schnyder/Straub, Art. 48 Rn. 29; a. A. Bianca/Bonell/Will, Art. 48, Anm. 2.1.1.1.1.

[371] Schlechtriem/Huber, Art. 48 Rn. 20; Honsell/Schnyder/Straub, Art. 48 Rn. 32; Piltz, § 5 Rn. 162; Honnold, Rn. 296; Aicher, Leistungsstörungen, S. 137-142; Musger, S. 44-48;

führen, daß aufgrund dieser Mangelbeseitigung die Voraussetzungen einer wesentlichen Vertragsverletzung nicht mehr Vorliegen und damit auch eine Aufhebung des Vertrags ausscheidet. In diesem Fall stellt sich die Frage des Vorbehalts überhaupt nicht. Damit wird der in Art. 48 Abs. 1 bestimmte Vorrang des Aufhebungsrechts nicht unerheblich eingeschränkt.

Aus diesem Grund stellt sich die Frage, ob eine solche Auslegung noch mit dem Wortlaut von Art. 48 Abs. 1 vereinbar ist. Obwohl diese Auffassung den Vorbehalt in Art. 48 Abs. 1 nicht unerheblich einschränkt, ist sie noch vom Wortlaut dieser Vorschrift gedeckt.[372] Durch den Vorbehalt wird klargestellt, daß der Anwendungsbereich dieser Vorschrift durch Art. 49 beschränkt werden kann. Die Verweisung auf diese Bestimmung ist so zu lesen, daß das Nacherfüllungsrecht nur durch eine nach Art. 49 gerechtfertigte Aufhebung eingeschränkt werden soll.[373]

Die dargestellte, überwiegende Ansicht könnte jedoch gegen den Wortlaut von Art. 49 Abs. 1 lit. a verstoßen, weil die Möglichkeit der Mangelbeseitigung bei der Auslegung dieser Vorschrift berücksichtigt werden soll.[374] Die Wesentlichkeit der Vertragsverletzung bestimmt sich nicht nur nach dem Gewicht der Pflichtverletzung, sondern ist anhand einer Gesamtbetrachtung zu beurteilen, in welcher der Vertrag und auch die sonstigen Umständen miteinzubeziehen sind.[375] Demnach verstößt die von der überwiegenden Ansicht vorgeschlagene Auslegung nicht gegen den Wortlaut von Art. 49 Abs. 1 lit. a .

Schließlich stellt sich noch die Frage, ob sich die Verweisung in Art. 48 Abs. 1 auf beide in Art. 49 genannten Aufhebungsgründe bezieht oder nur auf den in Art. 49 Abs. 1 lit. a genannten. Nach einer Auffassung liegt nur eine Verweisung auf Art. 49 Abs. 1 lit. a vor.[376] Nach überwiegender Ansicht handelt es sich jedoch um eine Verweisung auf beide in Art. 49 genannten Aufhebungsgründe.[377] Da bei dem in Art. 48 Abs. 1 angeordneten Vorbehalt nicht zwischen den einzelnen Aufhebungsgründen unterschieden wird, spricht schon sein

---

Ziegel, Remedial Provisions, § 9.03, sub. 9-22, 9-23; Staudinger/Magnus, Art. 48 Rn. 30; Herber/Czerwenka, Art. 48 Rn. 9, Art. 46 Rn. 6; Conrad, S. 49; Petrikic, S. 87-97; Karollus, ZIP 1993, 490, 496.

372 Schlechtriem/Huber, Art. 48 Rn. 20; a. A. Neumayer, RIW 1994, 99, 106.

373 Musger, S. 43.

374 So Welser, Vertragsverletzung des Verkäufers, S. 125; Bedenken äußert auch von Hoffmann, Gewährleistungsansprüche, S. 299.

375 BGH v. 03.04.96, BGHZ 132, 290, 299.

376 Aicher, Leistungsstörungen, S. 140, allerdings ohne nähere Begründung.

377 Schlechtriem/Huber, Art. 48 Rn. 20; Conrad, S. 49; Petrikic, S. 87-97; Karollus, ZIP 1993, 490, 491.

Wortlaut für diese Auffassung. Allerdings werden die Abgrenzungsprobleme hauptsächlich im Verhältnis zu Art. 49 Abs. 1 lit. a auftreten. Der Käufer ist im Regelfall an einem sofortigen Aufhebungsrecht nach Art. 49 Abs. 1 lit. a interessiert. Die Berücksichtigung der Behebungsmöglichkeit führt dazu, daß dem Käufer häufig kein solches Recht zustehen wird, weil es an einer wesentlichen Vertragsverletzung fehlt. Dagegen steht ihm im Fall von Art. 49 Abs. 1 lit. b kein sofortiges Aufhebungsrecht zu. Der Käufer kann die Voraussetzungen einer Vertragsaufhebung erst durch die Bestimmung einer Nachfrist herbeiführen.

b) Historische Auslegung

(aa) EKG und Vorarbeiten zur Wiener Konferenz

Das Verhältnis zwischen dem Recht des Verkäufers auf Nacherfüllung und dem Recht des Käufers auf Vertragsaufhebung war im EKG in den Art. 43, 44 geregelt. Nach Art. 43 EKG konnte der Verkäufer nur dann die Aufhebung des Vertrags verlangen, wenn kumulativ sowohl die Lieferung einer vertragswidrigen Sache für sich, als auch die durch diese Lieferung bewirkte Verspätung eine wesentliche Vertragsverletzung darstellte. Aufgrund dieser strengen Voraussetzungen führte die zeitliche Verzögerung der Lieferung nur in Ausnahmefällen[378] zu einer wesentlichen Vertragsverletzung. Aus diesem Grund konnte die vertragstreue Partei nur ausnahmsweise die Aufhebung des Vertrags verlangen. Daher stand dem Verkäufer im Regelfall nur ein Nachbesserungs- bzw. Ersatzlieferungsrecht nach Art. 44 Abs. 1 EKG zu. Allerdings hatte der Käufer die Möglichkeit, die Voraussetzungen einer Vertragsaufhebung herbeiführen, indem er dem Verkäufer zur Erfüllung seiner Pflichten eine angemessene Nachfrist für die Nachlieferung oder die Behebung der Vertragswidrigkeit bestimmte, die dieser erfolglos verstreiche läßt (vgl. Art. 44 Abs. 2 EKG).

Die Arbeitsgruppe der UNCITRAL faßte zunächst die Art. 43, 44 Abs. 1 EKG in einer Vorschrift zusammen, weil die Regelung in zwei Artikeln als zu umständlich und zu komplex betrachtet wurde.[379] Im Rahmen der Neufassung dieser beiden Vorschriften beschloß die Arbeitsgruppe, die Regelung in Art. 44 Abs. 1 EKG beizubehalten und die in Art. 44 Abs. 2 EKG enthaltene Nachfristregelung zu streichen.[380] Das in Art. 44 Abs. 1 EKG geregelte Recht auf Nacherfüllung wurde beibehalten, weil damit der Tendenz des internationalen

---

[378] Schlechtriem/Huber, Art. 48 Rn. 5 (1. Aufl.), z.B. beim Fixgeschäft, beim Verkauf von Saisonware und von Waren mit notiertem Marktpreis.

[379] YB IV (1973), S. 54, Nr. 133-135.

[380] YB IV (1973), S. 69, Nr. 98-101; S. 70, Nr. 102-110.

Kaufrechts, den Vertrag im Regelfall aufrechtzuerhalten, entsprochen wurde.[381] Dies war wohl auch ein Grund, weshalb Art. 44 Abs. 2 EKG gestrichen wurde. Der Käufer sollte bei weniger gewichtigen Mängeln nicht mehr die Möglichkeit haben, die Aufhebung des Vertrags über eine Nachfristsetzung herbeizuführen.[382] Nachdem durch die Aufhebung dieser Nachfristregelung das ursprüngliche System nicht mehr vollständig bestand, mußte das Verhältnis zwischen Nacherfüllung und Vertragsaufhebung neu geregelt werden. Das Verhältnis zwischen beiden Rechtsbehelfen wurde in Art. 43 Abs. 1 E 1973 geregelt, der einen Vorbehalt zugunsten des Aufhebungsrecht enthielt. Dagegen wurde eingewandt, daß dieser Vorbehalt zugunsten der Käuferinteressen das Recht des Verkäufers auf Nacherfüllung beschränke.[383] Trotz der Kritik an dieser Vorschrift wurde der Vorbehalt zugunsten des Aufhebungsrechts beibehalten.

Während der Beratungen der gesamten UNCITRAL im Jahre 1977 wurde erneut versucht, den nunmehr in Art. 29 Abs. 1 2. HS E 1977 geregelten Vorbehalt zugunsten der Vertragsaufhebung zu beseitigen. Ein Teil der Delegierten beabsichtigte, den zweiten Halbsatz dieser Vorschrift vollständig bzw. teilweise zu streichen.[384] Damit sollte dem Nacherfüllungsrecht des Verkäufers der Vorrang vor dem Aufhebungsrecht bzw. dem Minderungsrecht des Käufers gewährt werden. Die Anträge wurden damit begründet, daß in diesem Fall der Vertrag aufrechterhalten werde und nutzlose Kosten für den Rücktransport vermieden würden. Die Interessen des Käufers seien trotzdem hinreichend geschützt, weil das Nacherfüllungsrecht des Verkäufers an strenge Voraussetzungen gebunden sei. Im übrigen müsse der Verkäufer alle Kosten der Mangelbeseitigung tragen.[385] Andere Staatenvertreter vertraten die Auffassung, daß der zweite Halbsatz von Art. 29 Abs. 1 E 1977 nicht gestrichen werden solle, weil der Verkäufer ein zugunsten des Käufers bestehendes Aufhebungsrecht, diesem nicht ohne dessen Zustimmung entziehen dürfe.[386] Ein Teil der Delegierten war der Auffassung, daß das Problem des Vorbehalts zugunsten des Aufhebungsrechts hier überhaupt nicht bestehe. Könne eine bei Lieferung nicht funktionierende Maschine leicht repariert werden, liege deswegen keine wesentliche Vertragsverletzung vor. Deshalb bestehe in diesem Fall auch kein Aufhebungsrecht des

---

[381] Schlechtriem/Huber, Art. 48 Rn. 6 (1. Aufl.).

[382] Vgl. YB IV (1973), S. 69, Nr. 101.

[383] YB IV (1973), S. 70 Nr. 110.

[384] YB VIII (1977), S. 44, Nr. 272 (i), (ii).

[385] YB VIII (1977), S. 45, Nr. 274, 276.

[386] YB VIII (1977), S. 45, Nr. 276.

Käufers.[387] Letztendlich konnte sich nur ein Vorschlag durchsetzen, der den Vorrang des Nacherfüllungsrechts vor dem Minderungsrecht zum Ziel hatte.[388]

(bb) Wiener Konferenz

Auf der Wiener Konferenz wurde die Diskussion über den Vorbehalt zugunsten des Aufhebungsrechts fortgesetzt. Dort wurden von den Delegationen der Bundesrepublik Deutschland und Bulgarien Anträge[389] eingebracht, die eine Streichung des in Art. 44 Abs. 1 1. HS E 1978[390] geregelten Vorbehalts zum Ziel hatten. Damit sollte dem Nacherfüllungsrecht des Verkäufers grundsätzlich der Vorrang vor dem Aufhebungsrecht des Käufers eingeräumt werden. Ein Aufhebungsrecht sollte nur bestehen, wenn die mit der Nacherfüllung verbundene Zeitverzögerung an sich eine wesentliche Vertragsverletzung verursachen würde. Die Vertreter von Deutschland und Bulgarien waren der Auffassung, daß die bisherige Textfassung die Interessen des Verkäufers nicht hinreichend berücksichtige, weil ihm aufgrund dieses Vorbehalts kein Nacherfüllungsrecht zustehe.[391] Die Diskussion über diese Anträge wurde auch hier anhand des oben[392] angeführten Beispiels geführt. Obwohl in diesem Fall ein schwerer Mangel vorliege, scheide eine wesentliche Vertragsverletzung aus, wenn der Verkäufer den Mangel beheben könne.[393] Wäre der Käufer in diesem Fall zur Aufhebung des Vertrags berechtigt, entstünden dem Verkäufer erhebliche Transportkosten für den Rücktransport der Ware.[394] Ferner seien trotz der Streichung des Vorbehalts die Interessen des Käufers hinreichend gesichert, weil das Nacherfüllungsrecht an enge Voraussetzungen gebunden sei.[395]

---

[387] YB VIII (1977), S. 45, Nr. 275.

[388] Der Satzteil „or has declared the price to be reduced in accordance with article 31" wurde gestrichen, YB VIII (1977), S. 45, Nr. 277, 289, 278 (ii).

[389] O.R., S. 114, Nr. 3 (i), (iii).

[390] „Unless the buyer has declared the contract avoided in accordance with article 45", O.R., S. 40.

[391] O.R., S. 341, Nr. 37, 38.

[392] Siehe S. 84, Teil III, erstes Kapitel, C.II.3.b.aa.

[393] O.R., S. 341, Nr. 38.

[394] O.R., S. 341, Nr. 37.

[395] O.R., S. 342, Nr. 47 ,50.

Die Änderungsvorschläge konnten sich letztendlich jedoch nicht durchsetzen, weil eine knappe Mehrheit der Delegierten den Vorbehalt beibehalten wollte,[396] da dem Käufer ein bereits entstandenes Aufhebungsrecht nicht einfach wieder durch den Verkäufer entzogen werden dürfe.[397] Im Hinblick auf das vom deutschen Vertreter angeführte Beispiel einer nicht funktionierenden Maschine[398] wurde ausgeführt, daß in diesem Fall überhaupt keine wesentliche Vertragsverletzung vorliege, weil der Mangel beseitigt werden könne, so daß letztlich kein Aufhebungsrecht bestehe. Aus diesem Grund bedürfe es keiner Streichung des Vorbehalts, um die Rechte des Verkäufers in Form des Nacherfüllungsrechts zu sichern.[399]

Nachdem sich die Delegierten nicht auf eine Formulierung einigen konnten, wurde eine Arbeitsgruppe eingesetzt, die geeignete Vorschläge erarbeiten sollte. Die Arbeitsgruppe erarbeitete einen Vorschlag, der drei Alternativen enthielt, wobei nur die ersten beiden Alternativen das Verhältnis zwischen Aufhebungsrecht und Nacherfüllungsrecht betrafen. Die erste Alternative dieses Vorschlags enthielt keinen Vorbehalt zugunsten des Aufhebungsrechts und war eine Fortführung bereits früher gestellter Anträge der Bundesrepublik und Bulgarien.[400] Die zweite Alternative des Vorschlags behielt den bereits in E 1978 enthaltenen Vorbehalt bei, sollte diesen jedoch sprachlich deutlicher formulieren.[401] Im Rahmen der aus diesem Anlaß geführten Diskussion wurde vorgeschlagen, das Verhältnis zwischen Nacherfüllung und Aufhebung noch präziser zu fassen.[402] Dieser Vorschlag konnte sich nicht durchsetzen, weil einige Delegierte glaubten, daß dieser den Artikel beträchtlich ändere.[403] Demnach wurde die zweite Alternative des bewußten Vorschlags - ohne den angesprochenen Änderungsvorschlag - angenommen. Das Verhältnis zwischen dem Aufhebungsrecht und dem Recht auf Ersatzlieferung wurde in den Beratungen nicht erörtert.[404]

---

[396] Der deutsche und bulgarische Antrag wurde deshalb später zurückgezogen, vgl. O.R., S. 352, Nr. 12.

[397] O.R., S. 341, Nr. 42, 44; S. 342, Nr. 51; S. 343 Nr. 55; S. 344, Nr. 85.

[398] Siehe S. 84, Teil III, erstes Kapitel, C.II.3.b.aa.

[399] O.R., S. 341, Nr. 43, 44; S. 342, Nr. 48; S. 343, Nr. 55.

[400] O.R., S. 115, Nr. 6 (Alternative I).

[401] Aus „Unless the buyer has declared the contract avoided in accordance with Art. 45 ..." wurde: „Subject to article 45 ...", O.R., S. 115, Nr. 6 (Alternative II).

[402] „Subject to the contract not having been declared avoided in accordance with article 45", vgl. O.R., S. 352, Nr. 15, 26.

[403] O.R., S. 352, Nr. 28.

[404] Schlechtriem/Huber, Art. 48 Rn. 19; Musger, S. 47; Karollus, ZIP 1993, 491, 495.

Zusammenfassend läßt sich folgendes sagen: Die Delegierten haben auf der Wiener Konferenz mehrere Anträge abgelehnt, die auf eine Beseitigung des Vorrangs zugunsten des Aufhebungsrechts zielten. Zugleich war die Mehrheit der Delegierten der Ansicht, daß wenn ein Mangel leicht zu beseitigen ist, eine wesentliche Vertragsverletzung ausscheidet und damit auch kein Aufhebungsrecht besteht. Daraus könnte man schließen, daß viele Staatenvertreter die Anträge zugunsten eines Vorrangs des Nacherfüllungsrechts nur abgelehnt haben, weil sich nach ihrer Ansicht durch die Berücksichtigung der Möglichkeit der Beseitigung eines Mangels durch Reparatur ein befriedigendes Ergebnis ergab. In diesem Fall sollte keine wesentliche Vertragsverletzung vorliegen. Anderseits wird aus den Protokollen nicht ganz klar, ob die Delegierten sich bewußt waren, daß die Berücksichtigung der Behebungsmöglichkeit zu einer erheblichen Einschränkung des Vorbehalts zugunsten des Aufhebungsrechts führt. Aufgrund dieser ambivalente Haltung der Delegierten läßt sich schließen, daß die Vorrangklausel in Art. 48 Abs. 1 lediglich eine Kompromißformel darstellt. Die Delegierten wollten offenbar eine bindende Entscheidung vermeiden und die Frage der Auslegung des Art. 49 Abs. 1 lit. a überlassen. Aus diesem Grund lassen sich aus der historischen Auslegung keine klaren Schlüsse für das Verhältnis zwischen dem Aufhebungsrecht des Käufers und dem Nacherfüllungsrecht des Verkäufers ziehen.

c) Systematische Auslegung

Möglicherweise lassen sich aus dem Vergleich der Rechtsfolgen einer Nichtlieferung mit denen einer vertragswidrigen Lieferung weitere Argumente für die Lösung des Vorrangproblems gewinnen. Im Fall der Nichtlieferung hat der Käufer zwei Möglichkeiten, eine Aufhebung des Vertrags zu erreichen. Liegt eine wesentliche Vertragsverletzung vor, kann er den Vertrag gemäß Art. 49 Abs. 1 lit. a sofort aufheben. Begeht die andere Partei keine solche Pflichtverletzung, kann die davon betroffene Partei die Voraussetzungen einer Vertragsaufhebung nur durch die Bestimmung einer Nachfrist nach Art. 49 Abs. 1 lit. b herbeiführen. Dagegen kann dieser Vertragspartner im Fall der Lieferung von vertragswidriger Ware den Vertrag nur aufheben, wenn eine wesentliche Vertragsverletzung vorliegt (vgl. Art. 49 Abs. 1 lit. a und lit. b).

Das CISG geht von einem einheitlichen Tatbestand der Nichterfüllung aus, der alle denkbaren Formen der Vertragsverletzung erfaßt. Aus diesem Grund sollte jede Vertragsverletzung im Regelfall auch zu den gleichen Rechtsfolgen führen, soweit eine unterschiedliche Behandlung nicht durch besondere Gründe gerechtfertigt ist. Die unterschiedliche Behandlung von Nichtlieferung und vertragswidriger Lieferung ist im Regelfall gerechtfertigt, weil der Fall der Nichtlieferung die Käuferinteressen erheblich stärker beeinträchtigt als der Fall der vertragswidrigen Lieferung. Der Käufer erhält im Fall der Nichtlieferung entweder überhaupt keine Ware oder erst zu einem späteren Zeitpunkt. Erhält der Käufer keine Ware, liegt im Regelfall eine wesentliche Vertragsverletzung vor. Selbst wenn der Verkäufer die Ware noch verspätet liefert, liegt zunächst eine - im Vergleich zu einer vertragswidrigen Lieferung - schwerwiegendere Interessenbeeinträchtigung vor. Denn der Käufer weiß ja überhaupt nicht, ob er die Ware noch bekommt. Klarheit über die Lieferungsmöglichkeit bzw. Lieferbereitschaft des Verkäufers kann er nur gewinnen, wenn er ihm für die Lieferung eine Nachfrist setzt. Dagegen hat er im Fall der vertragswidrigen Leistung keine Möglichkeit, dem Verkäufer zur Erfüllung seiner Pflichten eine Nachfrist zu setzen, weil dieser Fall offenbar als weniger gravierend angesehen wird, denn immerhin erhalte der Käufer hier ja die Ware. Dieser Ansicht waren offenbar auch die Delegierten bei den Beratungen zu Art. 49. Dort wurden mehrere Anträge gestellt, die eine Möglichkeit der Nachfristsetzung zumindestens auch für den Fall einer vertragswidrigen Lieferung zum Ziel hatten.[405] Diese Anträge wurden abgelehnt, weil weniger gewichtige Fehler nicht über eine Nachfristsetzung zur Vertragsaufhebung berechtigen sollten.[406]

Die unterschiedliche Behandlung von Nichtlieferung und vertragswidriger Lieferung kann in bestimmten Fällen zu systemwidrigen Ergebnissen führen und ist dann nicht mehr gerechtfertigt. Zu systemwidrigen Ergebnissen kann es kommen, wenn die Möglichkeit der Beseitigung der Vertragswidrigkeit nicht berücksichtigt wird. Im Fall der Nichtlieferung liegt nur ausnahmsweise eine wesentliche Vertragsverletzung vor. Aus diesem Grund ist die Lösung vom Vertrag im Regelfall nur möglich, wenn der Verkäufer die Ware auch nach Ablauf einer vom Käufer gesetzten Nachfrist nicht liefert (vgl. Art. 49 Abs. 1 lit. b). Liefert der Verkäufer vertragswidrige Ware, steht dem Käufer ein sofortiges Aufhebungsrecht zu, wenn eine wesentliche Vertragsverletzung vorliegt. Der Käufer hätte im Fall der vertragswidrigen Lieferung, den das Gesetz als weniger schwerwiegend als den Fall der Nichtlieferung ansieht, ein sofortiges Vertragsaufhebungsrecht. Ein solches Ergebnis wäre systemwidrig.[407] Wird die Möglichkeit der Mangelbeseitigung berücksichtigt, würde im Regelfall auch bei einer vertragswidrigen Lieferung eine sofortige Vertragsaufhebung ausscheiden. Damit könnten beide Pflichtverletzungen annähernd gleich behandelt werden. Die systematische Auslegung spricht demnach für die Berücksichtigung der Be-

---

[405] YB VIII (1977), S. 142, 155, Nr. 3 (Art. 30); Anträge der Niederlande, O.R., S. 116, Nr. 3 (i), und von Kanada, O.R., S. 116, Nr. 3 (ii).

[406] YB VIII (1977), S. 46, Nr. 290-293; O.R., S. 354, Nr. 69; S. 355, Nr. 73, 76, 79, 82, 83, 84; S. 356, Nr. 96.

[407] Im Ergebnis ebenso: Karollus, ZIP 1993, 490, 492; Aicher, Leistungsstörungen, S. 141; Ziegler, S. 81; Petrikic, S. 89.

seitigung der Vertragswidrigkeit bei Beurteilung einer Pflichtverletzung als wesentlich.

d) Teleologische Auslegung

aa) Einfluß der Behebungsmöglichkeit auf das Tatbestandsmerkmal „wesentlich“

Das Nacherfüllungsrecht in Art. 48 ermöglicht dem Verkäufer die Erfüllung des Vertrags, indem ihm ein Recht zur nachträglichen Erfüllung seiner Pflichten eingeräumt wird. Damit hat er die Möglichkeit, eine bereits entstandene Vertragsverletzung wieder zu beseitigen. Das Interesse des Verkäufers an einer nachträglichen Erfüllung wird allerdings durch den Vorbehalt in Art. 48 Abs. 1 eingeschränkt. Die in dieser Vorschrift enthaltene Verweisung auf das Aufhebungsrecht in Art. 49 Abs. 1 schützt das Interesse des Käufers an der Lösung vom Vertrag. Dem Käufer soll ein bereits entstandenes Aufhebungsrecht nicht nachträglich entzogen werden können, indem der Verkäufer die Nacherfüllung anbietet.[408] Damit stellt sich die Frage, wie diese widerstreitenden Interessen gerecht ausgeglichen werden können. Ein gerechter Ausgleich der Interessen ist in diesem Fall besonders schwierig, weil die Interessen von Käufer und Verkäufer heftig aufeinander treffen.[409]

Im Hinblick auf das Verhältnis des Aufhebungsrechts in Art. 49 Abs. 1 lit. b und dem Nacherfüllungsrecht in Art. 48, führt die Interessenabwägung zu einem Vorrang des Aufhebungsrechts der vertragstreuen Partei. Nach dieser Bestimmung ist eine Aufhebung des Vertrags nur möglich, wenn diese Partei dem anderen Vertragspartner für die Erfüllung seiner Pflichten eine angemessene Frist zu setzt, die dieser erfolglos verstreichen läßt. Würde dem Nacherfüllungsrecht der Vorrang vor dem Aufhebungsrecht eingeräumt, könnte sich die vertragsbrüchige Partei für die Erfüllung ihrer Pflichten eine zusätzliche Frist verschaffen.[410] Ein weiteres Abwarten mit der Aufhebung des Vertrags wäre aber für die vertragstreue Partei im Regelfall kaum zumutbar. Dagegen werden die Interessen der vertragsbrüchigen Partei durch den Vorrang des Aufhebungsrechts nicht erheblich beeinträchtigt. Deren Interessen sind hinreichend geschützt, weil eine Aufhebung des Vertrags nur nach erfolglosem Ablauf der Nachfrist zulässig ist.

Das Verhältnis zwischen Aufhebungsrecht und Nacherfüllungsrecht ist insbesondere im Fall der Lieferung einer vertragswidrigen Ware problematisch. Be-

---

[408] Schlechtriem/Huber, Art. 48 Rn. 17.

[409] Bianca/Bonell/Will, Art. 48 Anm. 2.1.1.1.1.

[410] Schlechtriem/Huber, Art. 48 Rn. 17.

geht der Verkäufer eine wesentliche Vertragsverletzung, so kann der Käufer den Vertrag sofort nach Art.49 Abs. 1 lit. a aufheben. Das CISG sieht für eine solche Lieferung keine Möglichkeit vor, den Vertrag mittels Bestimmung einer Nachfrist nach Art. 49 Abs. 1 lit. b aufzuheben. Im Fall der vertragswidrigen Lieferung wären die Interessen des Käufers am besten geschützt, wenn er den Vertrag unter den Voraussetzungen von Art. 49 Abs. 1 lit. a sofort aufheben könnte, ohne daß er darauf Rücksicht nehmen müßte, ob der Verkäufer den Mangel beseitigen kann oder will. Das Nacherfüllungsrecht des Verkäufers würde in diesem Fall spätestens mit der Aufhebungserklärung des Käufers erlöschen. Deshalb könnte der Käufer mit seiner Entscheidung über die Aufhebung des Vertrags gleichzeitig über das Recht des Verkäufers, die Vertragsverletzung zu beseitigen, bestimmen. Dagegen wäre es für die Interessen des Verkäufers am günstigsten, wenn der Käufer den Vertrag nicht aufheben könnte, bevor ihm die Möglichkeit der Behebung des Mangels gegeben würde. Wird der Mangel durch den Verkäufer behoben, scheidet eine Aufhebung des Vertrags durch den Käufer aus, weil keine Vertragsverletzung vorliegt.

Im Hinblick auf einen gerechten Ausgleich dieser widerstreitenden Interessen werden im wesentlichen zwei Auffassungen vertreten, von denen die erste eher die Käuferinteressen in Form des Aufhebungsrechts und die zweite eher die Verkäuferinteressen in Form des Nacherfüllungsrechts stärken will:

(1) Die Vertreter der ersten Ansicht gewähren den Interessen des Käufers Vorrang vor denen des Verkäufers.[411] Die Möglichkeit der Behebung des Mangels in Form der Nachbesserung oder Ersatzlieferung habe keinen Einfluß auf die Bewertung einer Vertragsverletzung als wesentlich. Vielmehr sei für das Vorliegen des Tatbestands einer wesentlichen Vertragsverletzung allein die Schwere des Mangels zum Zeitpunkt der Lieferung entscheidend. Ansonsten sei das Aufhebungsrecht nahezu bedeutungslos, weil unter Berücksichtigung der Behebungsmöglichkeit häufig keine wesentliche Vertragsverletzung vorliege und daher letztendlich der Vorrang des Aufhebungsrechtes ausgehöhlt werde. In diesem Fall seien die Rechtsbehelfe des Käufers bei einer Vertragsverletzung in ihrem Kern beeinträchtigt.[412] Problematisch ist, daß diese Ansicht die Interessen des Verkäufers nur beschränkt berücksichtigt, indem das Aufhebungsrecht des Käufers durch den Grundsatz von Treu und Glauben (vgl. Art. 7 Abs. 1) be-

---

[411] Welser, Vertragsverletzung des Verkäufers, S. 125; Lessiak, Diskussionsbeitrag, S. 145; Holthausen, RIW 1990, 101, 103; von Hoffmann, Gewährleistungsansprüche, S. 299; Neumayer, RIW 1994, 99, 106; Rudolph, Art. 48 Rn. 8.

[412] Holthausen, RIW 1990, 101, 103.

grenzt wird. Denn jener kann keine Vertragsaufhebung allein aus dem Grunde verlangen, der anderen Partei die Möglichkeit der Nacherfüllung zu nehmen.[413]

Zur Untermauerung ihrer Argumentation beruft sie sich auf Wortlaut und Entstehungsgeschichte von Art. 48 Abs. 1.[414] Als Hauptargument gegen die Berücksichtigung der Behebungsmöglichkeit wird das in diesem Fall entstehende Auslegungsproblem mit dem in Art. 46 Abs. 2 geregelten Ersatzlieferungsrecht genannt, das ebenfalls das Vorliegen einer wesentlichen Vertragsverletzung voraussetzt. Werde die Möglichkeit der Beseitigung des Mangels bei der Qualifikation einer Vertragsverletzung als wesentlich berücksichtigt, käme es zu einer paradoxen Situation, weil die Möglichkeit der Ersatzlieferung den Anspruch auf Ersatzlieferung ausschließen würde.[415]

Diese Auffassung hat zwar zunächst den Vorteil der einfachen Handhabung, weil das Vorliegen einer wesentlichen Vertragsverletzung nicht von weiteren Merkmalen wie Behebungsmöglichkeit und rechtzeitiger Behebung abhängig ist. Aus diesem Grund wird auch die Voraussehbarkeit von Entscheidungen erleichtert und das Prozeßrisiko nicht erhöht.[416] Im übrigen schafft sie schnelle Klarheit über die bestehende Rechtslage. Trotzdem ist diese Auffassung aus mehreren Gründen abzulehnen: Sie berücksichtigt die Interessen des Verkäufers nicht angemessen. Dessen Interessen können nur hinreichend geschützt werden, wenn das Nacherfüllungsrecht zu Lasten des Aufhebungsrechts gestärkt wird. Außerdem führt diese Ansicht auch zu einem Wertungswiderspruch zu den Vorschriften der Nichtlieferung.[417] Schließlich kann sie zu unwirtschaftlichen Ergebnissen führen. Denn wenn der Mangel durch eigenes Personal des Käufers oder durch den Einsatz Dritter leicht zu beheben ist, wäre eine Aufhebung des Vertrags, die häufig hohe Rücktransportkosten verursacht, nicht wirtschaftlich.

(2) Die Vertreter der zweiten und verkäuferfreundlichen Lösung gehen wegen des Vorbehalts in Art. 48 Abs. 1 zwar grundsätzlich auch von einem Vorrang des Aufhebungsrechts vor dem Nacherfüllungsrecht aus, schränken diesen Vorbehalt aber erheblich ein, indem sie die Behebbarkeit des Mangels bei der Interpretation des Begriffs „wesentlich“ in Art. 49 Abs. 1 lit. a berücksichtigen.[418]

---

[413] Holthausen, RIW 1990, 101, 104.

[414] Holthausen, RIW 1990, 101, 103; von Hoffmann, Gewährleistungsansprüche, S. 299.

[415] Von Hoffmann, Gewährleistungsansprüche, S. 299.

[416] Rudolph, Art. 48 Rn. 8.

[417] Siehe S. 88, Teil III, erstes Kapitel, C.II.3.c.

[418] Schlechtriem/Huber, Art. 48 Rn. 20; Schlechtriem/Schlechtriem, Art. 25 Rn. 20; Honsell/Schnyder/Straub, Art. 48 Rn. 32; Piltz, § 5 Rn. 162; Honnold, Rn. 296; Hutter, S. 121, 122; Aicher, Leistungsstörungen, S. 137-142; Musger, S. 44-48; Ziegel, Remedial Provisi-

Danach sei für die Auslegung dieses Tatbestandsmerkmals eine Gesamtbetrachtung im Einzelfall erforderlich, in die nicht nur das objektive Gewicht des Mangels, sondern zusätzlich auch die Fähigkeit und Bereitschaft des Verkäufers, den Mangels ohne unzumutbare Verzögerung und Belastung des Käufers zu beheben, einzustellen sei.[419] Die Einbeziehung der Behebungsmöglichkeit wird häufig dazu führen, daß keine wesentliche Vertragsverletzung vorliegt, weil der Verkäufer den Mangel oft ohne unzumutbare Verzögerung und Belastung für den Käufer durch Nachbesserung oder Ersatzlieferung beheben kann. Aus diesem Grund stellt sich auf dieser Ebene die Frage des Vorrangs nicht. Letztendlich wird damit das Problem des Vorrangs zwischen Art. 48 und Art. 49 auf die Auslegung des Tatbestandsmerkmals „wesentlich" in Art. 49 Abs. 1 lit. a verlagert.[420]

Diese Ansicht führt im Ergebnis zu einer erheblichen Einschränkung des Vertragsaufhebungsrechts und damit zu einer Stärkung der Interessen des Verkäufers in Form des Nacherfüllungsrechts. Der Schutz der Interessen des Verkäufers wird jedoch nicht unbeschränkt gewährt. In bestimmten Konstellationen wird den Interessen des Käufers Vorrang vor denen des Verkäufers eingeräumt. In diesen Situationen steht dem Käufer ein sofortiges Aufhebungsrecht zu, weil ihm eine Nacherfüllung durch den Verkäufer für ihn nicht zumutbar ist. Dies ist der Fall, wenn durch die nachträgliche Erfüllung der verletzten Pflicht, die Interessensverletzung des Käufers nicht mehr nachträglich ausgeglichen werden kann. Ein solcher Fall liege beispielsweise vor, wenn ein Fixgeschäft vereinbart sei.[421] Darüber hinaus sei eine Nacherfüllung für den Käufer nicht zumutbar, wenn aufgrund der Art des Mangels die Vertrauensgrundlage des Vertrags er-

---

ons, § 9.03, sub. 9-22, 9-23; Staudinger/Magnus, Art. 48 Rn. 30; Herber/Czerwenka, Art. 48 Rn. 9, Art. 46 Rn. 6; Conrad, S. 49; Petrikic, S. 93-97; Karollus, ZIP 1993, 490, 496; Botzenhardt, S. 208-224; OLG Koblenz v. 31.01.97, CISG Online Nr. 256; LG Oldenburg v. 06.07.94, CISG Online Nr. 274; CA de Grenoble v. 26.04.1995, CISG-France Nr. 950426f2; HGer Zürich v. 26.04.95, SZIER 1996, 51, 52; BGH v. 03.04.96, BGHZ 132, 290, 299 (das Gericht stellte allerdings nur fest, daß für die Abgrenzung von wesentlicher und nicht wesentlicher Vertragsverletzung nicht allein auf die Möglichkeit einer Nachbesserung abgestellt werden dürfe).

419 Schlechtriem/Huber, Art. 48 Rn. 20, 23; Art. 49 Rn. 10-14; Honsell/Schnyder/Straub, Art. 48 Rn. 32.

420 Vgl. Musger, S. 36.

421 Schlechtriem/Huber, Art. 48 Rn. 20, 23; Art. 49 Rn. 12; Karollus, ZIP 1993, 490, 496; Musger, S. 49. Damit wird eine Annäherung an die frühere Regelung in Art. 43 Abs. 1 EKG erreicht. Nach dieser Bestimmung konnte der Verkäufer nur dann die Aufhebung des Vertrags verlangen, wenn kumulativ sowohl die Lieferung einer vertragswidrigen Sache für sich, als auch die durch diese Lieferung bewirkte Verspätung eine wesentliche Vertragsverletzung darstellte.

schüttert sei.[422] Im übrigen sei eine sofortige Aufhebung des Vertrags zulässig, wenn dem Käufer die Beseitigung des Mangels i.S.d. Art. 48 Abs. 1 nicht zuzumuten ist.[423] Schließlich könne der Käufer den Vertrag sofort aufheben, wenn der Verkäufer die Nacherfüllung ernsthaft und endgültig verweigere.[424]

Läßt sich die Interessensverletzung durch eine nachträgliche Erfüllung ausgleichen, gewährt die oben angeführte Ansicht dem Nacherfüllungsrecht des Verkäufers den Vorrang vor dem Aufhebungsrecht des Käufers. Der Käufer hat jedoch die Möglichkeit, sich dadurch ein Aufhebungsrecht zu verschaffen, indem er durch die Bestimmung einer Frist für die Mängelbehebung die Voraussetzungen einer wesentlichen Vertragsverletzung herbeiführt. Im Gegensatz zur früheren Regelung in Art. 44 Abs. 2 EKG stellt die Bestimmung einer Nachfrist jedoch keine förmliche Voraussetzung für die Aufhebung des Vertrags dar. Der Käufer wird jedoch aus praktischen Gründen eine solche Nachfrist setzen, weil er sich damit Klarheit darüber verschaffen kann, ob der Verkäufer den Mangel beheben kann bzw. will. Allerdings führt der bloße Fristablauf nicht automatisch zu einer wesentlichen Vertragsverletzung, weil durch die Streichung von Art. 44 Abs. 2 EKG klargestellt wurde, daß unwesentliche Mängel nicht durch bloßen Fristablauf zu einer wesentlichen Vertragsverletzung aufgewertet werden dürfen.[425] Entscheidend ist vielmehr, ob im Einzelfall durch den Zeitablauf die Interessen des Käufers so schwer beeinträchtigt werden, daß er nunmehr kein Interesse an der Erfüllung des Kaufvertrags hat. Behebt der Verkäufer den Mangel nicht innerhalb der angemessenen Frist, stellt dies regelmäßig ein Indiz für einen Interessenwegfall beim Käufer dar.[426] Dabei ist, wie bei anderen Pflichtverletzungen des Verkäufers, eine angemessene Frist i. S. v. Art. 47 zu bestimmen.[427]

(2a) Gegen die zweite und verkäuferfreundliche Auffassung trägt die erste und käuferfreundliche Ansicht zunächst vor, daß diese weder mit dem Wortlaut von Art. 48 Abs. 1 noch dem von 49 Abs. 1 lit. a vereinbar sei.[428] Wie bereits angesprochen, spricht weder der Wortlaut von Art. 48 Abs. 1 noch der von Art. 49

---

[422] Schlechtriem/Huber, Art. 48 Rn. 20, 23; Art. 49 Rn. 12; Karollus, ZIP 1993, 490, 497.

[423] Schlechtriem/Huber, Art. 49 Rn. 48.

[424] Schlechtriem/Huber, Art. 49 Rn. 12; Karollus, ZIP 1993, 490, 496.

[425] YB VIII (1977), S. 46, Nr. 290-293.

[426] Schlechtriem/Huber, Art. 48 Rn. 13.

[427] Schlechtriem/Huber, Art. 48 Rn. 13; a. A. Holthausen, RIW 1990, 101, 103, der ohne sich zu entscheiden, auf den Nacherfüllungsanspruch entweder die kurze Frist nach Art. 38 oder eine angemessene Frist nach Art. 39 anwenden will.

[428] Neumayer, RIW 1994, 99, 106; Welser, Vertragsverletzung des Verkäufers, S. 125.

Abs. 1 lit. a gegen eine Berücksichtigung der Behebung eines Mangels bei der Beurteilung einer Vertragsverletzung als wesentlich.[429]

(2b) Ferner wird angeführt, daß diese Auffassung nicht mit der Entstehungsgeschichte von Art. 48 vereinbar sei, weil die Delegierten auf der Wiener Konferenz eher die Käuferrechte in Form des Aufhebungsrechts stärken wollten.[430] Auf dieser Konferenz wurden mehrere Anträge abgelehnt, die eine Beseitigung des Vorbehalts zugunsten von Art. 49 Abs. 1 zum Ziel hatten. Im Rahmen der Diskussion über diese Anträge gingen viele Delegierte offenbar davon aus, daß die Möglichkeit der Beseitigung des Mangels das Vorliegen einer wesentlichen Vertragsverletzung ausschließt.[431] Aus diesem Grund kann aus der Entstehungsgeschichte nicht sicher geschlossen werden, daß die Delegierten die Möglichkeit der Beseitigung eines Mangels nicht berücksichtigen wollten.[432]

(2c) Schließlich wird als Hauptargument gegen diese Ansicht geäußert, daß eine Berücksichtigung der Behebbarkeit zu einem Auslegungsproblem mit dem Tatbestandsmerkmal „wesentlich" in Art. 46 Abs. 2 führen könne.[433] Dieses Problem stelle sich insbesondere, wenn der Mangel nicht mehr durch Reparatur beseitigt werden könne und daher nur eine Mangelbeseitigung in Form der Ersatzlieferung in Betracht komme. Wird die Möglichkeit der Beseitigung des Mangels berücksichtigt, führe dies über den Begriff der wesentlichen Vertragsverletzung zu Einschränkungen des Ersatzlieferungsrechts, weil ein Mangel häufig beseitigt werden könne. Wenn der Verkäufer den Ersatzlieferungsanspruch des Käufer dadurch zunichte machen könne, daß er Ersatzlieferung anbiete, käme es zu einer paradoxen Situation. Die Möglichkeit der Ersatzlieferung würde den Anspruch auf Ersatzlieferung ausschließen, weil in diesem Fall keine wesentliche Vertragsverletzung vorliege.

Zur Vermeidung dieses Widerspruchs werden innerhalb der verkäuferfreundlichen Lösung verschiedene Lösungsmöglichkeiten vorgeschlagen. So wurde eine unterschiedliche Behandlung der Rechtsbehelfe Nachbesserung und Ersatzlieferung vorgeschlagen. Das Kriterium der Behebbarkeit werde für die Bestimmung einer Vertragsverletzung als wesentlich nur im Fall einer Nachbesserung berücksichtigt, weil in diesem Fall die Interessen des Käufers nicht we-

---

[429] Siehe S. 82, Teil III, erstes Kapitel, C.II.3.a.

[430] Neumayer, RIW 1994, 99, 106; Holthausen, RIW 1990, 101, 103.

[431] Siehe S. 86, Teil III, erstes Kapitel, C.II.3.a.; vgl. Karollus, ZIP 1993, 490, 494; Musger, S 46, 47; Petrikic, S. 91.

[432] Siehe S. 86, Teil III, erstes Kapitel, C.II.3.b.bb.

[433] Holthausen, RIW 1990, 101, 103; von Hoffmann, Gewährleistungsansprüche, S. 299; Bianca/Bonell/Will, Art. 48 Anm. 3.2.1.

sentlich beeinträchtigt seien.[434] Handele es sich jedoch um einen irreparablen Mangel, der nur durch Ersatzlieferung behoben werden kann, soll die Möglichkeit der Heilung des Mangels nicht berücksichtigt werden.[435] Diese Ansicht konnte sich nicht durchsetzen, weil es für die Interessen des Käufers in der Regel unerheblich ist, ob er eine funktionsfähige Ware durch Nachbesserung bzw. Ersatzlieferung erhält.[436] Im übrigen ergibt sich aus der Funktion von Art. 25 als Definitionsnorm, daß die Definition der wesentlichen Vertragsverletzung in allen Vorschriften einheitlich auszulegen ist und sich daher keine Differenzierung zwischen beiden Formen der Nacherfüllung zuläßt.[437]

Zu den gleichen Ergebnissen führt eine andere Ansicht, die eine rechtsfolgenorientierte Auslegung des Begriffs „wesentliche Vertragsverletzung" vorschlägt. Diese Auslegung führt wegen der verschiedenen Funktionen von Art. 46 Abs. 2 und Art. 49 Abs. 1 lit. a ebenfalls zu einer unterschiedlichen Bestimmung dieses Ausdrucks in beiden Vorschriften.[438] Die Möglichkeit der Beseitigung des Mangels soll wie bei der vorhergehende Ansicht nur für den Anspruch auf Nachbesserung berücksichtigt werden. Diese Auffassung ist jedoch abzulehnen, weil wegen der Funktion von Art. 25 als Definitionsnorm eine einheitliche Auslegung des Begriffs „wesentlich" in beiden Vorschriften geboten ist.[439]

Außerdem wird vorgeschlagen, das Nacherfüllungsrecht in Art. 48 von einem Angebot des Verkäufers abhängig zu machen.[440] In diesem Fall wird das Vorliegen einer wesentlichen Vertragsverletzung zunächst unabhängig von einer Behebungsmöglichkeit bestimmt. Aus diesem Grund können Ersatzlieferungsrecht und Vertragsaufhebungsrecht nebeneinander bestehen. Die Behebungsmöglichkeit wird erst zu dem Zeitpunkt berücksichtigt, zu dem der Verkäufer Nachbesserung bzw. Ersatzlieferung anbietet. Liegt unter Berücksichtigung der Behebbarkeit keine wesentliche Vertragsverletzung mehr vor, so entfällt der Anspruch auf Ersatzlieferung rückwirkend. Bietet der Verkäufer Ersatzlieferung

---

[434] Schlechtriem/Huber, Art. 46 Rn. 56-63 (1. Aufl.).

[435] Diese Auffassung wurde inzwischen ausdrücklich aufgegeben in Schlechtriem/Huber, Art. 48 Rn. 23, Art. 46 Fn. 89 (2. Aufl.).

[436] Vgl. Musger, S. 47, 48; Ziegler, S. 79, 80.

[437] Staudinger/Magnus, Art. 48 Rn. 29; von Hoffmann, Gewährleistungsansprüche, S. 299.

[438] Karollus, ZIP 1993, 490, 496.

[439] Staudinger/Magnus, Art. 48 Rn. 29; von Hoffmann, Gewährleistungsansprüche, S. 299.

[440] Honnold, Rn. 296; Stern, Rn. 225. Ein Antrag von Honnold auf der Wiener Konferenz von 1977, der einen Zusatz zu Art. 25 zum Gegenstand hatte, mit dem das Vorliegen einer wesentlichen Vertragsverletzung unter anderem von einem fehlenden Angebot des Verkäufers hinsichtlich einer Behebung des Mangels abhängig gemacht werden sollte, wurde abgelehnt, vgl. YB VIII (1977), S. 31 f., Nr. 93-96.

an, kann er sich nicht auf den nachträglichen Wegfall der Voraussetzungen einer Ersatzlieferung berufen, weil er entweder aufgrund einer Nacherfüllungsvereinbarung mit dem Käufer oder zumindestens nach Treu und Glauben (Art. 7 Abs. 2) an sein Ersatzlieferungsangebot gebunden bleibt. Hat er dem Käufer Nachbesserung angeboten, entsteht dem Verkäufer durch den dadurch verursachten Wegfall des Ersatzlieferungsrechts ebenfalls kein Nachteil, weil diesem ein Wahlrecht zwischen Ersatzlieferung und Nachbesserung zusteht.

Diese Auffassung ist jedoch im Hinblick auf die Rechtssicherheit bedenklich. Ist das Verhältnis zwischen Angebot der Nacherfüllung und dem Recht auf Vertragsaufhebung so ausgestaltet, daß die zeitliche Priorität der Angebote maßgebend ist, kommt es zu einem Wettlauf zwischen Käufer und Verkäufer. Die Rechtssicherheit wäre in diesem Fall eingeschränkt, weil der jeweils zulässige Rechtsbehelf vom Zufall abhängen würde. Dieses Ergebnis könnte nur verhindert werden, wenn dem Verkäufer auch noch nach Zugang der Aufhebungserklärung die Möglichkeit eingeräumt würde, die zunächst zulässige Aufhebungserklärung des Käufers durch Anbieten der Mängelbehebung nachträglich unwirksam zu machen. Dagegen spricht jedoch die Ausgestaltung der Erklärung als Gestaltungsrecht, weil bei einem solchen Recht die Zulässigkeitsvoraussetzungen bereits zum Zeitpunkt der Ausübung feststehen sollen. Schließlich wäre die Handhabung dieser Lösung sehr kompliziert.[441]

Ein weiterer Vorschlag bestimmt das Vorliegen einer wesentlichen Vertragsverletzung unabhängig von einer Behebungsmöglichkeit, suspendiert allerdings den Aufhebungsanspruch des Käufers, wenn er mit Verbesserung durch den Verkäufer rechnen kann.[442] Diese Lösung ist jedoch abzulehnen, weil sie sich weder auf Anhaltspunkte im Wortlaut noch in der Entstehungsgeschichte von Art. 48 stützen kann.[443]

Im Ergebnis ist also festzustellen, daß die bisherigen Ansichten den Widerspruch, daß die Möglichkeit der Ersatzlieferung den Anspruch auf Ersatzlieferung ausschließt, nicht überzeugend lösen konnten. Dieser Widerspruch kann jedoch aufgelöst werden, indem die Ausgestaltung des Erfüllungsanspruchs im CISG dabei berücksichtigt wird. Der Erfüllungsanspruch ist im CISG nicht die unmittelbare Folge aus der Leistungspflicht des Verkäufers, sondern ist als Rechtsbehelf für den Fall der Vertragsverletzung ausgestaltet.[444] Dagegen wird

---

[441] Karollus, ZIP 1993, 490, 495.

[442] Bianca/Bonell/Will, Art. 48 Anm. 2.1.1.1.1.; 3.2.; Bitter/Bitter, BB 1993, 2315, 2320.

[443] Herber/Czerwenka, Art. 48 Rn. 9; Schlechtriem/Huber, Art. 48 Rn. 22.

[444] Schlechtriem/Huber, Art. 46 Rn. 3.

der Erfüllungsanspruch im deutschen Schuldrecht nicht als besonderer Rechtsbehelf des Gläubigers für den Fall der Nichterfüllung einer Pflicht des Schuldners angesehen, sondern es wird eine Identität zwischen Leistungspflicht des Schuldners und Erfüllungsanspruch angenommen.[445] Liefert der Verkäufer vertragswidrige Ware und beseitigt er die Vertragswidrigkeit freiwillig und ohne unangemessene Verzögerung, benötigt der Käufer weder einen Anspruch auf Ersatzlieferung noch einen auf Vertragsaufhebung. Durch die Beseitigung des Mangels hat der Verkäufer seine ihm obliegende Pflicht erfüllt. Er bedarf nur eines Rechtsbehelfs, wenn der Verkäufer den Mangel nicht innerhalb angemessener Zeit freiwillig behebt.[446] In diesem Fall ist der Tatbestand der wesentlichen Vertragsverletzung im Regelfall erfüllt, so daß damit ein Anspruch auf Ersatzlieferung besteht.

bb) Zeitpunkt der Geltung des Vorrangs

Als nächstes stellt sich die Frage, ab welchem Zeitpunkt der Vorrang des Aufhebungsrechts vor dem Nacherfüllungsrecht gilt. Eine Auffassung geht davon aus, daß der Verkäufer sein Nacherfüllungsrecht bereits zu dem Zeitpunkt verliert, zu dem die Voraussetzungen einer wesentlichen Vertragsverletzung vorliegen.[447] Diese Meinung beruft sich darauf, daß der Verkäufer die Nacherfüllung nicht gegen den Willen des Käufers erzwingen könne.[448] Nach zutreffender Ansicht verliert der Verkäufer sein Nacherfüllungsrecht erst mit Absendung einer wirksamen Aufhebungserklärung durch den Käufer.[449] Die Aufhebung des Vertrags erfolgt nämlich nicht kraft Gesetzes, sondern bedarf einer Erklärung durch den Käufer. Aus diesem Grund kann dieses Recht das Nacherfüllungsrecht erst ab dem Zeitpunkt verdrängen, zu dem die Aufhebungserklärung wirksam wird.

Ferner spricht das in Art. 48 Abs. 2 geregelte Verfahren für diese Ansicht. Bis zur Aufhebungserklärung des Käufers besteht für den Verkäufer eine unsichere Situation, weil er keine Kenntnis davon hat, ob er zur Nacherfüllung berechtigt ist oder nicht. Der Verkäufer kann über diese unsichere Lage nur Klarheit gewinnen, wenn er den Käufer nach Art. 48 Abs. 2 zu einer Mitteilung über die Erfüllungsannahme auffordert und ihm dafür eine angemessene Frist setzt. Der

---

[445] Schlechtriem/Huber, Art. 46 Fn. 3; Larenz, § 2 II.

[446] Schlechtriem/Huber, Art. 46 Rn. 51; ähnlich Petrikic, S. 97.

[447] Staudinger/Magnus, Art. 48 Rn. 22; Schlechtriem/Huber, Art. 48 Rn. 20; Piltz, § 4 Rn. 65.

[448] Staudinger/Magnus, Art. 48 Rn. 22.

[449] Honsell/Schnyder/Straub, Art. 48 Rn. 35; Denkschrift, S. 52; Sekretariatskommentar, Art. 44 Anm. 3.; Petrikic, S. 70; wohl auch Honnold, Rn 296.

Käufer kann gemäß Art. 48 Abs. 2 S. 2 während des Fristlaufs den Vertrag nicht aufheben.[450] Dieses Verfahren wäre überflüssig, wenn das Nacherfüllungsrecht bereits zum Zeitpunkt des Bestehens einer Aufhebungslage untergehen würde, weil der Verkäufer in diesem Fall nicht mehr zur Nacherfüllung berechtigt wäre.[451]

Schließlich bedarf das Aufhebungsrecht des Käufers in dieser Situation häufig keinen besonderen Schutz, weil es für ihn zumutbar ist, die Aufhebung des Vertrags in angemessener Zeit nach Entstehen der Aufhebungslage zu erklären.

e) Ergebnis und Fallgruppenbildung

Das Nacherfüllungsrecht des Verkäufers steht nach Art. 48 Abs. 1 unter dem Vorbehalt des Aufhebungsrechts des Käufers nach Art. 49 Abs. 1. Aus diesem Grund stellt sich die Frage, in welchem Verhältnis die beiden Rechtsbehelfe zueinander stehen. Die Frage des Vorrangs zwischen den beiden Rechtsbehelfen stellt sich insbesondere bei einer vertragswidriger Lieferung, weil der Käufer in diesem Fall nicht die Möglichkeit hat, die Aufhebung des Vertrags mittels Bestimmung einer Nachfrist nach Art. 49 Abs. 1 lit. b herbeizuführen. Hat der Verkäufer nicht vertragsgemäße Ware vor Ablauf der Lieferfrist geliefert, steht ihm in jedem Fall ein Nacherfüllungsrecht nach Art. 37 zu. Liefert er eine solche Ware nach Ablauf der Lieferfrist, ist das Verhältnis zwischen dem Nacherfüllungsrecht des Verkäufers (vgl. Art. 48) und dem Aufhebungsrecht des Käufers (vgl. Art. 49) streitig.

Aus dem Wortlaut des Vorbehalts in Art. 48 Abs. 1 ergibt sich grundsätzlich ein Vorrang des Aufhebungsrecht vor dem Nacherfüllungsrecht. Dieser Vorrang gilt uneingeschränkt, soweit es um den Aufhebungsgrund in Art. 49 Abs. 1 lit. b geht. Der Verkäufer soll sich nicht durch das Angebot der Nacherfüllung eine zusätzliche Frist für die Erfüllung seiner Pflichten verschaffen können. Im Verhältnis zum Aufhebungsgrund in Art. 49 Abs. 1 lit. a gilt der Vorrang des Aufhebungsrechts jedoch nur eingeschränkt. Für einen eingeschränkten Vorrang des Aufhebungsrechts und damit für eine Berücksichtigung der Behebungsmöglichkeit, spricht zunächst die systematische Auslegung. Das CISG gewährt im Fall der Nichtlieferung dem Käufer nur im Ausnahmefall ein sofortiges Aufhebungsrecht. In weniger gewichtigen Fall der vertragswidrigen Lieferung besteht im Regelfall ein sofortiges Aufhebungsrecht. Im Hinblick auf die Vermeidung eines Wertungswiderspruchs zwischen den Rechtsfolgen dieser beiden

---

[450] Staudinger/Magnus, Art. 48 Rn. 22; ähnlich Schlechtriem/Huber, Art. 48 Rn. 24.

[451] Honsell/Schnyder/Straub, Art. 48 Rn. 35.

Pflichtverletzungen, ist die Möglichkeit der Beseitigung des Mangels bei Beurteilung einer Vertragsverletzung als wesentlich zu berücksichtigen.

Auch aus der teleologischen Auslegung ergeben sich gewichtige Argumente, die für die Berücksichtigung der Möglichkeit der Mängelbeseitigung sprechen. Nur in diesem Fall werden die Interessen des Verkäufers hinreichend berücksichtigt. Der Tatbestand der wesentlichen Vertragsverletzung setzt daher nicht nur einen schwerwiegenden Mangel voraus, sondern erfordert auch die Berücksichtigung der Beseitigung des Fehlers durch Nacherfüllung in Form der Ersatzlieferung bzw. Nachbesserung. Dabei wird nicht danach unterschieden, ob der Mangel durch Nachbesserung bzw. Ersatzlieferung beseitigt wird. Der Verkäufer verliert sein Recht auf Nachbesserung erst, wenn der Käufer wirksam die Aufhebung des Vertrags erklärt.

Aus der historischen Auslegung ergeben sich keine eindeutigen Anhaltspunkte für das Verhältnis von Aufhebungsrecht und Nacherfüllungsrecht.

Für das Verhältnis zwischen Nacherfüllungsrecht und Aufhebungsrecht lassen sich im Fall einer vertragswidrigen Lieferung folgende Fallgruppen bilden:

aa) Mangel ist objektiv schwerwiegend und nicht zu beheben

Hat der Mangel objektiv ein erhebliches Gewicht und ist er seiner Natur nach weder durch Ersatzlieferung noch Nachbesserung zu beheben, liegt eine wesentliche Vertragsverletzung vor. Damit besteht ein sofortiges Aufhebungsrecht des Käufers. Ein solcher Fall liegt beispielsweise vor, wenn das als Original verkaufte Bild tatsächlich eine Fälschung ist.[452]

bb) Mangel ist objektiv schwerwiegend und zu beheben

Der Mangel kann durch den Verkäufer, den Käufer oder einen von ihm beauftragten Dritten beseitigt werden. Beseitigt der Käufer selbst oder ein von ihm beauftragter Dritter die Vertragswidrigkeit, so kann er die dadurch entstandenen Kosten als Schadensersatz geltend machen.[453] Die Eigenbehebung ist jedoch nur zumutbar, wenn der Mangel ohne Schwierigkeiten behoben werden kann. Wirtschaftlich ist sie nur zweckmäßig, wenn der Käufer den Mangel mit geringerem Aufwand als der Verkäufer beheben kann. Dies ist der Fall, wenn der Verkäufer

---

[452] Schlechtriem/Huber, Art. 49 Rn. 9, 11.

[453] LG Heidelberg v. 03.07.92, CISG Online Nr. 38.

räumlich weit entfernt vom Käufer wohnt bzw. der Käufer über eigene Fachkräfte verfügt. Hat der Käufer jedoch berechtigte Zweifel daran, ob er vom Verkäufer die Kosten der Mangelbeseitigung ersetzt bekommt, kann dieser eine Eigenbehebung ablehnen.[454]

Kann der Mangel behoben werden, wird oft eine sofortige Aufhebung des Vertrags ausscheiden, weil der Mangel häufig nachträglich beseitigt werden kann und es damit an einer wesentlichen Vertragsverletzung fehlt. Trotzdem steht dem Käufer in folgenden Fällen i.d.R. ein sofortiges Aufhebungsrecht zu:

(1) Fixgeschäft

Liefert der Verkäufer eine vertragswidrige Sache nicht zu einem Fixtermin, kann der Käufer den Vertrag sofort aufheben. In diesem Fall begründet bereits die mit der Behebung des Mangels zusammenhängende Verspätung eine wesentliche Vertragsverletzung. Aus diesem Grund kann eine Beseitigung des Mangels die Vertragsverletzung nicht mehr beseitigen.[455]

(2) Vertrauensverlust

Ferner besteht ein sofortiges Aufhebungsrecht, wenn durch die Art des Mangels die Vertrauensgrundlage des Vertrags derart gestört ist, daß eine Beseitigung des Mangels für den Käufer nicht mehr zumutbar ist. Dies ist beispielsweise der Fall, wenn die Art des Mangels für den Käufer ernsthafte Zweifel an der Kompetenz des Verkäufers begründet.[456] Solche ernsthaften Zweifel liegen z. B. vor, wenn der Verkäufer Vieh liefert, das an einer ansteckenden Krankheit leidet.[457] In diesem Fall kann die nachträgliche Behebung des Mangels die Vertrauensgrundlage im Regelfall nicht mehr wiederherstellen.

---

[454] Huber, JBl. 1989, 273, 280; Musger, S. 49, 50; Petrikic, S. 93, 94.

[455] Schlechtriem/Huber, Art. 49 Rn. 12; Petrikic, S. 93; Karollus, ZIP 1993, 490, 496; Musger, S. 49; Aicher, Leistungsstörungen, S. 137, 138; Staudinger/Magnus, Art. 48 Rn. 30.

[456] Petrikic, S. 93; Karollus, ZIP 1993, 490, 497; Musger, S. 50; Schlechtriem/Huber, Art. 49 Rn. 12; Staudinger/Magnus, Art. 48 Rn. 30.

[457] Staudinger/Magnus, Art. 48 Rn. 30.

(3) Ernsthafte und endgültige Erfüllungsverweigerung

Im übrigen besteht ein sofortiges Aufhebungsrecht für den Käufer, wenn sich der Verkäufer ernsthaft und endgültig weigert, den Mangel zu beseitigen.[458] Auch in diesem Fall liegt eine so erhebliche Interessensverletzung vor, daß diese nicht mehr nachträglich durch eine Nacherfüllung beseitigt werden kann.

(4) Mangelbeseitigung ist dem Käufer nicht zuzumuten

Der Käufer kann den Vertrag sofort aufheben, wenn ihm eine Beseitigung des Mangels nicht nach Art. 48 Abs. 1 zuzumuten ist. Eine Mangelbeseitigung ist dem Käufer nicht zuzumuten, wenn diese eine unzumutbare Verzögerung mit sich bringt. Der Verkäufer muß den Mangel daher innerhalb einer angemessenen Frist nach Absendung der Mängelrüge beseitigen. Der Maßstab für die Angemessenheit entspricht dem Maßstab, den Art. 47 für das Setzen einer Nachfrist bestimmt. Demnach richtet sich die Angemessenheit nach den konkreten Umständen des Falles.[459] Hinsichtlich der Länge der angemessenen Frist ist zwischen Sach- und Rechtsmängeln zu unterscheiden. Bei Rechtsmängeln ist die Dauer einer angemessene Frist länger als bei Sachmängeln. Denn der Verkäufer muß vor der Mangelbeseitigung erst prüfen, ob ein Recht oder ein Anspruch eines Dritten tatsächlich besteht. Da sich das Bestehen eines Rechts oder eines Anspruchs nach dem dafür anwendbaren nationalen Recht richtet,[460] nimmt die Prüfung der Sach- und Rechtslage eine längere Zeit in Anspruch. Zwar ist es nicht erforderlich, daß der Käufer dem Verkäufer eine Frist für die Nacherfüllung setzt. Trotzdem ist es zweckmäßig eine solche Frist zu setzen, weil damit klare Verhältnisse für die Durchführung der Nacherfüllung geschaffen werden können.[461] In diesem Fall ist der Ablauf der Frist ein Indiz für das Vorliegen einer wesentlichen Vertragsverletzung.[462]

Ferner ist dem Käufer eine Nacherfüllung nicht zumutbar, wenn diese für den Käufer unzumutbare Unannehmlichkeiten mit sich bringt. Solche Unannehmlichkeiten liegen z.B. vor, wenn der Verkäufer mehrere Nachbesserungsversu-

---

[458] Schlechtriem/Huber, Art. 49 Rn. 12; Karollus, ZIP 1993, 490, 496.

[459] Siehe S. 187, Teil III, zweites Kapitel, C.II.2.b.

[460] Staudinger/Magnus, Art. 41 Rn. 9; Honnold, Rn. 266.

[461] Schlechtriem/Huber, Art. 49 Rn. 13; Art. 48 Rn. 13; Karollus, ZIP 1993, 490, 496; Petrikic, S. 94.

[462] Schlechtriem/Huber, Art. 49 Rn. 13.

che benötigt oder eine Mangelbeseitigung nur im Betrieb des Käufers möglich ist und es dabei zu einer erheblichen Störungen des Betriebsablaufs kommt.[463]

Schließlich muß sich der Käufer nicht auf eine Nachbesserung einlassen, wenn für ihn eine unzumutbare Ungewißheit über die Erstattung seiner Auslagen durch den Verkäufer entsteht. Da der Verkäufer verpflichtet ist, die Kosten der Ersatzlieferung oder der Nachbesserung selbst zu tragen, können dem Käufer „Auslagen" nur ausnahmsweise entstehen. Für den Käufer können „Auslagen" entstehen, wenn der Verkäufer z.B. nur Mängelbeseitigung auf Kosten des Käufers anbietet, weil er (zu Unrecht) bestreitet, daß der Mangel nicht von den Art. 35, 36 erfaßt wird. In einem solchen Fall kann für den Käufer eine unzumutbare Ungewißheit über die Erstattung seiner Auslagen entstehen. Der Käufer muß sich nur auf eine Nacherfüllung einlassen, wenn der Verkäufer vorher erklärt, daß er die Kosten der Nacherfüllung übernehme.[464]

cc) Mangel ist objektiv nicht schwerwiegend

Ist der Mangel nicht von objektiv schwerem Gewicht, scheidet eine Aufhebung des Vertrags nach Art. 49 Abs. 1 lit. a aus, weil keine wesentliche Vertragsverletzung vorliegt. Ein Mangel ist z.B. nicht von objektiv schwerem Gewicht, wenn der Verkäufer Fleisch liefert, dessen Fettgehalt um 45-78 % vom vereinbarten Fettgehalt abweicht und die Lieferung deshalb einen Minderwert von nur 25,5 % aufweist.[465] Die Bestimmung einer Nachfrist für die Behebung des Mangels kann die Pflichtverletzung nicht zu einer wesentlichen Vertragsverletzung aufwerten, weil bei weniger gewichtigen Pflichtverletzungen kein Aufhebungsrecht bestehen soll.[466]

4. Maßgeblicher Zeitpunkt für die Beurteilung einer Vertragsverletzung als wesentlich

Das CISG enhält keine Regelung über den Zeitpunkt, der für die Bewertung einer Pflichtverletzung als wesentlich maßgeblich ist. Aus diesem Grund stellt sich die Frage, auf welchen Zeitpunkt dafür abzustellen ist. Eine wesentliche Vertragsverletzung setzt voraus, daß durch die Pflichtverletzung ein für die vertragstreue Partei erhebliches Interesse weggefallen ist. Das Gewicht der ver-

---

[463] Schlechtriem/Huber, Art. 48 Rn. 14; Herber/Czerwenka, Art. 48 Rn. 3; Honsell/Schnyder/Straub, Art. 48 Rn. 25.

[464] Schlechriem/Huber, Art. 48 Rn. 15.

[465] BG v. 28.10.98, CISG Online Nr. 413.

[466] Schlechtriem/Huber, Art. 49 Rn. 14.

traglichen Interessen ist entweder ausdrücklich im Vertrag geregelt bzw. wird durch Auslegung des Vertrags ermittelt. Aus diesem Grund ist für die Bewertung dieser Interessen der Zeitpunkt des Vertragsschlusses maßgebend.[467] Fraglich ist, auf welchen Zeitpunkt für den Interessenwegfall bei der vertragstreuen Partei abzustellen ist. Eine Ansicht stellt dabei auf den Zeitpunkt der Vertragsverletzung ab.[468] Es ist jedoch sinnvoller, auf einen späteren Zeitpunkt, nämlich auf den Zeitpunkt der Erfüllung der betreffenden Pflicht abzustellen. Denn zum Zeitpunkt der Erfüllung der Pflicht verfügt die vertragstreue Partei häufig über umfassendere Informationen über die Auswirkungen der Vertragsverletzung auf ihre Interessen. Aus diesem Grund kann sie zu diesem Zeitpunkt das Vorliegen der Voraussetzungen einer Vertragsaufhebung besser einschätzen und damit auch ihr Prozeßrisiko verringern. Das Abstellen auf den Erfüllungszeitpunkt führt auch nicht zu einer unangemessenen Risikoverlagerung auf die vertragsbrüchige Partei, weil diese durch das Vorhersehbarkeitskriterium hinreichend geschützt ist.

Ein anderer Zeitpunkt gilt jedoch für den Fall einer vertragswidrigen Lieferung, wenn der Mangel beseitigt werden kann. In diesem Fall ist auf den Zeitpunkt abzustellen, zu dem die Beseitigung des Mangels fehlgeschlagen ist. Hat die vertragstreue Partei der anderen Partei eine angemessene Frist für die Beseitigung des Mangels gesetzt, die diese erfolglos verstreichen läßt, so ist auf diesen Zeitpunkt abzustellen.[469]

5. Zusammenfassung

Der vertragsbrüchigen Partei muß durch die Vertragsverletzung ein Nachteil von erheblichem Gewicht entstehen. Der Nachteilsbegriff ist weit auszulegen und erfaßt nicht nur Schäden, sondern jede sonstige Form der Beeinträchtigung der Interessen der vertragstreuen Partei. Darunter fällt beispielsweise eine Behinderung in Handels- und Produktionsaktivitäten der vertragstreuen Partei oder einer Schädigung ihres Rufes.

Der entstandene Nachteil ist wesentlich, wenn die grundlegenden vertraglichen Interessen der vertragstreuen Partei durch die Pflichtverletzung wegfallen. Die Bedeutung der vertraglichen Interessen ergibt sich aus den vertraglichen Vereinbarungen bzw. ist durch Auslegung des Vertrags nach Art. 8 zu ermitteln. Im

---

[467] Honsell/Karollus, Art. 25 Rn. 19; Musger, S. 16; Schwimann/Posch, Art. 25 Rn. 13; Rudolph, Art. 25 Rn. 7; Schlechtriem/Schlechtriem, Art. 25 Rn. 15.

[468] Botzenhardt, S. 225; Holthausen, RIW 1990, 101, 102; Aicher, Leistungsstörungen, S. 132.

[469] Botzenhardt, S. 225.

Regelfall hat das Interesse des Käufers, die Ware zu erhalten, wesentliche Bedeutung für ihn. Daher stellt die endgültige Nichterfüllung einer Leistungspflicht, die Nichteinhaltung eines Fixtermins und die ernsthafte und endgültige Erfüllungsverweigerung im Regelfall eine wesentliche Vertragsverletzung dar. Bei der Bewertung eines Nachteils als wesentlich, ist neben dem Gewicht der vertraglichen Interessen auch die Möglichkeit der Mangelbeseitigung und der zumutbaren anderweitigen Verwertung der Ware zu berücksichtigen. Ist der Mangel zu beheben, liegt kein wesentlicher Nachteil vor. Der Verkäufer ist nur zu einer Beseitigung des Mangels berechtigt, wenn er diesen innerhalb einer angemessenen Frist und ohne unzumutbare Unannehmlichkeiten für den Käufer beheben kann. Unzumutbare Unannehmlichkeiten für den Käufer liegen z.B. vor, wenn der Verkäufer mehrere Nachbesserungsversuche benötigt oder eine Mangelbeseitigung nur im Betrieb des Käufers möglich ist und es dabei zu einer erheblichen Störungen des Betriebsablaufs kommt. Dagegen spielt es für das Vorliegen einer wesentlichen Vertragsverletzung keine Rolle, ob die vertragsbrüchige Partei ihre Pflichten schuldhaft verletzt hat.

III. Fallgruppen der wesentlichen Vertragsverletzung

Art. 25 enthält einen Maßstab, anhand dessen eine wesentliche von einer nicht wesentlichen Vertragsverletzung unterschieden werden kann. Dieser Maßstab ist als Generalklausel formuliert und bietet der Auslegung ein weites Feld, weil er in hohem Maße an Wertungen anknüpft.[470] Die Auslegung dieser Bestimmung ergibt nur einige Leitlinien für die Konkretisierung dieses Maßstabs.[471] Diese Leitlinien sind jedoch nicht hinreichend konkret, um durch einfache Subsumtion unter die Auslegungsergebnisse den Einzelfall lösen zu können.

Dieser Umstand zeigt sich insbesondere am Tatbestandsmerkmal „wesentlich“. Ein wesentlicher Nachteil liegt nur vor, wenn die vertragstreue Partei infolge der Pflichtverletzung kein Interesse mehr an der weiteren Durchführung des Vertrags hat. Die Bewertung der vertraglichen Interessen hängt von den Umständen des konkreten Geschäfts ab und läßt sich nicht abstrakt treffen. Aus diesem Grund wird sich häufig nicht mit Sicherheit voraussagen lassen, ob die Gerichte eine Pflichtverletzung als wesentlich qualifizieren oder nicht. Für die den Vertrag aufhebende Partei besteht daher häufig eine ungewisse Rechtslage und damit ein relativ hohes Prozeßrisiko. Dieses Prozeßrisiko kann eingeschränkt werden, indem den Gerichten gewisse Anhaltspunkte für die Entscheidungsfindung an die Hand gegeben werden. Dieses Ziel kann durch die Bildung

---

[470] Enderlein/Maskow/Strohbach, Art. 25 Anm. 2.3.

[471] Siehe S. 104, Teil III, erstes Kapitel, C.II.5.

von Fallgruppen typischer Vertragsverletzungen erreicht werden.[472] Trotzdem bleibt für die vertragsaufhebende Partei noch ein gewisses Prozeßrisiko bestehen. Aus diesem Grund ist es für diese Partei zweckmäßig, wenn sie neben der Aufhebung des Vertrags wegen wesentlicher Vertragsverletzung (vgl. Art. 49 Abs. 1 lit. a, 64 Abs. 1 lit. a) gleichzeitig die Aufhebung nach Art. 49 Abs. 1 lit. b, 64 Abs. 1 lit. b betreibt. In diesem Fall kann die vertragsaufhebende Partei den Vertrag nicht sofort aufheben, sondern muß der anderen Partei zuvor eine angemessene Nachfrist für die Erfüllung ihrer Pflichten setzen. Erst wenn diese Frist erfolglos verstrichen ist, ist die vertragstreue Partei berechtigt, den Vertrag aufzuheben.

Darüber hinaus kann durch die Bildung solcher Fallgruppen das in Art. 7 Abs. 1 niedergelegte Auslegungsziel einer einheitlichen Anwendung des CISG in den einzelnen Vertragsstaaten und damit die Rechtsvereinheitlichung im Bereich des internationalen Handelsverkehrs maßgeblich gefördert werden.

1. Verletzung von Verkäuferpflichten

a) Nichterfüllung der Lieferpflicht

Der Verkäufer ist nach Art. 30 verpflichtet, die Ware nach Maßgabe des Vertrags und dieses Übereinkommens zu liefern.

aa) Unmöglichkeit

Eine wesentliche Vertragsverletzung liegt vor, wenn die Durchführung des Vertrags für die andere Partei nicht mehr von Interesse ist, weil infolge der Pflichtverletzung eine wesentliche Vertragserwartung weggefallen ist. Der Käufer hat natürlich ein Interesse daran, daß er die von ihm gekaufte Ware auch erhält. Dieses Interesse ist Zweck jedes Kaufvertrags, auch wenn dieser nicht ausdrücklich im Vertrag aufgeführt ist. Erhält der Käufer die Ware überhaupt nicht, hat er im Regelfall kein Interesse mehr am Austausch der Leistungen. Aus die-

---

[472] Honsell/Karollus, Art. 25 Rn. 36; Schlechtriem/Schlechtriem, Art. 25 Rn. 5; Staudinger/Magnus, Art. 25 Rn. 3; Art. 49 Rn. 9; Schwimann/Posch, Art. 25 Rn. 12; Eörsi, Am.J.Comp.L. (1983), 333, 337;.

sem Grund liegt eine wesentliche Vertragsverletzung vor, wenn der Verkäufer objektiv und dauernd nicht in der Lage ist, seine Lieferpflicht zu erfüllen.[473]

Fraglich ist, wie die subjektive Unmöglichkeit zu behandeln ist. Im Hinblick auf die unterschiedliche Interessenlage ist zwischen anfänglichem und nachträglichem Unvermögen zu unterscheiden. Beim anfänglichen Unvermögen liegt wie bei der objektiven Unmöglichkeit eine wesentliche Vertragsverletzung vor. Denn für den Käufer ist ein Abwarten mit einer Vertragsaufhebung nicht zumutbar, weil der Käufer bei Eingehung der Verbindlichkeit erwartet, daß der Verkäufer leisten kann. Handelt es sich jedoch um einen Fall des nachträglich Unvermögens, liegt darin noch keine wesentliche Vertragsverletzung. Vielmehr muß noch hinzukommen, daß es nach den Umständen als ausgeschlossen gilt, daß der Verkäufer das Leistungshindernis innerhalb absehbarer und angemessener Frist nach Eintritt des Liefertermins behebt.[474] Im Gegensatz zum Fall eines anfänglichen Unvermögens ist es für den Käufer zumutbar, mit einer Vertragsaufhebung abzuwarten, weil das Leistungshindernis erst nach dem Vertragsschluß entsteht. Fraglich ist jedoch, welche Anstrengungen der Verkäufer unternehmen muß, um das Leistungshindernis zu beheben. Als Anhaltspunkt dafür kann der in Art. 79 enthaltene Maßstab, der den Fall einer Entlastung für die Folgen einer Vertragsverletzung betrifft, herangezogen werden. Demnach ist ein Wiedererwerb durch den Verkäufer unzumutbar, wenn die Kosten dafür ganz unverhältnismäßig, sind. Dies ist z.B. noch nicht der Fall, wenn der Preis für den Wiedererwerb 30 % höher ist als der Preis für den Verkauf.[475]

Unter welchen Umständen eine nur vorübergehende Unmöglichkeit eine wesentliche Vertragsverletzung hervorruft, hängt von der Natur und Dauer des Leistungshindernisses ab. Eine wesentliche Vertragsverletzung liegt z.B. vor, wenn der Verkäufer mehrere Monate nicht produzieren kann, weil seine Fabrik abgebrannt ist und sich zur Zeit im Wiederaufbau befindet.[476]

---

[473] Schlechtriem/Schlechtriem, Art. 25 Rn. 17; Schlechtriem/Huber, Art. 49 Rn. 7; Staudinger/Magnus, Art. 49 Rn. 13; Rudolph, Art. 25 Rn. 10; Ziegler, S. 58; Botzenhardt, S. 260.

[474] Schlechtriem/Huber, Art. 49 Rn. 7; vgl. OLG Düsseldorf v. 18.11.93, CISG Online Nr. 92, mit Hinweis auf Schlechtriem/Huber, Art. 49 Rn. 7; Piltz, § 5 Rn. 253; zum EKG: LG Düsseldorf v. 17.11.1983 (Unvermögen wegen anderweitigen Verkaufs) in: Schlechtriem/Magnus, Art. 26 EKG, Nr. 6. Auch nach deutschem Recht liegt erst ein nachträgliches Unvermögen vor, wenn der Schuldner zur Erfüllung seiner Verbindlichkeit durch Wiedererwerb der Sache nicht willens und in der Lage ist, vgl. Palandt/Heinrichs, § 275 BGB Rn. 15; BGH v. 02.10.87, NJW 1988, 699, 700; BGH v. 01.10.92, NJW 1992, 3224, 3225.

[475] Siehe S. 63, Teil III, erstes Kapitel, C.I.3.c.

[476] Vgl. Schlechtriem/Huber, Art. 49 Rn. 7.

Da das Vorliegen einer Vertragsverletzung nur eine objektive Pflichtverletzung voraussetzt, entfällt die Pflichtverletzung nicht dadurch, daß sich die vertragsbrüchige Partei auf das Vorliegen eines Hinderungsgrundes beruft, der nicht in ihrem Einflußbereich entstanden ist (vgl. Art. 79 Abs. 1 und Abs. 2).[477] Ferner spielt es keine Rollle, ob die vertragsbrüchige Partei die Pflichtverletzung verschuldet hat.[478] Die vertragsbrüchige Partei kann sich jedoch bei Schadensersatzansprüchen von den Folgen ihrer Pflichtverletzung entlasten (vgl. Art. 79 Abs. 5).

bb) Erfüllungsverweigerung

(a) Erfüllungsverweigerung nach Fälligkeit

Verweigert der Verkäufer die Erfüllung seiner Lieferpflicht endgültig und ernsthaft, liegt darin eine wesentliche Vertragsverletzung, wenn dadurch das Interesse des Käufers an der Durchführung des Vertrags wegfällt. Der Käufer muß im Fall einer solchen Erfüllungsverweigerung damit rechnen, daß der Verkäufer auf Dauer nicht zur Erfüllung seiner Lieferpflicht bereit ist. Die Ähnlichkeit der Erfüllungsverweigerung mit dem Fall der Unmöglichkeit ist offensichtlich. In beiden Fällen erhält der Käufer letztendlich keine Ware. Aus diesem Grund dürfte es nicht den Interessen des Käufers entsprechen, diese Fälle wie eine verspätete Lieferung zu behandeln, bei der im Regelfall eine Vertragsaufhebung nur nach einer Nachfristsetzung zulässig ist. Im übrigen sind die Interessen des Verkäufers in diesem Fall nicht schutzwürdig. Die Erfüllungsverweigerung führt wie die Unmöglichkeit zu einem Interessenwegfall beim Käufer und damit zu einer wesentlichen Vertragsverletzung.[479]

---

[477] Siehe S. 62, III. Teil, erstes Kapitel, C.I.3.c.

[478] Siehe S. 62, III. Teil, erstes Kapitel, C.I.3.b.

[479] Schlechtriem/Schlechtriem, Art. 25 Rn. 17; Schlechtriem/Huber, Art. 49 Rn. 6 und 7; Piltz, § 5 Rn. 253; Staudinger/Magnus, Art. 49 Rn. 13; Rudolph, Art. 25 Rn. 10; Ziegler, S. 58; Botzenhardt, S. 260; Jan, S. 193; Welser, Vertragsverletzung des Verkäufers, S. 120; Stoll, RabelsZ 52 (1988), 617, 624; Trib. de Commerce de Poitiers v. 09.12.1996, CISG-France Nr. 091296v (Verkäufer verlangte vom Käufer unberechtigt einen höheren Kaufpreis); OLG Celle v. 24.05.1996, CISG Online Nr. 152 (Mitteilung des Verkäufers an den Käufer, daß er die verkaufte Speziessache anderweitig verkauft habe); Schiedsgericht Hamburger freundliche Arbitrage v. 29.12.1998, NJW-RR 1999, 780, 782 und Schiedsgericht der Handelskammer Hamburg v. 21.03.1996, RIW 1996, 766, 768 (Verkäufer machte die Auslieferung der Ware unberechtigterweise von der Bezahlung einer Gegenforderung abhängig, nachdem er bereits Vorkasse für die Ausführung der Lieferung erhalten hatte); OLG München v. 08.02.1995, CISG Online Nr. 143 und Schiedsgericht der Handelskammer Zürich v. 31.05.1996, CISG W3 Nr. 960531s1 (endgültige Nichtlieferung).

Die Erfüllungsverweigerung kann in einer ausdrücklichen Erklärung des Verkäufers, im Berufen auf unzutreffende Rechtsgründe und im Verlangen einer ungerechtfertigten Vertragsänderung liegen.[480]

(b) Erfüllungsverweigerung vor Fälligkeit

Erklärt der Verkäufer die Erfüllungsverweigerung bereits vor Fälligkeit der Lieferpflicht, so richtet sich die Aufhebung des Vertrags nicht nach Art. 49 Abs. 1 lit. a, sondern nach Art. 72 Abs. 1. In diesem Fall ist durch die endgültige und ernsthafte Erfüllungsverweigerung offensichtlich, daß der Verkäufer eine wesentliche Vertragsverletzung begehen wird.[481]

cc) Verspätete Lieferung

Im Gegensatz zur Unmöglichkeit und Erfüllungsverweigerung erhält der Käufer im Fall der verspäteten Lieferung die Ware tatsächlich. Aus diesem Grund führt die nicht rechtzeitige Lieferung im Regelfall zu keiner wesentlichen Vertragsverletzung. Allerdings kann die verspätete Lieferung in bestimmten Fällen das Entstehen einer wesentlichen Vertragsverletzung zur Folge haben. In diesen Fällen hängt das Vorliegen einer solchen Vertragsverletzung davon ab, ob der Liefertermin für die Interessen des Käufers von besonderer Bedeutung ist oder nicht.

(a) Liefertermin hat keine besondere Bedeutung

Die Parteien können für die Erfüllung der Lieferpflicht einen bestimmten Zeitpunkt (vgl. Art. 33 lit. a) oder einen bestimmten Zeitraum (vgl. Art. 33 lit b.) festlegen. Treffen sie keine vertragliche Regelung, ist innerhalb einer angemessenen Zeit nach Vertragsschluß zu liefern (vgl. Art. 33 lit c). Die nicht rechtzeitige Lieferung führt im Regelfall nicht zu einer wesentlichen Vertragsverletzung. Denn in diesem Fall fallen die Interessen der vertragstreuen Partei durch die Pflichtverletzung nicht weg, weil der Käufer die Ware erhält. Diese Interessenabwägung trifft bereits das Übereinkommen selbst in abstrakter Form (vgl.

---

[480] Schlechtriem/Huber, Art. 49 Rn. 6.

[481] Schlechtriem/Huber, Art. 49 Rn. 6; Schlechtriem/Leser/Hornung, Art. 72 Rn. 26-28; U.S. Dis. Ct. Illinois v. 07.12.99, CISG W3 Nr. 991207u1 (Verkäufer verlangte vor Erfüllung seiner Pflicht, daß eine in einem Dokumentenakkreditiv vereinbarte Bestimmung von erheblichem Gewicht wieder aufgehoben wird).

Art. 49 Abs. 1 lit. b). Aus dem Vergleich von Art. 49 Abs. 1 lit. a und Art. 49 Abs. 1 lit. b läßt sich deutlich erkennen, daß das Übereinkommen die Nichterfüllung der Lieferpflicht nicht eo ipso als eine wesentliche Vertragsverletzung ansieht, sondern dem Käufer grundsätzlich zumutet, eine angemessene Zeit zu warten. Ansonsten hätte das Erfordernis der Bestimmung einer Nachfrist in Art. 49 Abs. 1 lit. b keinen Sinn.[482] Aus diesem Grund ist die fehlende Bestimmung einer Nachfrist im Regelfall als Indiz dafür zu werten, daß die Terminüberschreitung noch nicht zu einer wesentlichen Beeinträchtigung der Käuferinteressen führt.[483] Trotzdem kann ein wesentliches Vertragsinteresse des Käufers wegfallen, wenn die Überschreitung des Liefertermins von längerer Dauer ist.[484] Ein solches Interesse fällt nicht weg, wenn der Verkäufer die Ware ein bis zwei Monate nach dem vereinbarten Termin liefert.[485] Dagegen führt eine Verzögerung von über zwei Monaten zu einem Interessenwegfall beim Käufer und damit zu einer wesentlichen Vertragsverletzung.[486]

(b) Liefertermin hat besondere Bedeutung

Bei bestimmten Geschäften hat der Käufer ein besonderes Interesse an der Einhaltung des Liefertermins. Liefert der Verkäufer in einem solchen Fall nicht rechtzeitig, liegt darin eine wesentliche Vertragsverletzung, weil durch die verspätete Lieferung im Regelfall ein Käuferinteresse wegfällt. Die bloße Vereinbarung einer genau bestimmten Leistungszeit allein reicht allerdings noch nicht aus, um bei einer verspäteten Lieferung einen Interessenswegfall beim Käufer zu bejahen. Vielmehr muß die Einhaltung der Leistungszeit nach dem Willen der Parteien derart wesentlich sein, daß mit der zeitgerechten Leistung das Ge-

---

[482] Musger, S. 24; Huber, JBl. 1989, 273, 275; im Ergebnis ebenso Schiedsgericht der ICC v. 1995, J.D.I. 1996, 1024, 1026.

[483] Schlechtriem/Huber, Art. 49 Rn. 5.

[484] Schlechtriem/Huber. Art. 49 Rn. 5; Staudinger/Magnus, Art. 25 Rn. 23; Soergel/Lüderitz/Schüßler-Langeheine, Art. 49 Rn. 5.

[485] OLG München v. 08.02.1995, CISG Online Nr. 143.

[486] Pretura circondiale di Parma v. 24.11.89 (Verkäufer hat zwei Monate nach Ablauf des vereinbarten Liefertermins erst 1/3 der Ware geliefert); LG Oldenburg v. 17.03.96, CISG Online Nr. 188 (Verspätung von einem Tag); OLG Hamburg v. 28.02.97, CISG Online Nr. 261 (Verkäufer verlangte vom Käufer zwei Monate nach Ablauf des ursprünglich vereinbarten Liefertermins noch zusätzlich Zeit, um mit seinem Zulieferer zu verhandeln. Dadurch war es für den Käufer ungewiß, ob der Verkäufer seine Lieferpflicht erfüllt oder nicht; a. A. Schlechtriem/Huber, Art. 49 Rn. 5).

schäft „stehen und fallen“ soll.[487] Solche Geschäfte werden im deutschen Recht Fixgeschäfte genannt.[488] Anhaltspunkte für ein solches Geschäft können sich entweder aus dem Vertragsinhalt oder aus den sonstigen Umständen ergeben.[489] Im Hinblick auf die Wertung in Art. 49 Abs. 1 lit. b, ist im Zweifel kein Fixgeschäft anzunehmen.

Nach deutschem Recht sind Indizien für das Vorliegen einer fixgeschäftlichen Vereinbarung vorhanden, wenn der Vertrag sehr genaue Zeitbestimmungen, insbesondere die Angabe eines bestimmten Tages oder gar einer bestimmten Stunden enthält. Ferner kann die Benutzung bestimmter Wendungen und Klauseln, z. B. fix, präzis, genau, prompt, spätestens bzw. die Bestellung von Waren für bestimmte Anlässe wie Schlußverkauf, Markttage und Weihnachten, auf ein Fixgeschäft hinweisen.[490] Im übrigen kann die Vereinbarung der cif- oder fob-Klausel im internationalen Abladegeschäft auf ein Fixgeschäft hindeuten.[491] Schließlich kann auch der spekulative Charakter des Geschäfts für das Vorliegen eines Fixgeschäfts sprechen.[492]

Wie die bisherige Rechtsprechung zum CISG zeigt, lassen sich diese Anhaltspunkte im wesentlichen auf das Übereinkommen übertragen: Ein Geschäft mit Fixcharakter wird beispielsweise angenommen, wenn die Parteien die Klausel „fix“ verwenden.[493] Ferner liegt ein Fixgeschäft vor, wenn die Parteien bei einem internationalen Abladegeschäft die Incotermklausel „cif“ benutzen.[494] Das-

---

[487] AG Nordhorn, v. 14.06.94, CISG Online Nr. 259; OLG Düsseldorf v. 10.02.94, CISG Online Nr. 285; Ziegler, S. 60.

[488] Palandt/Heinrichs, § 361 BGB Rn. 1, 2; Larenz, § 21 I.

[489] Staudinger/Magnus, Art. 49 Rn. 10, 11; Musger, S. 24, 31; Schlechtriem/Schlechtriem, Art. 25 Rn. 18; Schlechtriem/Huber, Art. 49 Rn. 5; Enderlein/Maskow/Strohbach, Art. 49 Anm. 3.; Herber/Czerwenka, Art. 25 Rn. 7, 8; Holthausen, RIW 1990, 101, 105; Welser, Vertragsverletzung des Verkäufers, S. 120; Piltz, § 5 Rn. 255; Schlegelberger/Hefermehl, § 376 Rn. 41.

[490] Staudinger-Kaduk, § 361 Rn. 9, 10; MüKo/Janßen, § 361 Rn. 3; Palandt/Heinrichs, § 361 Rn. 2.

[491] Staub/Koller, § 376 Rn. 7; MüKo/Janßen, § 361 Rn. 5.

[492] RG v. 25.01.1921, RGZ 101, 361, 363; OLG Hamburg v. 09.07.80, RIW 1981, 262, 264; OLG Hamburg v. 02.09.74, MDR 1975, 844, 845.

[493] AG Ludwigsburg v. 21.12.90, CISG Online Nr. 17.

[494] Schlechtriem/Huber, Art. 49 Rn. 5; OLG Hamburg v. 28.02.97, CISG Online Nr. 261 (Mit Hinweis auf die Rechtslage nach deutschem Recht wird ein Fixgeschäft angenommen. Nach deutschem Recht deutet die Vereinbarung der cif- oder fob-Klausel im internationalen Abladegeschäft allein noch nicht notwendig auf ein Fixgeschäft hin. Ein Fixgeschäft liegt nur vor, wenn es sich um ein Geschäft mit Massengütern bzw. Rohstoffen handelt und die internationalen Klauseln in Verbindung mit einem Abladetermin verwendet werden,

selbe gilt, wenn der Verkäufer weiß, daß die Ware zum Weiterverkauf bestimmt war.[495] Hat der Verkäufer davon Kenntnis, daß der Käufer für den Fall der verspäteten Lieferung der Ware an einen Dritten an diesen eine Vertragsstrafe zu zahlen hat, so ist ebenfalls von einem Fixcharakter des Liefertermin auszugehen.[496] Schließlich hat der Käufer ein besonderes Interesse an der Einhaltung des vereinbarten Liefertermins, wenn die verspätet gelieferten Waren für den Jahresschlußverkauf bestimmt waren[497] bzw. wenn er wegen der nicht rechtzeitig gelieferten Waren nicht mit der Produktion beginnen konnte[498].

Auch bei der Lieferung von Saisonartikeln kann der Lieferzeitpunkt den Charakter eines Fixtermins haben.[499] Dies ist der Fall, wenn der Käufer die Waren aufgrund der verspäteten Lieferung in der gegenwärtigen Saison nicht mehr absetzen kann. Denn eine Zwischenlagerung der Ware bis zur nächsten Saison ist für den Käufer nicht zumutbar, weil hierfür erhebliche Lagerkosten anfallen.[500] Im übrigen ist die Waren in der nächsten Saison im Regelfall nur mit erheblichem Preisnachlaß zu verkaufen. Auch bei solchen Geschäften führt nicht jede Verspätung zu einem Wegfall der Käuferinteressen. Liefert der Verkäufer die Ware zwei Tage nach Ablauf des Liefertermins, liegt noch kein solcher Interessenwegfall und damit keine wesentliche Vertragsverletzung vor.[501]

Fraglich ist, ob auch ein Geschäft, daß sich auf Sachen bezieht, für die auf einem für den Käufer zugänglichen Markt eine Preisnotierung stattfindet, ein Fixgeschäft darstellt. Im EKG war dieser Fall in Art. 28 geregelt. Diese Vorschrift stellte die unwiderlegliche Vermutung auf, daß eine Lieferungsverzögerung auf einem solchen Markt eine wesentliche Vertragsverletzung darstellt.

---

vgl. Staub/Koller, § 376 Rn. 7; BGH v. 22.01.59, NJW 1959, 933; OLG Karlsruhe v. 12.02.75, VersR 1975, 1042, 1043; Schlegelberger, § 376 Rn. 6; Baumbach/Hopt, § 376 Rn. 3; Baumbach/Hopt, Incoterms (6) Rn. 2).

[495] LG Hamburg v. 23.10.95, CISG Online Nr. 395.

[496] Schiedsgericht der ICC v. 1995, J.D.I. 1996, 1024, 1026; Hascher, J.D.I. 1996, 1028.

[497] Corte di Appello di Milano v. 20.03.98, Riv.dir.int.priv.proc. 1998, 170, 172.

[498] Audienca Provincial de Barcelona v. 03.11.97, CISG W 3 Nr. 971103s4.

[499] Schlechtriem/Schlechtriem, Art. 25 Rn. 18; Schlechtriem/Huber, Art. 49 Rn. 5; Enderlein, IPRax 1991, 313, 315; Kappus, NJW 1994, 984, 985; AG Ludwigsburg v. 21.12.90, CISG Online Nr. 17; OLG Düsseldorf v. 24.04.97, CISG Online Nr. 385 (In diesem Fall handelte es sich zwar um Saisonware, dennoch wurde das Vorliegen einer wesentlichen Vertragsverletzung abgelehnt, weil der Käufer die Ware noch vier Monate nach Ablauf des Liefertermins akzeptierte).

[500] Schlechtriem/Schlechtriem, Art. 25 Rn. 18; Schlechtriem/Huber, Art. 49 Rn. 5; zum EKG: OLG Hamm v. 08.01.80, Schlechtriem/Magnus, Art. 26 EKG Nr. 3; Enderlein, IPRax 1991, 313, 315.

[501] AG Ludwigsburg v. 21.12.90, CISG Online Nr. 17.

Mit dieser Regelung sollte verhindert werden, daß die Parteien eine Nachfrist zu Spekulationszwecken mißbrauchen. So hätte der Verkäufer beispielsweise bei fallenden Preisen nicht liefern und die ihm gesetzte Nachfrist bis zum letzten Tag ausschöpfen können, um sich auf diese Weise bei Ablauf der Nachfrist zu günstigeren Preisen einzudecken. Dagegen hätte der Käufer bei steigenden Marktpreisen die Nachfrist nutzen können, um den Schadensersatzanspruch, für den der Zeitpunkt der Vertragsaufhebung Berechnungsgrundlage ist, in die Höhe zu treiben. Ferner sollte durch die Gewährung eines sofortigen Aufhebungsrechts die Dispositionsfreiheit des Käufers möglichst schnell wiederhergestellt werden, weil sich die Marktpreise ständig verändern können.[502]

Art. 28 EKG wurde jedoch nicht ins CISG übernommen, weil er dem Verkäufer gegenüber als zu hart angesehen wurde.[503] Dieser Umstand spricht aber dafür, daß eine verspätete Lieferung bei solchen Geschäfte nicht automatisch zu einem Wegfall der Käuferinteressen führen soll. Der Zweck von Art. 28 EKG läßt sich auch erreichen, wenn der Käufer den Vertrag nicht sofort, sondern erst nach Ablauf einer von ihm gesetzten Nachfrist aufheben kann. Die Spekulationsgefahr läßt sich einschränken, indem eine relativ kurze Frist für angemessen angesehen wird. Die Bestimmung einer kurzen Frist bewirkt außerdem, daß der Käufer seine Dispositionsfreiheit relativ schnell wieder erlangt. Im übrigen entspricht der Verzicht auf die Regelung in Art. 28 EKG auch einem Leitbild des CISG, das von einem Vorrang der Vertragsaufhebung ausgeht.

Aus den genannten Gründen stellt die verzögerte Lieferung bei Spekulationsgeschäften nicht immer ein Fixgeschäft dar. Das Vorliegen einer wesentlichen Vertragsverletzung ist daher in jedem Einzelfall zu prüfen.[504] Im Hinblick darauf, daß sich bei Spekulationsgeschäften der Marktpreis ständig ändert, wird der Käufer häufig ein besonderes Interesse an der Einhaltung des Liefertermins haben.

Im deutschen Recht werden Fixgeschäfte in zwei Gruppen eingeteilt: absolute und relative Fixgeschäfte. Ein absolutes Fixgeschäft liegt vor, wenn durch die verspätete Erfüllung des Vertrags der Vertragszweck nicht mehr erreicht werden kann und daher das Interesse des Käufers an der Erfüllung des Vertrags mit Ablauf des Liefertermins wegfällt.[505] Auf solche Geschäfte findet das Recht der

---

[502] Dölle/Huber, Art. 28 Rn. 5, 6.

[503] YB III (1972), S. 85, Nr. 36.

[504] Schlechtriem/Huber, Art. 49 Rn. 24 (1. Aufl.); a. A. Huber, RabelsZ 43 (1979), 413, 463 (allerdings zu Art. 23 E 1978); Holthausen, RIW 1990, 101, 106.

[505] Larenz, § 21 I.

Unmöglichkeit Anwendung.[506] Absolute Fixgeschäfte sind z.B. die Taxenbestellung für einen bestimmten Zug[507] und die Buchung einer Flugreise[508] Ist der Vertragszweck auch noch nach Ablauf des Lieferzeitpunkts erreichbar, liegt ein relatives Fixgeschäft vor (vgl. § 361 BGB, § 376 HGB).[509] In diesem Fall steht dem Käufer ein Rücktrittsrecht ohne Bestimmung einer Nachfrist zu. Dagegen unterstellt das CISG die Fälle einer nicht rechtzeitigen Erfüllung der Lieferpflicht den gleichen Rechtsfolgen. Trotzdem kann die Unterscheidung zwischen absolutem und relativem Fixgeschäft von gewisser Bedeutung für das Übereinkommen sein. Denn aus dieser Unterscheidung ergeben sich Anhaltspunkte für das Vorliegen eines Interessenwegfalls beim Käufer. Bei einem absoluten Fixgeschäft fallen die Interessen des Käufers im Regelfall bereits mit Ablauf des Lieferzeitpunkts weg, weil der Vertragszweck nicht mehr erreicht werden kann. Bei einem relativen Fixgeschäft führt eine Lieferverzögerung von ein paar Tagen nicht immer zu einem Interessenwegfall, weil der Käufer trotz der verspäteten Erfüllung noch Interesse an einer Erfüllung haben kann.[510]

b) Lieferung von vertragswidriger Ware

Art. 35 konkretisiert die in Art. 30 geregelte Lieferpflicht in Bezug auf die Sachbeschaffenheit der Ware. Dieser Vorschrift umfaßt Qualitäts- und Quantitätsabweichungen, aliud-Lieferung und ordnungsgemäße Verpackung.

aa) Qualitätsabweichungen

Die Vertragsgemäßheit der Ware ist nach Art. 35 Abs. 1 zunächst nach dem Kaufvertrag zu beurteilen. Dieser kann ausdrücklich oder stillschweigend, insbesondere auch durch Bezugnahme auf Gebräuche (vgl. Art. 9) bestimmte Anforderungen an Menge, Qualität und Art der Ware festlegen. Haben die Parteien keine Regelung nach Absatz 1 getroffen, richtet sich die Vertragsgemäßheit der Ware nach den in Absatz 2 aufgeführten Kriterien.

Im Fall der vertragswidrigen Lieferung liegt eine wesentliche Vertragsverletzung vor, wenn der Käufer kein Interesse mehr an der Durchführung des Ver-

---

[506] Larenz, § 21 I; Palandt/Heinrichs, § 361 BGB Rn. 1.

[507] Palandt/Heinrichs, § 271 Rn. 16; MüKo/Janßen, § 361 Rn. 4.

[508] LG Berlin v. 10.06.81, NJW 1982, 343, 344.

[509] Larenz, § 21 I; Palandt/Heinrichs, § 361 BGB Rn. 1, 2.

[510] Vgl. AG Ludwigsburg v. 21.12.90, CISG Online Nr. 17.

trags hat, weil durch die Pflichtverletzung ein wesentliches Vertragsinteresse weggefallen ist. Bei der Beurteilung einer Vertragsverletzung als wesentlich sind neben dem Ausmaß des Mangels auch die Möglichkeit seiner Beseitigung[511] und die Möglichkeit, die mangelhafte Ware zumutbar anderweitig im gewöhnlichen Geschäftsverkehr abzusetzen, zu berücksichtigen.[512] Indem zusätzliche Kriterien bei der Bestimmung einer Vertragsverletzung als wesentlich berücksichtigt werden, kann die Rechtssicherheit beeinträchtigt werden.[513] Diese Einbuße an Rechtssicherheit kann durch eine im Lauf der Zeit entstehende Kasuistik kompensiert werden.

Hat der Mangel unter Berücksichtigung der Möglichkeit einer zumutbaren anderweitigen Verwertung der Ware erhebliches Gewicht, führt dies im Regelfall zum Wegfall wesentlicher Käuferinteressen und damit zum Eintritt einer wesentlichen Vertragsverletzung. Dies ist beispielsweise der Fall, wenn verbotswidrig gezuckerter Wein geliefert wird[514], wenn T-Shirts bei der ersten Wäsche 10-15 % oder ein bis zwei Nummern einlaufen[515], wenn die gelieferten Schuhe Risse im Leder haben[516] bzw. zu stark beulen und die Sohle schlecht verklebt ist[517]. Das gleiche gilt, wenn die Parteien vereinbaren, daß die zu liefernde Ware nach deutschem Lebensmittelrecht verkaufsfähig sein muß und dies wegen eines zu hohen Ethylenoxidanteils nicht der Fall war.[518] Kühlt eine Klimaanlage nicht richtig und verbraucht sie zu viel Energie, liegt ebenfalls eine wesentliche Vertragsverletzung vor.[519] Schließlich wird eine solche Pflichtverletzung ange-

---

[511] Ausführliche Darstellung siehe S. 82 ff, Teil II, zweites Kapitel, C.II.3.

[512] BGH v. 03.04.96, BGHZ 132, 290, 299; OLG Frankfurt a. M. v. 18.01.94, NJW 1994, 1013, 1014; BG v. 28.10.98, CISG Online Nr. 413; Staudinger/Magnus, Art. 25 Rn. 26, 27; Art. 49 Rn.14; Schlechtriem/Huber, Art. 49 Rn. 8; Schlechtriem/Schlechtriem, Art. 25 Rn. 20; Kappus, NJW 1994, 984; von der Seipen, WiB 1994, 238, 240; Diedrich, RIW 1995, 11, 13; Piltz, EuZW 1996, 448; Magnus, LM 9/97 CISG Nr. 3 a; Schlechtriem, EWiR, Art. 25 CISG 1/96, 597; Benicke, IPRax 1997, 327, 329; Hohloch, JuS 1996, 1034; Westermann, DZWiR, 1997, 45, 46; Karollus, JZ 1997, 38.

[513] Koch RIW 1996, 687; RIW 1995, 98, 99.

[514] Civ. 1re v. 23.01.96, IPRax 1997, 126; kritisch: Schlechtriem, IPRax 1997, 132, der kritisiert, daß das Gericht die Möglichkeit einer anderweitige Verwertung des Weins als Essig nicht angesprochen habe; Witz/Wolter, RIW 1998, 278, 280 und Schlechtriem/Schlechtriem, Art. 25 Fn. 82 sind der Auffassung, daß der Kassationshof in diesem Fall Art. 25 überhaupt nicht angewendet habe.

[515] LG Landshut v. 05.04.1995, CISG Online Nr. 193.

[516] OLG Frankfurt a. M. v. 18.01.94, NJW 1994, 1013.

[517] AG Charlottenburg v. 04.05.94, CISG Online Nr. 386.

[518] LG Ellwangen v. 21.08.95, CISG Online Nr. 279.

[519] Ct. App. v. 06.12.95, CISG W3 Nr. 951206ul.

nommen, wenn Bohnen mit einem bestimmten Fett- und Säureanteil zu liefern sind, diese Werte aber bei weitem verfehlt werden.[520]

Ist dagegen die vertragswidrig gelieferte Ware - sei es auch mit einem Preisabschlag -noch in zumutbarer Weise zu verarbeiten oder abzusetzen, scheidet eine Verletzung wesentlicher Vertragsinteressen und damit auch das Vorliegen einer wesentlichen Vertragsverletzung aus. Ein solcher Fall liegt vor, wenn der Verkäufer Koks liefert, der von der vereinbarten Zusammensetzung abweicht, diese Abweichung jedoch objektiv nicht von erheblicher Bedeutung ist.[521] Das gleiche gilt, wenn das gelieferte Fleisch in seinem tatsächlichen Fettgehalt um 45-78 % vom vereinbarten Fettgehalt abweicht und die Lieferung aufgrund des erhöhten Fettgehalts und des Bluts einen Minderwert von insgesamt 25,5 % aufweist.[522] Eine Pflichtverletzung von erheblichem Gewicht scheidet auch aus, wenn der Verkäufer Stoffe in einer anderen als der vereinbarten Farbe liefert und der Käufer diese ohne Einschränkung weiterverarbeiten oder weiterveräußern kann.[523]

Ist die Vertragswidrigkeit in angemessener Zeit zu beheben, liegt ebenfalls keine Verletzung wesentlicher Käuferinteressen vor und damit auch keine wesentliche Vertragsverletzung.[524] Unter bestimmten Voraussetzungen liegt trotz der Möglichkeit, den Mangel zu beseitigen eine wesentliche Vertragsverletzung vor, weil die Verletzung der Käuferinteressen nicht mehr beseitigt werden kann. Dies ist der Fall, wenn eine fixgeschäftsähnliche Vereinbarung vorliegt, die Vertrauensgrundlage des Vertrags durch das Verhalten des Verkäufers erheblich gestört wird, der Verkäufer die Beseitigung des Mangels ernsthaft und endgültig verweigert bzw. der Mangel nicht in angemessener Frist beseitigt werden kann.[525] Darüber hinaus liegt ein solche Vertragsverletzung vor, wenn der Man-

---

520 Trib. d'appello Ticino v. 15.01.98, SZIER 1999, 189.

521 OLG München v. 02.03.94, WiB 1994, 611, 612; Piltz, EuZW 1995, 32; Gaus, WiB 1994, 612; Staudinger/Magnus, Art. 25 Rn. 27; Art. 49 Rn. 14; Karollus, CISG W3 Nr. 910917g1.

522 BG v. 28.10.98, CISG Online Nr. 413; Staudinger/Magnus, Art. 25 Rn. 27; Art. 49 Rn. 14.

523 So im Ergebnis OLG Düsseldorf v. 10.02.94, CISG Online Nr. 115; Staudinger/Magnus, Art. 49 Rn. 14.

524 HGer Zürich v. 26.04.95, SZIER 1996, 51, 52; CA de Grenoble v. 26.04.95, CISG-France Nr. 260495r; OLG Koblenz v. 31.01.97, CISG Online Nr. 256; BGH v. 03.04.96, BGHZ 132, 290, 299 (das Gericht stellte nur fest, daß für die Abgrenzung von wesentlicher und nicht wesentlicher Vertragsverletzung nicht allein auf die Möglichkeit einer Nachbesserung abgestellt werden dürfe).

525 Siehe S. 99 unter Teil III, erstes Kapitel, C.II.3.e.; Staudinger/Magnus, Art. 49 Rn. 14.

gel objektiv schwerwiegend ist und die Nachbesserung keinen Erfolg hat.[526] Kann der Verkäufer den zwar Mangel nicht beseitigen, aber die Ware in zumutbarer Weise verarbeiten bzw. absetzen, liegt keine solche Pflichtverletzung vor.[527]

bb) Quantitätsabweichungen

Das Übereinkommen unterstellt auch die Zuwenig- oder Zuviellieferung den Regelungen über die vertragswidrige Lieferung.[528] Im Fall der Lieferung einer vertragswidrigen Lieferung liegt eine wesentliche Vertragsverletzung vor, wenn durch die Pflichtverletzung ein Mangel von erheblichem Gewicht eintritt. Für die Bewertung der Erheblichkeit des Mangels ist darauf abzustellen, welche Bedeutung die vollständige Lieferung für die Interessen des Käufers hat. Diese Bedeutung kann sich aus dem Vertrag, der Anschauung der beteiligten Verkehrskreise oder aus besonderen Hinweisen ergeben.[529] Im Rahmen der Bewertung der Interessen ist es äußerst schwierig festzustellen, ab welcher prozentualen Abweichung der gelieferten von der bestellten Menge ein Mangel von erheblichem Gewicht vorliegt. So kann bei einer Minderlieferung von 10-50 % nicht sicher festgestellt werden, ob eine wesentliche Vertragsverletzung vorliegt.[530] Keine wesentliche Vertragsverletzung liegt vor, wenn der Mangel durch Nacherfüllung beseitigt werden kann. Dies ist beispielsweise der Fall, wenn der Käufer die Zuweniglieferung zumutbar durch eine Ersatzbeschaffung der fehlenden Teile ausgleichen kann.[531]

Teilweise wird zur Feststellung der Erheblichkeit einer Interessensverletzung eine Anwendung der gleichen Kriterien befürwortet, die für eine Behandlung von Mengenabweichungen im deutschen Gewährleistungsrecht gelten. Dort wird nach §§ 377, 378 HGB darauf abgestellt, ob die gelieferte von der bestellten Menge offensichtlich so abweicht, daß der Verkäufer eine Genehmigung des Verkäufers als ausgeschlossen betrachten mußte.[532] Die Verwendung von

---

[526] OLG Oldenburg v. 01.02.95, CISG Online Nr. 253.

[527] BGH v. 03.04.96, BGHZ 132, 290, 299; Schlechtriem/Huber, Art. 49 Rn. 8.

[528] Staudinger/Magnus, Art. 35 Rn. 9; Honsell/Karollus, Art. 35 Rn. 5; Schlechtriem/Schwenzer, Art. 35 Rn. 8; Enderlein/Maskow/Strohbach, Art. 35 Anm. 3.; OLG Koblenz v. 31.01.97, CISG Online Nr. 256.

[529] Schlechtriem/Schlechtriem, Art. 25 Rn. 19.

[530] Ziegel, Remedial Provisions, § 9.03 sub. 9-16; vgl. auch Bianca, S. 12.

[531] LG Heidelberg v. 03.07.92, CISG Online Nr. 38.

[532] Holthausen, RIW 1990, 101, 106; Botzenhardt, S. 262; Ziegler, S. 75; Heilmann, S. 465.

Rechtsgedanken aus dem nationalen Recht ist methodisch nur zulässig, wenn diese Rechtsgedanken Allgemeingültigkeit beanspruchen können. Gegen eine Allgemeingültigkeit des Kriteriums „Genehmigungsfähigkeit" spricht ein Vergleich mit dem englischen Sale of Goods Act. Liefert der Verkäufer eine größere bzw. geringere Menge als vereinbart, so ist der Käufer nach sect. 30 SGA berechtigt, die gesamte Lieferung zurückzuweisen. Jede Mengenabweichung stellt grundsätzlich eine Verletzung einer wesentlichen Vertragsbestimmung („breach of condition") dar, die zur Aufhebung des Vertrags berechtigt.[533] Eine Aufhebung scheidet nur aus, wenn die Mengenabweichung geringfügiger Natur ist.[534] Ob eine solche Abweichung geringfügiger Natur ist, läßt sich nur unter Berücksichtigung sämtlicher Besonderheiten des Einzelfalles entscheiden. Eine solche geringfügige Abweichung wird angenommen, wenn sie lediglich 1% von der vereinbarten Menge, manchmal auch erheblich darunter liegt.[535] Demnach verwendet das englische Recht das Kriterium „Genehmigungsfähigkeit" nicht. Daher kann dieses Kriterium keine Allgemeingültigkeit beanspruchen und deshalb auch nicht bei der Qualifikation einer Mengenabweichung als wesentlich berücksichtigt werden.

cc) Aliud-Lieferung

Das CISG behandelt auch die Lieferung einer anderen als der vereinbarten Ware als Lieferung einer vertragswidrigen Ware.[536] Dafür sprechen die Entstehungsgeschichte, der Grundsatz der Rechtssicherheit und nicht zuletzt der Wortlaut von Art. 35 Abs. 1, der auf die Art („description") der Ware hinweist.[537]

---

[533] Triebel/Hodgson/Kellenter/Müller, § 2 Rn. 233.

[534] Atiyah, S. 83; Triebel/Hodgson/Kellenter/Müller, § 2 Rn. 233.

[535] Atiyah, S. 83; Wilensko Slaski Towarzystwo Drewno v. Fenwick & Co. Ltd. (1938) 3 All E.R. 429; Shipton Andereson & Co. Td. v. Weil Brothers & co. Ltd. (1912) 1 K.B. 574.

[536] BGH v. 03.04.96, BGHZ 132, 290, 296 (offen gelassen wird, ob eine krasse Falschlieferung als Nichtlieferung behandelt wird); Staudinger/Magnus, Art. 35 Rn. 9; Schlechtriem/Schwenzer, Art. 35 Rn. 10; Honsell/Karollus, Art. 35 Rn. 6; Holthausen, RIW 1990, 101, 106; Herber/Czerwenka, Art. 35 Rn. 2; Piltz, § 5 Rn. 26; Niggemann, Pflichten des Verkäufers, S. 86; Enderlein/Maskow/Strohbach, Art. 35 Anm. 5.; Holthausen, RIW 1990, 101, 107; a. A.: Loewe, S. 51; Neumayer, RIW 1994, 99, 105; Sekretariatskommentar, Art. 29 Anm. 3., die zumindestens eine krasse Falschlieferung als Nichtlieferung behandeln wollen.

[537] Staudinger/Magnus, Art. 35 Rn. 9; Bitter/Bitter, BB 1993, 2315, 2320; Schlechtriem, EWiR Art. 25 CISG 1/96 S. 598.

Bei der Festellung, ob eine Falschlieferung vorliegt, ist zwischen Stückkauf und Gattungskauf zu unterscheiden. Beim Stückkauf liegt eine Falschlieferung vor, wenn dem Käufer eine andere Ware als die von ihm gekaufte geliefert wird.[538] Im Fall eines Gattungskaufs handelt es sich um eine Falschlieferung, wenn die dem Käufer gelieferte Ware nicht der Gattung angehört, der sie nach der Parteivereinbarung angehören sollte.[539] Eine Falschlieferung liegt z.B. vor, wenn der Verkäufer Kobaldsulfat mit Fließmittelzusatz (Futtermittelqualität) zu liefern hat, tatsächlich aber Kobaldsulfat ohne Fließmittelzusatz (technische Qualität) liefert.[540]

Bei einer Falschlieferung liegt eine wesentliche Vertragsverletzung vor, wenn der Mangel auch unter Berücksichtigung seiner Behebbarkeit und der Möglichkeit einer zumutbaren anderweitigen Verwertung noch objektiv schwerwiegend ist.[541] Ein Computerhändler bestellt z.B. einhundert Pakete Druckerpapier, Qualität 80 g/qm. Der Verkäufer liefert nur Papier einer anderen Qualität (60 g/qm). Darin liegt noch keine wesentliche Vertragsverletzung, weil der Käufer das gelieferte Papier im Regelfall ohne große Schwierigkeiten entweder selbst verwenden oder auf dem Markt absetzen kann. Hat der Computerhändler jedoch beim Vertragsschluß deutlich gemacht hat, daß seine Drucker nur mit der bestellten Papierqualität betrieben werden können oder das seine Kunden auf die vereinbarte Papierqualität entscheidenden Wert legen, ist eine zumutbare Verwertung der gelieferten Ware nicht möglich. Der Käufer hat daher kein Interesse mehr an der Erfüllung des Vertrags, was eine wesentliche Vertragsverletzung des Verkäufers zur Folge hat.[542] Eine wesentliche Vertragsverletzung liegt auch vor, wenn statt dem Papier Kugelschreiber geliefert werden. Denn in diesem Fall kann der mit dem bestellten Papier verbundene Vertragszweck nicht mehr erreicht werden. Im übrigen ist für den Käufer eine Verwertung der Kugelschreiber auch nicht zumutbar, weil ihm dieser Markt als Computerhändler nicht zugänglich ist.[543]

---

[538] Dölle/Stumpf, Art. 33 EKG Rn. 9.

[539] Dölle/Stumpf, Art. 33 EKG Rn. 9.

[540] BGH v. 03.04.96, BGHZ 132, 290, 296; Magnus, LM 9/96 CISG Nr. 3 a; Benicke, IPRax 1997, 327, 328; Schlechtriem, EWiR Art. 25 CISG 1/96 S. 598; Karollus, Art. JZ 1997, 38.

[541] Staudinger/Magnus, Art. 49 Rn. 15; BGH v. 03.04.96, BGHZ 132, 290, 296, der das Vorliegen einer wesentlichen Vertragsverletzung jedoch im Ergebnis verneinte, weil der Käufer der in einer Schlußnote enthaltenen Bezeichnung der gelieferten Ware nicht widersprochen hat.

[542] Bitter/Bitter, BB 1993, 2315, 2320.

[543] Bitter/Bitter, BB 1993, 2315, 2320.

Teilweise wird angenommen, daß zur Abgrenzung von wesentlicher und nicht wesentlicher Vertragsverletzung die Regelung in § 378 HGB als Auslegungshilfe verwendet werden kann.[544] Ein Vergleich mit dem englischen Sales of Goods Act zeigt jedoch, daß das Kriterium „Genehmigungsfähigkeit" in § 378 HGB keine Allgemeingültigkeit beanspruchen kann. Im englischen Sale of Goods Act ist ein Gattungskauf im Regelfall ein Kauf nach Beschreibung (sect. 13 (1A) SGA).[545] Bei einem solchen Kauf gilt das Übereinstimmen von Beschreibung und gelieferter Ware als wesentliche Vertragsbestimmung („implied condition"), deren Verletzung zur Aufhebung des Vertrags berechtigt.[546] Da bei einer Falschlieferung die Warenbeschreibung und die gelieferte Ware nicht übeinstimmt, kann der Käufer den Vertrag aufheben. Dabei wird für die Abgrenzung von wesentlicher und nicht wesentlicher Vertragsverletzung nicht auf das Kriterium „Genehmigungsfähigkeit" abgestellt. Mangels Allgemeingülitigkeit dieses Kriteriums darf es auch nicht bei der Auslegung des CISG verwendet werden.[547]

dd) Verpackungsmängel

Die übliche bzw. ordnungsgemäße Verpackung ist nach dem Übereinkommen Bestandteil der Vertragsgemäßheit der Ware (vgl. Art. 35 Abs. 2 lit. b). Aus diesem Grund werden Verpackungsmängel wie Fehler der Ware selbst behandelt. Die bloße Verletzung dieser Pflicht stellt für sich allein noch keine wesentliche Vertragsverletzung dar, weil diese Pflichtverletzung noch nicht zu einem erheblichen Mangel beim Käufer führt. Vielmehr müssen noch zusätzliche Umstände hinzukommen, damit ein solcher Mangel begründet wird. Solche Umstände liegen z.B. vor, wenn der Käufer an der vereinbarten Verpackungsart deshalb ein besonderes Interesse hat, weil diese für den Weiterverkauf der Ware notwendig ist. Dies ist der Fall beim Weiterverkauf von Markenartikeln in Originalverpackung. Darüber hinaus liegen solche besonderen Umstände vor, wenn die Ware durch die nicht ordnungsgemäße Verpackung beschädigt bzw. gefährdet wird oder Haltbarkeit und Brauchbarkeit von der Art der Verpackung abhängen.[548] Ein erheblicher Mangel scheidet jedoch aus, wenn ein Mangel in der

---

[544] Schlechtriem/Schlechtriem, Art. 25 Rn. 21; Heilmann, S. 466; Bitter/Bitter, BB 1993, 2315, 2320.

[545] Triebel/Hodgson/Kellenter/Müller, § 2 Rn. 235.

[546] Atiyah, S. 87.

[547] Dazu scheint auch der BGH zu neigen, der in einer Entscheidung (BGH v. 03.06.96, BGHZ 132, 290 ff) die §§ 377, 378 HGB nicht in die Betrachtung einbezieht.

[548] Holthausen, RIW 1990, 101, 107; Schlechtriem, S. 48.

Verpackung[549] leicht behoben werden kann. Dies ist z.B. der Fall, wenn das nachträgliche Aufdrucken von Zusammensetzung und Verpackungszeitpunkt der Ware mit geringem Kosten- und Zeitaufwand möglich ist.[550]

c) Rechtsmängel

Der Verkäufer hat nach Art. 30 die Pflicht, dem Käufer die Ware zu liefern und das Eigentum daran zu übertragen. Art. 41 konkretisiert diese Pflicht dahingehend, daß der Verkäufer verpflichtet ist, dem Käufer die Ware frei von Rechten und Ansprüchen Dritter zu liefern. Handelt es sich um Drittrechte aus gewerblichem oder anderem geistigen Eigentum, hat der Verkäufer die Ware frei von diesen Schutzrechten zu liefern (vgl. Art. 42).

Rechtsmängel fallen nach überwiegender Ansicht nicht unter den Begriff der vertragswidrigen Ware, weil dieser Begriff nur für die in Art. 35 geregelten Fälle reserviert ist.[551] Dies wird im wesentlichen mit dem Hinweis auf die Überschrift des zweiten Abschnitts[552] und die Systematik des Übereinkommens[553] begründet.[554]

Eine wesentliche Vertragsverletzung liegt beispielsweise vor, wenn der Käufer über die Ware nicht verfügen kann, weil er diese aufgrund von Rechten Dritter sofort herausgeben oder ihre Nutzung unterlassen muß.[555] Dagegen ist ein Man-

---

549 Die Beschriftung von Waren ist Bestandteil der Verpackung, vgl. CA de Grenoble v. 13.09.95, CISG-France Nr. 130995v; Schlechtriem/Schwenzer, Art. 35 Rn. 29; a. A.: Witz/Wolter, RIW 1998, 278, 283; wohl auch Staudinger/Magnus, Art. 35 Rn. 42; Rudolph, Art. 35 Rn. 17, die eine vereinbarte Beschriftung von Waren als Bestandteil der Ware und nicht der Verpackung ansehen, weil die Verpackungspflicht nur den Zweck hat, die Ware vor Beschädigungen während des Transports zu schützen.

550 Vgl. Witz/Wolter, RIW 1998, 278, 284; Witz, J.D.I. 1996, 960, 965; a. A. CA de Grenoble v. 13.09.95, CISG-France Nr. 130995v.

551 Schlechtriem/Schwenzer, Art. 41 Rn. 21; Piltz, § 5 Rn. 147; Honsell/Karollus, Art. 45 Rn. 54; Schlechtriem/Huber, Art. 46 Rn. 27; a. A. Herber/Czerwenka, Art. 46 Rn. 6; Art 50 Rn. 3; Enderlein/Maskow/Strohbach, Art. 46 Rn. 3.

552 „Vertragsgemäßheit der Ware sowie Rechte oder Ansprüche Dritter".

553 Art. 46 Abs. 2 knüpft nur an die Rügefrist in Art. 39 und nicht an die in Art. 43 genannte an.

554 Schlechtriem/Schwenzer, Art. 41 Rn. 21; Piltz, § 5 Rn. 147; Honsell/Karollus, Art. 45 Rn. 54; Schlechtriem/Huber, Art. 46 Rn. 27.

555 Schlechtriem/Schlechtriem, Art. 25 Rn. 20; Schlechtriem/Schwenzer, Art. 41 Rn. 21; Staudinger/Magnus, Art. 41 Rn. 24; Zhang, S. 170.

gel nicht erheblich, wenn es für den Käufer möglich und zumutbar ist, das Drittrecht in angemessener Zeit abzulösen.[556] Ob die Ablösung in angemessener Zeit erfolgte, ist nach den in Art. 47 enthaltenen Grundsätzen zu bestimmen.[557] Fraglich ist, ob eine zumutbare Mangelbeseitigung vorliegt, wenn der Käufer das Drittrecht in Form eines Sicherungsrechts ablösen kann, den Kaufpreis noch nicht bezahlt hat und deshalb noch aufrechnen kann.[558] Eine Ablösung durch den Käufer ist jedoch im Regelfall nicht zumutbar, weil sie für den Käufer mit einem erheblichen Zeit- und Kostenaufwand verbunden ist. Er muß vor der Ablösung erst prüfen, ob das Recht oder der Anspruch eines Dritten tatsächlich besteht. Das Bestehen des Rechts oder des Anspruchs eines Dritten richtet sich nach dem dafür anwendbaren nationalen Recht. Bei Ansprüchen Dritter ist meist das nationale Recht des Landes anwendbar, indem der Verkäufer seine Niederlassung hat.[559]

d) Nichtübergabe von Dokumenten

Nach Art. 30 ist der Verkäufer nach Maßgabe des Vertrags und des CISG verpflichtet, die Ware betreffende Dokumente zu übergeben. Diese Pflicht wird durch Art. 34 näher ausgestaltet.

Die fehlende bzw. fehlerhafte Übergabe von Dokumenten kann zum Vorliegen einer wesentlichen Vertragsverletzung führen, wenn es sich um Dokumente handelt, die dem Käufer erst die Verfügung über die Ware ermöglichen. Solche Dokumente werden Traditionspapiere genannt (Konnossement, Ladeschein, Lagerschein, Freistellungsscheine und dergleichen). Die Übergabe solcher Papiere ist beim Verkauf eingelagerter Ware bzw. dem Verkauf von Ware auf dem Transport erforderlich, damit der Käufer bereits vor Ankunft der Ware über diese verfügen kann (vgl. Art. 31 lit. b). Der Verkäufer erfüllt seine Pflicht, die Ware zu übergeben, bereits durch Übergabe dieser Papiere.[560] Kann der Käufer aufgrund der fehlenden bzw. fehlerhaften Dokumente nicht bzw. nicht rechtzeitig über die Ware verfügen, liegt gleichzeitig eine Verletzung der Lieferpflicht vor, weil der Käufer letztendlich zunächst auch keine Ware erhält. Aus diesem

---

[556] Staudinger/Magnus, Art. 49 Rn. 16; Schlechtriem/Schlechtriem, Art. 25 Rn. 20.

[557] Siehe S. 90 ff, Teil III, erstes Kapitel, C.II.3.d.aa.

[558] Eine Zumutbarkeit wird bejaht von: Schlechtriem/Schlechtriem, Art. 25 Rn. 20; Schlechtriem/Schwenzer, Art. 41 Rn. 21; Staudinger/Magnus, Art. 41 Rn. 24; Zhang, S. 170; Ziegler, S. 113.

[559] Honnold, Rn. 266; Schlechtriem/Schwenzer, Art. 41 Rn. 9; siehe auch S. 102, Teil III, erstes Kapitel, C.II.3.e.bb.4.

[560] Rudolph, Art. 34 Rn. 4.

Grund sind diese Fälle wie eine Nichtlieferung zu behandeln.[561] Kann der Käufer endgültig nicht über die Ware verfügen, weil die zum Besitz der Ware berechtigenden Traditionspapiere fehlen bzw. nicht ordnungsgemäß sind, liegt eine wesentliche Vertragsverletzung des Verkäufers vor, weil ein wesentliches Interesse des Käufers wegfällt.[562] Führt dagegen die fehlende oder fehlerhafte Übergabe der Dokumente nur dazu, daß der Käufer über die Ware nicht rechtzeitig verfügen kann, liegt nur im Ausnahmefall eine solche Pflichtverletzung vor.[563]

Übergibt der Verkäufer sonstige Dokumente (z.B. Versicherungspolice, Handelsrechnung, Zollbescheinigung, Analysezertifikat, Ursprungszeugnis usw.) nicht, wird die fehlende bzw. fehlerhafte Übergabe der Dokumente wie eine vertragswidrige Lieferung behandelt. Im Gegensatz zum oben genannten Fall führt eine Verletzung der Übergabepflicht nicht gleichzeitig zur Verletzung der Lieferpflicht, weil der Käufer trotz der Pflichtverletzung des Verkäufers über die Waren verfügen kann.[564] Im Fall der vertragswidrigen Lieferung liegt eine wesentliche Vertragsverletzung vor, wenn durch die Pflichtverletzung ein Mangel von erheblichem Gewicht entsteht. Eine solcher Mangel liegt nicht vor, wenn dieser zu beheben ist. Dies ist z. B. der Fall, wenn sich der Verkäufer selbst zutreffende Dokumente besorgen kann. Im Gegensatz zur Lieferung vertragswidriger Ware, darf bei Qualifikation einer Vertragsverletzung als wesentlich jedoch nicht darauf abgestellt werden, ob die Ware mit den gelieferten Dokumenten weitergehandelt werden kann oder nicht. Bei Übergabe fehlerhafter Dokumente darf nur auf die Möglichkeit der Nachbesserung abgestellt werden. Für die Bewertung einer Pflichtverletzung als wesentlich ist es unerheblich, ob es sich um ein echtes Dokumentengeschäft handelt oder nicht.[565]

---

[561] Schlechtriem/Huber, Art. 49 Rn. 25, 26; Piltz, § 5 Rn. 230; Staudinger/Magnus, Art. 49 Rn. 17; Niggemann, Pflichten des Verkäufers, S. 104; Schlechtriem/Huber, Art. 49 Rn. 16, 25.

[562] Staudinger/Magnus, Art. 49 Rn. 17; a. A. Koch, RIW 1996, 687.

[563] Staudinger/Magnus, Art. 49 Rn. 17; Ziegler, S. 118.

[564] Schlechtriem/Huber, Art. 49 Rn. 16; BGH v. 03.04.96, BGHZ 132, 290, 301;Magnus, LM 9/96 CISG Nr. 3 a; Benicke, IPRax 1997, 327, 331; Hohloch, JuS 1996, 1034; Westermann, DZWiR, 1997, 45, 46.

[565] BGH v. 03.04.96, BGHZ 132, 290, 301.

e) Sonstige Pflichtverletzungen

aa) Verletzung vereinbarter Zusatzpflichten

(a) Ausschließlichkeitsbindung

Bei Verletzung einer Exklusivitätsabrede stellt sich zunächst die Frage, ob auf eine solche Pflichtverletzung das CISG überhaupt sachlich anwendbar ist (vgl. Art. 1). Denn eine solche wettbewerbsrechtliche Abrede geht über die typischen Pflichten eines Kaufvertrages hinaus. Steht die Exklusivitätsabrede in unmittelbarem Zusammenhang mit einem Kaufvertrag, ist das CISG auch auf diese Abrede anwendbar. Zwar hat der Käufer häufig ein besonderes Interesse an der Einhaltung dieser Abrede, trotzdem überwiegen die kaufrechtlichen Pflichten die wettbewerbsrechtliche Pflicht, weil die Lieferungs-, Zahlungs- und Abnahmepflicht im Vordergrund stehen.[566]

Eine Exklusivitätsabrede ist typischerweise nur eine Nebenpflicht. Aber auch die Verletzung einer Nebenpflicht kann zu einer wesentlichen Vertragsverletzung führen.[567] Dies ist der Fall, wenn der Käufer ein besonderes Interesse an der Einhaltung dieser Pflicht hat und dieses Interesse infolge der Pflichtverletzung wegfällt.[568] Der Käufer hat beispielsweise ein besonderes Interesse an der Einhaltung der Exklusivitätsabrede, wenn die Parteien vereinbaren, daß der Verkäufer Schuhe einer bestimmten Marke ausschließlich für den Käufer und Zeicheninhaber herstellen und diese auch nicht anderweitig vertreiben darf. Bietet er diese Schuhe auf einer Fachmesse an und entfernt er die Ausstellungsstücke trotz einer Abmahnung des Käufers nicht, fällt ein wesentliches Interesse des Käufers weg.[569] Denn der Verkäufer durchkreuzt mit seinem Verhalten die Marketingstrategie des Käufers bezüglich der Ware. Verkauft der Verkäufer Schuhe, die nur an den Käufer geliefert werden dürfen, gleichzeitig an ein örtlich ansässiges Konkurrenzunternehmen noch dazu zu einem um 30 % niedrigeren Preis, fällt ebenfalls das Interesse des Käufers an der Einhaltung dieser

---

[566] Siehe S. 10, Teil I, erstes Kapitel, D.III.1.c.; im Ergebnis ebenso: OLG Frankfurt a. M. v. 17.09.1991, NJW 1992, 633, 635; LG Frankfurt a. M. v. 16.09.91, RIW 1991, 952, 953; HGer des Kantons Aargau v. 26,09.97, SZIER 1998, 79; OLG Koblenz v. 31.01.97, CISG Online Nr. 256; a. A. Schlechtriem/Schlecht-riem, Art. 25 Rn. 7.

[567] Siehe S. 79, Teil III, erstes Kapitel, C.II.2.d.cc.

[568] OLG Frankfurt v. 17.09.91, NJW 1992, 633; CA de Grenoble, J.D.I. 1995, 632, 638; LG Frankfurt a. M. v. 16.09.91, RIW 1991, 952, 953; HGer des Kantons Aargau, SZIER 98, 79; OLG Koblenz v. 31.01.97, CISG Online Nr. 256.

[569] OLG Frankfurt a. M. v. 17.09.91, NJW 1992, 633; Piltz, NJW 1994, 1101, 1105; Magnus, ZEuP 1993, 79, 89; Schlechtriem, EWiR, § 25 CISG 1/91, S. 1082; Karollus, CISG W3 Nr. 910917g1.

Pflicht weg.[570] Dasselbe gilt, wenn der Verkäufer Besteckgarnituren ausschließlich für den Käufer herstellen soll und sich dieser nicht an diese Vereinbarung hält.[571]

(b) Montagepflicht

Verletzt der Verkäufer eine zusätzlich zur Lieferpflicht übernommene Montagepflicht, kann darin eine wesentliche Vertragsverletzung liegen und zwar wenn die Pflichtverletzung zum Wegfall wesentlicher Käuferinteressen führt. Dies ist z.B. der Fall, wenn der Käufer eine Maschine deshalb nicht nutzen kann, weil sie vom Käufer nicht oder nicht ordnungsgemäß zusammengebaut wurde. Ferner liegt eine wesentliche Vertragsverletzung vor, wenn der Verkäufer die Montage nicht in angemessener Zeit ausführt bzw. den Fehler nicht in angemessener Zeit behebt.[572] Eine wesentliche Vertragsverletzung scheidet jedoch aus, wenn es für den Käufer möglich und zumutbar ist, die Montage vorzunehmen bzw. den Montagefehler zu beheben. Die Vornahme der Montage bzw. die Behebung des Montagefehlers ist für den Käufer nicht zumutbar, wenn hierzu spezielle technische Fähigkeiten und Kenntnisse erforderlich sind, deren Vorliegen vom Käufer nicht verlangt werden kann.[573]

(c) Anzeigepflicht

Der Verkäufer ist bei einem Versendungskauf (vgl. Art. 32 Abs. 1) verpflichtet, die Versendung der Ware dem Käufer anzuzeigen. Diese Pflicht kann durch Vertrag über die durch Art. 32 Abs. 1 geregelten Fälle hinaus erweitert werden.[574] Die vertragliche Vereinbarung der Anzeigepflicht soll dem Informationsbedürfnis des Käufers Rechnung tragen. Der Käufer hat insbesondere bei längeren Transportzeiten ein Interesse daran zu erfahren, ob die Lieferung erfolgt ist bzw. zu welchem Zeitpunkt mit dem Eintreffen der Ware am Bestim-

---

[570] LG Frankfurt a. M. v. 16.09.91, RIW 1991, 952, 953, das das Aufhebungsrecht allerdings mangels wirksamer Aufhebungserklärung und Voraussehbarkeit der Vertragsverletzung abgelehnt hat.

[571] HGer des Kantons Aargau v. 26.09.97, SZIER 98, 79 das im Ergebnis eine wesentliche Vertragsverletzung verneinte; allerdings nur, weil der Käufer den Beweis für das Vorliegen einer Exklusivitätsvereinbarung nicht erbringen konnte.

[572] Schlechtriem/Huber, Art. 49 Rn. 17.

[573] Schlechtriem/Huber, Art. 49 Rn. 17.

[574] Schlechtriem/Huber, Art. 32 Rn. 14.

mungsort zu rechnen ist, weil er hinsichtlich der Ware geschäftliche und organisatorische Entscheidungen treffen muß.[575]

Die Frage, ob eine Verletzung der Anzeigepflicht zu einer wesentlichen Vertragsverletzung führt, stellt sich insbesondere in dem Fall, in dem die Ware entweder überhaupt noch nicht oder trotz Verletzung der Anzeigepflicht geliefert wurde. Denn in beiden Fällen kann die Vertragsaufhebung nicht bereits auf die Verletzung der Lieferpflicht gestützt werden. Nach einer Auffassung kann die Verletzung der Anzeigepflicht ausnahmsweise eine wesentliche Vertragsverletzung darstellen.[576] Eine solche liege z.B. vor, wenn der Verkäufer nach Ablauf der Lieferfrist trotz Mahnung des Käufers die Anzeige nicht innerhalb einer angemessenen Frist erstatte.[577] Die bloße Verletzung der Anzeigepflicht stellt jedoch keine wesentliche Vertragsverletzung dar. Zwar kann eine Verletzung der Anzeigepflicht eine Verschiebung geschäftlicher und organisatorischer Entscheidungen hinsichtlich der Ware zur Folge haben, was jedoch nicht so gewichtig, daß es zu einem Wegfall der Interessen beim Käufer führt. Aus diesem Grund kann der Käufer den Vertrag bei einer Verletzung der Anzeigepflicht nicht aufheben.

(d) Lieferung vor Übermittlung einer Bankgarantie

Vereinbaren die Parteien, daß die Lieferung der Ware eine Woche nach Empfang einer Bankgarantie des Käufers zu erfolgen hat, und liefert der Verkäufer bereits vor Empfang der Bankgarantie, liegt darin keine wesentliche Vertragsverletzung des Verkäufers. Denn durch die Pflichtverletzung fällt kein wesentliches Interesse des Käufers weg, weil dieser die Ware tatsächlich erhält.[578]

bb) Verletzung von Pflichten aus Art. 32

Die in Art. 32 geregelten Pflichten konkretisieren die Lieferpflicht bei Verträgen, die eine Beförderung der Ware erfordern (vgl. Art. 31 a).

---

[575] Schlechtriem/Huber, Art. 32 Rn. 14.

[576] Schlechtriem/Huber, Art. 32 Rn. 12; Honnold, Rn. 213; Bianca/Bonell/Lando, Art. 32 Anm. 2.2.2.; Enderlein/Maskow/Strohbach, Art. 32 Anm. 4.; Herber/Czerwenka, Art. 32 Rn. 5; Rudolph, Art. 32 Rn. 2; Sekretariatskommentar, Art. 30 Anm. 3.

[577] Schlechtriem/Huber, Art. 32 Rn. 15.

[578] Schiedsgericht der IHK der Russischen Förderation v. 25.04.94, CLOUT Nr. 141.

(a) Anzeigepflicht, Art. 32 Abs. 1

Die Anzeigepflicht gilt nur für den Fall, daß für den Käufer nicht ersichtlich ist, ob die erwartete Lieferung für ihn bestimmt ist. Die Anzeigepflicht hat den Zweck, daß der Verkäufer die untergegangene bzw. beschädigte Ware nicht nachträglich dem Käufer zuordnen und damit das Risiko des Verlusts bzw. der Beschädigung auf den Käufer verlagern kann. Ferner soll diese Bestimmung auch dem Informationsbedürfnis des Käufers über die Tatsache der Absendung der Ware dienen.[579]

Eine Verletzung dieser Pflicht kann nach einer Meinung zu einer wesentlichen Vertragsverletzung führen, wenn der Käufer ein besonderes Interesse daran hat, den Ankunftszeitpunkt der Ware zu erfahren und dieses Interesse durch die Pflichtverletzung wegfällt. Ein besonderes Interesse an der Kenntnis des Ankunftszeitpunktes habe der Käufer beispielsweise dann, wenn es sich um einen Vertrag mit längerer Transportdauer (z.B. Schiffstransport) handele. Erteile der Verkäufer nach Ablauf der Lieferfrist dem Käufer trotz Nachfrage weder ein Transportdokument noch eine Versandanzeige, müsse der Käufer damit rechnen, daß der Verkäufer die Versendung überhaupt nicht vorgenommen habe.[580] Diese Auffassung ist jedoch abzulehnen. Die bloße Unsicherheit darüber, ob der Verkäufer die Versendung vorgenommen hat, reicht noch nicht für einen Wegfall der Käuferinteressen aus. Ebenso wie bei der Verletzung einer vertraglich vereinbarten Anzeigepflicht, kann der Käufer den Vertrag in diesem Fall nicht aufheben.

(b) Pflicht zum Abschluß eines Beförderungsvertrags, Art. 32 Abs. 2

Ist der Käufer durch Vertrag oder aufgrund Gepflogenheiten oder Gebräuchen verpflichtet, für die Beförderung der Ware zu sorgen, so hat er nach Art 32 Abs. 2 solche Verträge abzuschließen, die zur Beförderung der Ware an den vereinbarten Ort mit den nach den Umständen angemessenen Beförderungsmittel und zu den für solche Beförderungen üblichen Bedingungen erforderlich sind.

An dieser Stelle ist nur der Fall von Bedeutung, in dem die Verletzung der Pflichten aus Art. 32 gleichzeitig nicht zu einer Verletzung der Lieferpflicht oder einer vertragswidrige Lieferung führt. Schließt der Verkäufer einen Trans-

---

[579] Schlechtriem/Huber, Art. 32 Rn. 1; a. A. Kock, S. 101, 107, 108 die nur bei Nachfrage des Käufers eine Informationspflicht des Verkäufers annimmt.

[580] Schlechtriem/Huber, Art. 32 Rn. 12; Honsell/Karollus, Art. 32 Rn. 13; Staudinger/Magnus, Art. 32 Rn. 14.

portvertrag ab, der die Waren mit einem nach den Umständen nicht angemessenen Beförderungsmittel transportiert (z.B. schnell verderbliche Lebensmittel werden mit einem langsamen Beförderungsmittel befördert), führt die Wahl eines nicht angemessenen Beförderungsmittels nur zu einer abstrakten Gefährdung der Käuferinteressen. Diese Gefährdung ist nicht so schwerwiegend, daß sie zu einem Interessenwegfall beim Käufer führt. Dasselbe gilt, wenn der Verkäufer einen Transportvertrag zu unangemessenen Bedingungen abschließt (z.B. der Verkäufer akzeptiert unübliche Haftungsfreizeichnungen des Transporteurs).

(cc) Auskunftspflicht für den Abschluß einer Transportversicherung, Art. 32 Abs. 3

Der Verkäufer hat nach Art. 32 Abs. 3 die Pflicht, dem Käufer die für den Abschluß einer Transportversicherung erforderlichen Auskünfte zu erteilen, wenn der Verkäufer nicht zum Abschluß einer solchen Versicherung verpflichtet ist.

Eine Transportversicherung hat den Zweck, dem Käufer für den Fall der Beschädigung bzw. des Untergangs des Kaufgegenstands Ersatzansprüche zu gewähren. Damit der Käufer jedoch eine angemessene Transportversicherung abschließen kann, benötigt er entsprechende Auskünfte des Verkäufers. Kann der Käufer aufgrund mangelnder Auskunft des Verkäufers keine angemessene Versicherung abschließen, besteht für ihn das Risiko, daß diese Versicherung nicht alle Nachteile abdeckt, welche durch Beschädigung oder Untergang der Ware entstehen. Kommt die Ware jedoch unbeschädigt beim Käufer an, liegt im Abschluß einer unangemessenen Transportversicherung noch keine wesentliche Vertragsverletzung. Denn das durch den Abschluß einer unangemessen Transportversicherung entstehende Risiko einer nicht vollständigen Abdeckung aller Nachteile, führt nur zu einer abstrakten Gefährdung der Interessen des Käufers. Diese Gefährdung ist jedoch nicht so schwerwiegend, daß sie einen Interessenswegfall beim Käufer zur Folge hat.

cc) Verstoß gegen die Erhaltungspflicht

Den Verkäufer trifft nach Art. 85 eine Erhaltungspflicht bezüglich der Ware, wenn der Käufer die Sache nicht rechtzeitig abnimmt bzw. bei einer Zug-um-Zug Lieferung den Kaufpreis nicht bezahlt und der Verkäufer noch über die Ware verfügen kann. Verstößt der Verkäufer gegen seine Erhaltungspflicht, führt dieser Umstand nicht zu einer erheblichen Beeinträchtigung der Käuferinteressen. Denn das CISG bewertet das Interesse des Käufers an der Einhaltung der Erhaltungspflicht als unerheblich. Die Erhaltungspflicht trifft den

Verkäufer nach Art. 85 erst dann, wenn der Käufer zuvor eine Ursache für die Verletzung der Erhaltungspflicht durch den Verkäufer gesetzt hat. Ferner geht die Preisgefahr spätestens mit dem Zeitpunkt der Nichterfüllung der Abnahmepflicht auf den Käufer über (vgl. Art. 69). Aus diesen Gründen führt die Verletzung der Erhaltungspflicht nicht zu einer wesentlichen Vertragsverletzung auf Seiten des Verkäufers.[581]

dd) Verletzung der Pflicht zum Selbsthilfeverkauf

Handelt es sich um verderbliche Ware oder wäre die Erhaltung der Ware mit unverhältnismäßigen Kosten verbunden, hat der Verkäufer, wenn dieser nach Art. 85 zur Erhaltung der Ware verpflichtet ist, die Pflicht, sich in angemessener Weise um den Verkauf der Ware zu bemühen (vgl. Art. 88). Ebenso wie im Fall der Verletzung der Erhaltungspflicht, hat auch die Verletzung der Pflicht zum Selbsthilfeverkauf keine erheblichen Auswirkungen auf die Interessen des Käufers. Denn den Verkäufer trifft eine Pflicht zum Selbshilfeverkauf erst dann, wenn der Käufer zuvor eine Pflichtverletzung begangen hat. Deshalb führt eine Verletzung dieser Pflicht zu keiner wesentlichen Vertragsverletzung des Verkäufers.[582]

ee) Verletzung der Instruktionspflicht

Erteilt der Verkäufer dem Käufer beispielsweise fehlerhafte Anweisungen für die Bedienung einer Maschine, und kommt es deswegen zu einem Totalschaden bei dieser Maschine, hat dieser Umstand einem Interessenwegfall beim Käufer und damit das Entstehen einer wesentlichen Vertragsverletzung zur Folge.[583]

---

[581] Im Ergebnis ebenso: Staudinger/Magnus, Art. 85 Rn. 15; Schlechtriem/Bacher, Vor. Art. 85-88, Rn. 4.

[582] Im Ergebnis ebenso: Schlechtriem/Bacher, Vor. Art. 85-88, Rn. 4; Staudinger/Magnus, Art. 88 Rn. 19.

[583] Ziegler, S. 123.

ff) Vorsätzliches Unterschieben vertragswidriger Ware

Liefert der Verkäufer dem Käufer absichtlich vertragswidrige Ware, kann dies nach einer Auffassung zu einer wesentlichen Vertragsverletzung führen.[584] Diese Ansicht ist jedoch abzulehnen, weil das CISG nicht vom Verschuldensprinzip ausgeht.[585] Aus diesem Grund darf bei der Bewertung einer Vertragsverletzung als wesentlich nicht berücksichtigt werden, ob der Käufer schuldhaft handelt.

2. Verletzung von Käuferpflichten

a) Nichterfüllung der Zahlungspflicht

Der Käufer ist nach Art. 53 verpflichtet den Kaufpreis zu zahlen. Die Zahlungspflicht wird in den Art. 54-59 näher ausgestaltet. Die ergänzenden Vorschriften betreffen die Bestimmung des Kaufpreises (vgl. Art. 55, 56), des Zahlungsorts (vgl. Art. 57) und der Zahlungszeit (vgl. Art. 58, 59).

aa) Erfüllungsverweigerung

(a) Erfüllungsverweigerung nach Fälligkeit

Weigert sich der Käufer endgültig und ernsthaft die Zahlungspflicht zu erfüllen, liegt darin eine wesentliche Vertragsverletzung, wenn dadurch ein wesentliches Interesse des Verkäufers wegfällt. Eine Ansicht verneint bei einer Erfüllungsverweigerung einen Interessenwegfall beim Verkäufer. Daher sei eine Vertragsaufhebung nur über die Bestimmung einer Nachfrist möglich.[586] Diese Auffassung ist jedoch abzulehnen, weil der Verkäufer im Fall der Erfüllungsverweigerung damit rechnen muß, daß der Käufer auf Dauer nicht zur Erfüllung seiner Zahlungspflicht bereit ist. Aus diesem Grund ist es für den Verkäufer nicht zumutbar, mit der Aufhebung des Vertrags noch weiter abzuwarten. Demnach

---

[584] Holthausen, RIW 1990, 101, 107; von Caemmerer, in FS für Coing II, S. 52; Staudinger/Magnus, Art. 49 Rn. 19 a; ähnlich: Benicke, IPRax 1997, 326, 330; Karollus, JZ 1997, 38, 39; BGH v. 03.04.96, BGHZ 132, 290, 303 der bezweifelte, ob ein arglistiges Unterschieben vertragswidriger Ware stets zu einer wesentlichen Vertragsverletzung führt; im Ergebnis konnte der BGH diese Frage offen lassen, weil der Käufer ein arglistiges Verhalten des Verkäufers nicht beweisen konnte.

[585] Siehe S. 81, Teil III, erstes Kapitel, C.I.3.d.

[586] So im Ergebnis Herber/Czerwenka, Art. 64 Rn. 6, die mit Hinweis auf Art. 49 Abs. 1 lit. b keine wesentliche Vertragsverletzung annehmen.

führt eine Erfüllungsverweigerung zu einer wesentlichen Vertragsverletzung auf Seiten des Verkäufers.[587]

(b) Erfüllungsverweigerung vor Fälligkeit

Verweigert der Käufer die Erfüllung seiner Zahlungspflicht vor ihrer Fälligkeit, kann der Verkäufer den Vertrag bereits zu diesem Zeitpunkt nach Art. 72 Abs. 1 aufheben. In diesem Fall ist durch die endgültige und ernsthafte Erfüllungsverweigerung des Käufers offensichtlich, daß dieser eine wesentliche Vertragsverletzung begehen wird.[588]

bb) Verspätete Zahlung

Im Gegensatz zur Erfüllungsverweigerung liegt im Fall der nicht rechtzeitigen Lieferung nur ausnahmsweise eine wesentliche Vertragsverletzung vor. Das Vorliegen einer solchen Pflichtverletzung hängt davon ab, ob der Zahlungstermin für die Interessen des Verkäufers von besonderer Bedeutung ist oder nicht.

(a) Zahlungstermin hat keine besondere Bedeutung

Hat der Zahlungstermin keine besondere Bedeutung für die Interessen des Verkäufers, führt die verspätete Zahlung zu keiner wesentlichen Vertragsverletzung, weil dadurch in der Regel die Verkäuferinteressen nicht wegfallen.[589] Dieses Ergebnis wird auch durch die in Art. 64 Abs. 1 lit. b enthaltene gesetzliche Wertung bestätigt. Das Übereinkommen enthält in Art. 64 Abs. 1 lit. b eine abstrakte Interessensabwägung. Der Verkäufer kann nach dieser Vorschrift den Vertrag nur aufheben, wenn der Käufer die Zahlungspflicht nicht innerhalb ei-

---

[587] Schlechtriem/Hager, Art. 64 Rn. 5; Staudinger/Magnus, Art. 64 Rn. 10; Piltz, § 5 Rn. 376; Sevon, Obligations of buyer, S. 224; LG Kassel v. 21.09.95, CISG Online Nr. 192.

[588] Schlechtriem/Leser/Hornung, Art. 72 Rn. 26-28.

[589] Staudinger/Magnus, Art. 64 Rn. 10; Schlechtriem/Schlechtriem, Art. 25 Rn. 22; Schlechtriem/Hager, Art. 64 Rn. 5; Enderlein/Maskow/Strohbach, Art. 64 Anm. 3.; Herber/Czerwenka, Art. 64 Rn. 3; Wiegand, Pflichten des Käufers, S. 161; Piltz, § 5 Rn. 375; Scheifele, S. 119; Tercier, Rechte und Pflichten des Verkäufers, S. 137; Wiegand, Pflichten des Käufers, S. 161; Rudolph, Art. 64 Rn. 6; Australia Fed. Dis. Ct. Adelaide v. 28.04.95, CISG Online Nr. 218; Sekretariatskommentar, Art. 60 Anm. 5.; eine rechtsvergleichende Überblick bestätigt dieses Ergebnis im Hinblick auf das englische, amerikanische und schwedische Recht, vgl. Clausson, N.Y.L.Sch.Int'l & Comp.L.(1984), 93, 117.

ner vom Verkäufer gesetzten Frist erfüllt. Das Übereinkommen geht offenbar davon aus, daß bei nicht rechtzeitiger Erfüllung der Zahlungspflicht das Interesse des Verkäufers an der Durchführung des Vertrags im Regelfall erst nach erfolglosem Ablauf der Nachfrist wegfällt.[590] Allerdings kann ein länger anhaltender Zahlungsverzug - ebenso wie im Fall der verspäteten Lieferung - eine wesentliche Vertragsverletzung begründen.[591] Für die Entrichtung von Zinszahlungen gelten dieselben Grundsätze, die für die verspätete Erfüllung der Zahlungspflicht gelten.[592]

Fraglich ist, unter welchen Voraussetzungen die nicht rechtzeitige Zahlung bei einem Vertrag mit vereinbartem Eigentumsvorbehalt zu einem Aufhebungsrecht des Verkäufers führt. Teilweise wird ein Aufhebungsrecht mit Hinweis auf eine richtlinienkonforme Auslegung des CISG mit einem seit 1999 vorliegenden Entwurf einer Zahlungsverzugsrichtlinie der EG[593] angenommen, wonach der Verkäufer berechtigt ist, die Ware nach Ablauf der Zahlungsfrist zurückzuverlangen (vgl. Art. 4 Abs. 1 S. 1). In der Geltendmachung dieses Rechts liege gleichzeitig eine Erklärung der Vertragsaufhebung.[594] Nach dieser Meinung führte der Zahlungsverzug also zu einem sofortigen Aufhebungsrecht des Verkäufers.

Gegen diese Ansicht spricht jedoch der Gedanke der Rechtsvereinheitlichung, der mit dem CISG erreicht werden soll. Würde im Fall der verspäteten Zahlung generell ein sofortiges Aufhebungsrecht des Verkäufers bestehen, käme es bei EU-Mitgliedstaaten zu einer anderen Auslegung des CISG als bei Nichtmitgliedstaaten.[595] Für eine richtlinienkonforme Auslegung des CISG sei es ausreichend, wenn dem Verkäufer im Fall des Zahlungsverzugs ein Rücknahmerecht aufgrund des Eigentumsvorbehalts eingeräumt werde. Ein Aufhebungsrecht

---

590 Staudinger/Magnus, Art. 64 Rn. 10.

591 Schiedsgericht der Handelskammer Hamburg v. 21.03.96, RIW 1996, 766, 770; Hardt, NWB 96, Fach 19, S. 198; Soergel/Lüderitz/Budzikiewicz, Art. 64 Rn. 5.; zum EKG: Trib. de Commerce de Bruxelles v. 11.09.84, in Schlechtriem/Magnus, Art. 62 Nr. 5, das eine wesentliche Vertragsverletzung bei einer mehrmonatigen bzw. länger als ein Jahr zurückliegenden Nichtzahlung angenommen hat; zu weitgehend Enderlein/Maskow/Strohbach, Art. 64 Anm. 3., die offenbar einen länger anhaltenden Zahlungsverzug im Regelfall als wesentliche Vertragsverletzung ansehen.

592 Schlechtriem/Hager, Art. 64 Rn. 5; Australia Fed. Dis. Ct. Adelaide v. 28.04.95, CISG Online Nr. 218; Ziegel, CISG W3 Nr. 950428a2.

593 Abl. EG Nr. C 168 v. 03.06.1998, S. 13.

594 So Schmidt-Kessel, JZ 1998, 1135, 1142.

595 Schlechtriem/Schlechtriem, Art. 25 Rn. 22; Schlechtriem/Hager, Art. 64 Rn. 5.

stehe ihm nur zu, wenn er infolge der verspäteten Zahlung kein Interesse mehr an der Durchführung des Vertrags habe.[596]

(b) Zahlungstermin hat besondere Bedeutung

(aa) Im Ausnahmefall ist die Zahlung zu einem bestimmten Zeitpunkt von besonderer Bedeutung für die Interessen des Verkäufers. In diesen Fällen führt die verspätete Zahlung des Kaufpreises im Regelfall zu einer wesentlichen Vertragsverletzung, weil die Interessen des Verkäufers infolge der Pflichtverletzung wegfallen. Der Verkäufer hat ein besonderes Interesse an der Einhaltung des Zahlungstermins, wenn mit der rechtzeitigen Erfüllung der Zahlungspflicht das Geschäft „stehen und fallen" soll.[597] Anhaltspunkte für ein solches Fixgeschäft können sich aus dem Vertragsinhalt oder aus den sonstigen Umständen ergeben.[598] Im Zweifelsfall liegt jedoch kein Fixgeschäft vor (vgl. Art. 64 Abs. 1 lit. b).

Der Zahlungstermin hat beispielsweise Fixcharakter, wenn die Devisenmärkte stark schwanken oder die Zahlungswährung einer rasanten Inflation unterliegt.[599] Dies gilt insbesondere dann, wenn der Kaufpreis in der Währung des Käufers zu zahlen ist.[600] In diesem Fall ist der Käufer auf pünktliche Zahlung angewiesen, damit er den vereinbarten Gegenwert für seine Leistung erhalten kann.[601]

Fraglich ist, ob auch der Zahlungstermin beim Kauf von Waren mit stark schwankenden Preisen den Charakter eines Fixtermins hat. Nach einer Auffassung liegt in diesem Fall ein Fixgeschäft vor, da bei solchen Geschäften die sofortige Abwicklung Geschäftsgrundlage ist.[602] Diese Ansicht ist jedoch abzulehnen, da der Verzug den vereinbarten Gegenwert für die Ware nicht verändert. Aus diesem Grund ist mit der anderen Ansicht davon auszugehen, daß der

---

[596] Vgl. Schlechtriem/Schlechtriem, Art. 25 Rn. 22

[597] Siehe S. 110, Teil III, erstes Kapitel,

[598] Wiegand, Pflichten des Käufers, S. 161; Schlechtriem/Hager, Art. 64 Rn. 5; Enderlein/Maskow/Stroh-bach, Art. 64 Anm. 3.; Herber/Czerwenka, Art. 64 Rn. 3; Posch, Pflichten des Käufers, S. 159.

[599] Staudinger/Magnus, Art. 64 Rn. 11; ähnlich Schlechtriem/Hager, Art. 64 Rn. 5; Enderlein/Maskow/Strohbach, Art. 64 Anm. 3.; Schlechtriem, S. 76 Fn. 334; zurückhaltender Lüderitz/Budzikiewicz, Art. 64 Rn. 5.

[600] Schlechtriem/Hager, Art. 64 Rn. 5; Schlechtriem, S. 76 Fn. 334.

[601] Staudinger/Magnus, Art. 64 Rn. 11.

[602] Herber/Czerwenka, Art. 64 Rn. 3; Scheifele, S. 119.

Zahlungstermin bei solchen Geschäften keine besondere Bedeutung für die Interessen des Verkäufers und daher nicht den Charakter eines Fixtermins hat. Damit liegt in diesem Fall kein Fixgeschäft vor.[603]

(bb) Zur Zahlungspflicht des Käufers gehört nach Art. 54 auch die Pflicht, die Maßnahmen zu treffen und die Formalitäten zu erfüllen, die zur Durchführung der Zahlung erforderlich sind. Dazu gehört beispielsweise die Eröffnung eines Dokumentenakkreditivs und die Stellung einer Zahlungssicherheit.[604] Eine Verletzung dieser Pflichten stellt gleichzeitig eine Verletzung der Zahlungspflicht dar.[605] Vereinbaren die Parteien Zahlung durch ein Dokumentenakkreditiv stellt sich die Frage, ob die verspätete Eröffnung dieses Akkreditivs eine wesentliche Vertragsverletzung darstellt. Eine wesentliche Vertragsverletzung liegt vor, wenn der Zeitpunkt für die Eröffnung des Akkreditivs von besonderer Bedeutung für die Interessen des Verkäufers ist und damit Fixcharakter hat.

Nach einer Ansicht ist die rechtzeitige Eröffnung eines Akkreditivs für die Interessen des Verkäufers grundsätzlich von besonderer Bedeutung, weil dieser auf dessen pünktliche Eröffnung angewiesen sein kann. Aus diesem Grund führt die verspätete Eröffnung des Akkreditivs zu einem Interessenwegfall beim Verkäufer und damit zu einer wesentlichen Vertragsverletzung.[606]

Die überwiegende Ansicht geht jedoch davon aus, daß der Termin für die Eröffnung eines Dokumentenakkreditivs nicht ohne weiteres von besonderer Bedeutung für den Verkäufer ist.[607] Der Verkäufer hat bei Vereinbarung einer Akkreditivklausel generell ein Interesse daran, daß der Käufer möglichst früh das Akkreditiv eröffnet, damit er sicher gehen kann, daß er tatsächlich sein Geld erhält. Demgegenüber will der Käufer möglichst früh über die Ware verfügen

---

603 Staudinger/Magnus, Art. 64 Rn. 12.

604 Staudinger/Magnus, Art. 54 Rn. 4; Schlechtriem/Hager, Art. 54 Rn. 3.

605 Staudinger/Magnus, Art. 54 Rn. 7; Schlechtriem/Hager, Art. 54 Rn. 7; OGH v. 06.02.1996, CISG Online Nr. 224.

606 Hellner, Standard Form Contracts, S. 353.

607 Staudinger/Magnus, Art. 64 Rn. 14; Enderlein/Maskow/Strohbach, Art. 64 Anm. 3.; Clausson, N.Y.L.Sch.J.Int'l & Comp.L. (1984), 93, 106; Schiedsgericht der ICC v. 1992, J.D.I. 1995, 1015, 1017 (In diesem Fall wurde ein Akkreditiv 3 ½ Monate zu spät eröffnet. Das Schiedsgericht nahm diesbezüglich eine Fristsetzung im Sinne von Art. 61 Abs. 1 an, und kam - ohne auf Art. 64 Abs. 1 lit. a einzugehen - zu einem Aufhebungsrecht nach Art. 64 Abs. 1 lit. b. Im Hinblick auf diese erhebliche Verspätung wäre es konsequenter gewesen, von einer wesentliche Vertragsverletzung auszugehen und ein Aufhebungsrecht nach Art. 64 Abs. 1 lit. a anzunehmen, vgl. Kazimierska, http://www.cisg.law.pace.edu/cisg/biblio/kazimierska.html, Fn. 244, wohl auch Kritzer, CISG W3 Nr. 927585il und Derains, J.D.I. 1995, 1020).

können. Dies kann er jedoch erst, wenn der Verkäufer die Ware abgesandt bzw. an den Transportführer übergeben und anschließend dem Käufer die entsprechenden Dokumente überreicht hat, die ihm die Verfügung über die Ware ermöglichen. Demnach hat es der Verkäufer in der Hand, zu welchem Zeitpunkt der Käufer über die Ware verfügen kann, wenn nicht hierfür ein bestimmter Zeitpunkt vereinbart wurde. Würde eine verspätete Eröffnung eines Akkreditivs generell zu einer wesentlichen Vertragsverletzung des Käufers führen, würden die Interessen des Verkäufers an der Sicherung der Zahlung zu stark geschützt. Für diesen starken Schutz der Verkäuferinteressen spricht, daß ein wesentlicher Zweck des Akkreditivs die Sicherungsfunktion zu dessen Gunsten ist.[608] Dagegen spricht jedoch, daß der Schutz des Verkäufers nicht unbeschränkt sein kann, weil der Käufer durch die Eröffnung des Akkreditivs immerhin vorleistet und der Akkreditiv auch eine Kreditfunktion zu seinen Gunsten erfüllt. Aus diesem Grund müssen zur verspäteten Eröffnung des Akkreditivs noch weitere Umstände hinzutreten, damit der Eröffnungstermin besondere Bedeutung für den Verkäufer hat.

Der Verkäufer wird häufig ein besonderes Interesse an einer rechtzeitigen Eröffnung eines Akkreditivs haben, wenn ausnahmsweise die Übertragbarkeit des Akkreditivs vereinbart wurde.[609] In diesem Fall möchte der Verkäufer das Akkreditiv als Kreditgrundlage gegenüber seinem Vorlieferanten verwenden, damit dieser die verkaufte Ware beschaffen oder herstellen kann. Dieses Ziel kann er in Form einer Anschlußfinanzierung über seine Bank erreichen bzw. des Akkreditiv von vornherein mit den Vorlieferanten als Zweitbegünstigten eröffnen.[610] Eröffnet der Käufer das Akkreditiv nicht rechtzeitig, besteht für den Verkäufer die Gefahr, daß er künftige Aufträge nicht mehr erfüllen kann, weil er sich keine Ware mehr beschaffen kann.

Die besondere Bedeutung des Eröffnungstermins für die Interessen des Verkäufers kann sich auch daraus ergeben, daß das Dokumentenakkreditiv im Zusammenhang mit einem Abladegeschäft eröffnet wurde.[611] Dies wird damit begründet, daß bei einem solchen Geschäft der Abladetermin häufig Fixcharakter habe und daran auch der Termin für die Eröffnung des Akkreditivs teilhabe.[612] Das

---

[608] Schlegelberger/Hefermehl, Anh. § 365 Rn. 143.

[609] Hellner, Standard Form Contracts, S. 353.

[610] Eisemann/Schütze, S. 156.

[611] Schlechtriem/Hager, Art. 64 Rn. 5.

[612] Schlechtriem/Hager, Art. 64 Rn. 5, der auf die Rechtslage im deutschen und englischen Recht hinweist (Schiedsgericht des Waren-Vereins der Hamburger Börse v. 29.09.76. in Straatmann/Ulmer, J 5 a, Nr. 72; Clausson, N.Y.L.Sch.J.Int'l & Comp.L. (1984), 93, 103-105; Benjamin's Sale, Rn. 9-048; 19-182).

Akkreditiv sei spätestens am ersten Tag der Abladepflicht zur Verfügung zu stellen.[613] Im Hinblick auf die Sicherungsfunktion des Dokumentenakkreditivs wolle der Verkäufer vor der Verschiffung sicher wissen, ob die Waren auch bezahlt werden.[614]

Auch die nicht rechtzeitige Stellung einer Zahlungssicherheit fällt unter Art. 54, weil diese die Zahlung sichern soll. Fraglich ist, ob es auch in diesem Fall zu einem Interessenwegfall und damit zu einer wesentlichen Vertragsverletzung kommen kann. Hat der Käufer die Zahlungssicherheit bis zu dem Zeitpunkt noch nicht gestellt, zu dem ein Rückgriff auf diese erforderlich wird, liegt eine wesentliche Vertragsverletzung vor. Denn jetzt steht für den Verkäufer fest, daß er den Kaufpreis nicht mehr erhält. Dagegen besteht bis zum Zeitpunkt des Rückgriffs auf die Zahlungssicherheit nur eine abstrakte Gefährdung der Verkäuferinteressen, die nicht das Gewicht einer wesentlichen Vertragsverletzung erreicht. Denn der Verkäufer kann bis zu diesem Zeitpunkt noch damit rechnen, daß der Käufer seine Pflicht zur Zahlung des Kaufpreises erfüllt und er daher nicht auf die Zahlungssicherung zurückgreifen muß. Ausnahmsweise fällt das Interesse des Verkäufers bereits vor dem Zeitpunkt des Rückgriffs auf die Sicherheit weg. Dies ist z.B. der Fall, wenn der Verkäufer die Ware nur gegen Gewährung einer Zahlungssicherheit versendet, weil der Käufer mit der Bezahlung einer Rechnung aus einem früheren Geschäften in Verzug ist.[615] In diesem Fall ist für den Verkäufer bereits zu diesem Zeitpunkt offensichtlich, daß er den Kaufpreis nicht mehr erhalten und der Käufer daher eine wesentliche Vertragsverletzung begehen wird. Darüber hinaus kann bereits vor dem Zeitpunkt des Rückgriffs auf die Zahlungssicherheit eine wesentliche Vertragsverletzung eintreten, wenn der Verkäufer die Zahlungssicherheit zur Beschaffung von zur Herstellung erforderlicher Materialien benötigt. In diesem Fall besteht für den Verkäufer die Gefahr, daß er die erforderlichen Materialien entweder überhaupt nicht mehr bzw. nicht mehr zu den kalkulierten Bedingungen beschaffen kann.[616]

---

[613] Schlechtriem/Hager, Art. 64 Rn. 5; Schiedsgericht des Waren-Vereins der Hamburger Börse v. 29.09.76, in Straatmann/Ulmer, J 5 a, Nr. 72; Clausson, N.Y.L.Sch.J.Int'l & Comp.L. (1984), 93, 101.

[614] Schlechtriem/Hager, Art. 64 Rn. 5.

[615] OLG Düsseldorf v. 14.01.94, CISG Online Nr. 119.

[616] Enderlein/Maskow/Strohbach, Art. 64 Anm. 3.

(cc) Kann der Käufer infolge hoheitlicher Maßnahmen nicht zu dem bestimmten Zahlungstermin oder innerhalb angemessener Frist bezahlen, weil ein Devisentransfer in andere Länder nicht möglich ist, kann darin ebenfalls eine wesentliche Vertragsverletzung liegen. Teilweise wird vertreten, daß dieser Fall wie eine ernsthafte und endgültige Erfüllungsverweigerung behandelt werden soll.[617] In diesem Fall wäre der Verkäufer zur sofortigen Aufhebung des Vertrags berechtigt. Gegen eine Gleichbehandlung mit einer Erfüllungsverweigerung spricht jedoch die unterschiedliche Interessenlage. Werden hoheitliche Maßnahmen angeordnet, tritt das Leistungshindernis für beide Parteien unverschuldet ein. Würde dem Verkäufer in diesem Fall ein sofortiges Aufhebungsrecht gewährt, würden dessen Interessen ungerechtfertigt bevorzugt. Ein interessengerechtes Ergebnis läßt sich erzielen, wenn die Grundsätze über die verspätete Leistung angewandt werden.[618] Demnach kommt es für das Vorliegen einer wesentlichen Vertragsverletzung auf die Bedeutung des Zahlungstermins für die Interessen des Verkäufers bzw. auf die Dauer des Leistungshindernisses an.[619] Die Anwendung dieser Kriterien führt im Regelfall dazu, daß keine wesentliche Vertragsverletzung vorliegt und daher eine sofortige Vertragsaufhebung ausscheidet.

b) Nichtabnahme

Der Käufer ist nach Art. 53 verpflichtet, die Ware abzunehmen. Diese Pflicht wird durch Art. 60 näher ausgestaltet.

aa) Unmöglichkeit

Fraglich ist, ob eine wesentliche Vertragsverletzung vorliegt, wenn der Käufer nicht in der Lage ist seine Abnahmepflicht zu erfüllen. Eine Ansicht bejaht in diesem Fall generell das Vorliegen einer wesentlichen Vertragsverletzung.[620] Diese Auffassung ist jedoch abzulehnen, weil eine Verletzung der Abnahmepflicht nicht immer zu einem Interessenwegfall beim Verkäufer führt. Ein Interessenwegfall scheidet beispielsweise aus, wenn der Verkäufer die Ware noch zumutbar abredewidrig an einen Dritten veräußern kann. Die Veräußerung an einen Dritten ist für den Verkäufer jedoch nicht zumutbar, wenn er ein besonde-

---

617 Staudinger/Magnus, Art. 64 Rn. 16.

618 Im Ergebnis ebenso Piltz, § 5 Rn. 376.

619 Siehe S. 106, Teil III, erstes Kapitel, C.III.1.a.

620 Schlechtriem/Schlechtriem, Art. 25 Rn. 23; Ziegler, S. 136.

res Interesse an der Einhaltung des Abnahmetermins hat.[621] In diesem Fall hat er ein Interesse daran, sich sofort vom Vertrag zu lösen. Dies ist beispielsweise der Fall, wenn es sich um einen Räumungsverkauf oder um den Verkauf leicht verderblicher Ware handelt.[622]

bb) Erfüllungsverweigerung

(a) Erfüllungsverweigerung nach Fälligkeit

Verweigert der Käufer ernsthaft und endgültig die Abnahme der Ware, muß der Verkäufer damit rechnen, daß der Käufer die Ware endgültig nicht abnimmt. Aus diesem Grund fällt aufgrund der Erfüllungsverweigerung das Interesse des Verkäufers an der Durchführung des Vertrags weg, was zum Vorliegen einer wesentlichen Vertragsverletzung führt.[623]

(b) Erfüllungsverweigerung vor Fälligkeit

Handelt es sich um eine Erfüllungsverweigerung vor dem Zeitpunkt der Fälligkeit der Abnahmepflicht, so kann der Verkäufer den Vertrag nach Art. 72 Abs. 1 aufheben, weil durch diese Pflichtverletzung eine wesentliche Vertragsverletzung zu erwarten ist.[624]

cc) Verspätete Abnahme

(a) Abnahmetermin hat keine besondere Bedeutung

Die verspätete Abnahme stellt in der Regel keine wesentliche Vertragsverletzung dar, weil dadurch kein wesentliches Interesse des Verkäufers wegfällt. Dafür spricht die Regelung in Art. 64 Abs. 1 lit. b, die eine Vertragsaufhebung im Fall der verspäteten Abnahme von der Bestimmung einer Nachfrist abhängig

---

[621] Auch nach deutschem Recht berechtigt nicht jede Verletzung der Abnahmepflicht zur Aufhebung des Vertrags. Eine Vertragsaufhebung nach § 326 ist nur möglich, wenn die Abnahmepflicht ausnahmsweise den Charakter einer Hauptpflicht hat, vgl. Staudinger/Otto, § 326 Rn. 40; MüKo/Emmerich, § 326 Rn. 4.

[622] Siehe die Beispiele auf S. 139, Teil III, erstes Kapitel, C.III.2.b.cc.b.

[623] Schlechtriem/Hager, Art. 64 Rn. 6; Schlechtriem/Schlechtriem, Art. 25 Rn. 23; Wiegand, Pflichten des Käufers, S. 161; Staudinger/Magnus, Art. 64 Rn. 17; Botzenhardt, S. 267.

[624] Schlechtriem/Leser/Hornung, Art. 72 Rn. 26-28.

macht.[625] Allerdings kann eine länger anhaltender Nichtabnahme - ebenso wie eine verspätete Zahlung - zu einem Interessenwegfall beim Verkäufer und damit zum Eintritt einer wesentlichen Vertragsverletzung führen.[626]

(b) Abnahmetermin hat besondere Bedeutung

In bestimmten Fällen ist der Abnahmetermin von besonderer Bedeutung für die Interessen des Verkäufers und hat daher Fixcharakter. In diesen Fällen führt die verspätete Abnahme im Regelfall zum Vorliegen einer wesentlichen Vertragsverletzung, weil das Interesse des Verkäufers infolge der Pflichtverletzung wegfällt. Anhaltspunkte für den Fixcharakter eines Abnahmetermins können sich entweder aus dem Vertragsinhalt oder aus den sonstigen Umständen ergeben.

Ein Abnahmetermin hat z.B. Fixcharakter, wenn der Verkäufer auf die pünktliche Räumung seines Lagers besonders wert legt.[627] Ferner ist der Fixcharakter des Abnahmetermins zu bejahen, wenn der Verkäufer an einer pünktlichen Entladung seiner Beförderungsmittel ein dringendes Interesse hat, weil insbesondere bei der Schiffsentladung oft enorme Liegekosten entstehen.[628] Der Verkäufer hat auch ein besonders Interesse an der Einhaltung des Abnahmetermins, wenn bei leicht verderblicher Ware oder beim Verkauf von Massengütern der ordnungsgemäße Betrieb des Verkäufers von einer genauen Einhaltung des Abnahmetermins abhängt.[629] Schließlich wird eine besondere Bedeutung eines bestimmten Abnahmetermins angenommen, wenn mehr als die Hälfte (ca. 58,3 %) der verkauften Ware nicht abgenommen wird.[630]

---

625 Schlechtriem/Hager, Art. 64 Rn. 6; Piltz, § 5 Rn. 377; Wiegand, Pflichten des Käufers, S. 161; Schlechttriem/Schlechtriem, Art. 25 Rn. 23; Rudolph, Art. 64 Rn. 6; Soergel/Lüderitz/Budzikiewicz, Art. 64 Rn. 7.

626 CA de Grenoble v. 04.02.1999, CISG-France Nr. 040299 (Verspätung von ein paar Tagen reicht nicht aus, um eine wesentliche Vertragsverletzung zu begründen).

627 Soergel/Lüderitz/Budzikiewicz, Art. 64 Rn. 7; Schlechtriem/Hager, Art. 64 Rn. 6; Schlechtriem, S. 76 Fn. 334; die deutsche Literatur orientiert sich hinsichtlich des besonderen Interesses an der Abnahme stark an den Fällen, in denen die Abnahme im deutschen Recht als Hauptpflicht angesehen wird, vgl. Scheifele, S. 154 und Hager, S. 207.

628 Soergel/Lüderitz/Budzikiewicz, Art. 64 Rn. 7.

629 Schlechtriem/Hager, Art. 64 Rn. 6; Rudolph, Art. 64 Rn. 6.

630 OLG Hamm v. 22.09.1992, CISG Online Nr. 57; a. A. Schlechtriem/Hager, Art. 64 Fn. 17 betrachtet dieses Urteil als zu weitgehend.

c) Sonstige Pflichtverletzungen

aa) Verstoß gegen ein Reimportverbot

Der Verstoß gegen ein vertraglich vereinbartes Reimportverbot wird vom sachlichen Anwendungsbereich des CISG erfaßt. Zwar geht eine solche wettbewerbsrechtliche Pflicht über die typischen Pflichten eines Kaufvertrags hinaus, trotzdem überwiegen die kaufrechtlichen Pflichten die wettbewerbsrechtliche Pflicht.[631]

Das vertraglich vereinbarte Reimportverbot ist nur eine Nebenpflicht.[632] Auch der Verstoß gegen eine Nebenpflicht führt zu einer wesentlichen Vertragsverletzung, wenn der Verkäufer ein besonderes Interesse an deren Einhaltung hat und dieses Interesse durch die Pflichtverletzung wegfällt. Der Verkäufer hat ein besonderes Interesse an der Einhaltung einer Ausschließlichkeitsbindung, wenn er Waren einer bestimmten Marke liefert, die der Käufer nur auf bestimmten Märkten veräußern darf, weil der Verkäufer auf den anderen Märkten bereits vertraglich an mehrere Exklusivabnehmer gebunden ist. Verstößt der Käufer gegen diese Abrede, indem er die Waren nicht auf den vereinbarten Märkten veräußert, so führt dies zu einem Wegfall der Käuferinteressen und damit zu einer wesentlichen Vertragsverletzung.[633] Denn der Käufer durchkreuzt mit dem Verstoß gegen das Reimportverbot die Vertriebsstrategie des Verkäufers.

bb) Nichtvorlage einer Bankbestätigung

Legt der Käufer eine Bankbestätigung über die Eröffnung eines Akkreditivs nicht rechtzeitig vor,[634] liegt darin eine wesentliche Vertragsverletzung, wenn das Interesse des Käufers infolge der Pflichtverletzung wegfällt. Der Zweck einer solchen Bestätigung kann die Absicherung von Risiken sein, die mit dem Absatz der Ware zusammenhängen. Diese Risiken schätzt der Verkäufer als nicht besonders hoch ein, wenn er nach Vertragsschluß zu erkennen gibt, daß er trotz Nichtvorlage der Bankbestätigung seine Lieferpflicht erfüllen will. Damit

---

[631] Siehe S. 10, Teil I, erstes Kapitel, D.III.1.c.; im Ergebnis ebenso: CA de Grenoble, J.D.I. 1995, 632, 638; Witz/Wolter, RIW 1995, 810, 811; Kahn, J.D.I. 1995, 639, 641; Staudinger/Magnus, Art. 64 Rn. 20.

[632] Witz/Wolter, RIW 1995, 810, 811.

[633] CA de Grenoble, J.D.I. 1995, 632, 638; Witz/Wolter, RIW 1995, 810, 811; Kahn, J.D.I. 1995, 639, 641; Staudinger/Magnus, Art. 64 Rn. 20.

[634] Diese Pflicht fällt wohl nicht unter die Zahlungspflicht nach Art. 54, weil diese vorgelagerte Bestätigung nicht hinreichend mit der Eröffnung eines Akkreditivs vergleichbar ist, vgl. LG Kassel v. 21.09.95, CISG Online Rn. 192.

gibt er zu erkennen, daß er kein besonderes Interesse an der Vorlage der Bankbestätigung hat. Aus diesem Grund führt die Nichtvorlage der Bankbestätigung zu keinem Interessenwegfall beim Verkäufer und damit zu keiner wesentlichen Vertragsverletzung.[635]

cc) Verletzung von Mitwirkungs- und Schutzpflichten

In bestimmten Fällen ist der Käufer verpflichtet, bei der Erfüllung der Pflichten des Verkäufers mitzuwirken. Er hat beispielsweise Zeichnungen oder Materialien zur Verfügung zu stellen.[636] Die verspätete Erfüllung einer solchen Pflicht kann zu einer wesentlichen Vertragsverletzung führen. Eine solche Vertragsverletzung ist gegeben, wenn der von den Parteien bestimmte Zeitpunkt für die Erfüllung der Mitwirkungspflichten besondere Bedeutung für die Interessen des Verkäufers hat und eine verspätete Erfüllung diese Interessen entfallen läßt. Dies ist der Fall, wenn die Fertigung zu einem späteren Zeitpunkt wegen anderweitiger Kapazitätsauslastung, vorgesehener Produktionsumstellung, Betriebsstillegung usw. nicht mehr möglich ist.[637]

Der Käufer hat gegenüber dem Verkäufer die Schutzpflicht, seine Anweisungen so zu fassen, daß diesem bei Befolgung seiner Anweisungen keine wesentlichen Nachteile entstehen. Erkennt der Verkäufer, daß er bei Befolgung der Anweisungen des Käufers ein Schutzrecht eines Dritten verletzen kann, kann er vom Käufer zunächst Erfüllung verlangen und ihm eine Nachfrist zur Erteilung anderer Anweisungen bzw. die Beschaffung einer Lizenz verlangen. Erteilt dieser keine neuen Anweisungen, beschafft auch keine Lizenz und ist keine Gestaltung möglich, die eine Verletzung des Schutzrechts ausschließt, liegt eine wesentliche Vertragsverletzung des Käufers vor. In diesem Fall hat der Verkäufer kein Interesse mehr an der Durchführung des Vertrags. Dem Verkäufer kann nicht zugemutet werden, daß er sehenden Auges das Schutzrecht eines Dritten verletzt und sich damit womöglich selbst diesem gegenüber schadensersatzpflichtig macht.[638]

---

[635] LG Kassel v. 21.09.95, CISG Online Nr. 192; Schlechtriem/Hager, Art. 64 Rn. 7.

[636] Staudinger/Magnus, Art. 64 Rn. 20.

[637] Enderlein/Maskow/Strohbach, Art. 64 Anm. 3.; Schlechtriem/Hager, Art. 64 Rn. 7.

[638] Schlechtriem/Schwenzer, Art. 42 Rn. 23; Piltz, § 5 Rn. 378.

Der in Art. 25 geregelte Maßstab, der zur Abgrenzung einer wesentlichen von einer nicht wesentlichen Vertragsverletzung dient, ist als Generalklausel formuliert. Aus diesem Grund besteht für die vertragsaufhebende Partei ein hohes Prozeßrisiko. Dieses Risiko kann durch die Bildung von Fallgruppen typischer Vertragsverletzung eingeschränkt werden, weil diese dem Richter einen gewissen Anhalt für seine Entscheidungsfindung geben können. Im Hinblick auf das noch verbleibende Prozeßrisiko sollte die vertragsaufhebende Partei zusätzlich versuchen, die Voraussetzungen einer Vertragsaufhebung mittels Bestimmung einer Nachfrist herbeizuführen.

Rechtsprechung und Literatur verwenden zur Qualifikation einer Vertragsverletzung als wesentlich alle Umstände des Einzelfalles. Im Rahmen dieser Gesamtbetrachtung können folgende Umstände berücksichtigt werden: Vertragliche Vereinbarungen zwischen den Parteien, die zwischen ihnen geltende Gepflogenheiten und Gebräuche, Ausmaß der Folgen der Pflichtverletzung, die Möglichkeit der Nacherfüllung in Form der Nachbesserung bzw. der Ersatzlieferung, die Möglichkeit der zumutbaren anderweitigen Verwertung der Ware, die vertragliche Risikoverteilung, die Zeitdauer der verspäteten Erfüllung einer Pflicht und die Art des Vertragsgegenstands.

IV. Voraussehbarkeit

Art. 25 setzt nicht nur das Vorliegen eines wesentlichen Nachteils voraus, sondern auch die „Voraussehbarkeit“ des durch die Vertragsverletzung entstandenen Nachteils. Eine „Voraussehbarkeit“ des Nachteils liegt nicht vor, wenn die vertragsbrüchige Partei den Eintritt eines wesentlichen Nachteils nicht vorausgesehen hat und auch eine vernünftige Person diesen nicht vorausgesehen hätte. In diesem zweiten Halbsatz von Art. 25 ist seit seiner Entstehung bis heute hauptsächlich der für die „Voraussehbarkeit“ maßgebende Zeitpunkt streitig. Streitig war vor allem, ob dabei auf den Zeitpunkt des Vertragsschlusses abzustellen ist oder auch Informationen berücksichtigt werden dürfen, die der vertragsbrüchigen Partei erst nach diesem Zeitpunkt bekannt werden. Ferner bestand keine Einigkeit über das Konzept der „vernünftigen Person“ und das Verhältnis zwischen dem ersten und dem zweiten Halbsatz von Art. 25.

1. Verhältnis der „Voraussehbarkeit" zum „wesentlichen Nachteil"

Zunächst soll das Verhältnis des ersten Halbsatz („wesentlicher Nachteil") zum zweiten Halbsatz („Voraussehbarkeit") untersucht werden, weil davon zum einen die Auslegung des zweiten Halbsatzes und zum anderen die Verteilung der Beweislast[639] abhängt.

a) Grammatische Auslegung

Der zweite Halbsatz von Art. 25 wird in der englischen Fassung mit „unless"[640] in der französischen Fassung mit „à moins que"[641] eingeleitet, was im deutschen Vertragstext treffend mit der Wendung „es sei denn, daß" übersetzt wird. Das Übereinkommen betrachtet es offenbar als Regelfall, daß die vertragsbrüchige Partei die Folgen ihrer Pflichtverletzung vorausgesehen hat. Beruft sich diese Partei darauf, daß sie diese Folgen nicht vorausgesehen hat, so liegt ausnahmsweise keine „Voraussehbarkeit" vor. Damit deutet der Wortlaut darauf hin, daß dieser Satzteil den Charakter einer Entlastungsmöglichkeit für die vertragsbrüchige Partei hat.

b) Historische Auslegung

Der zweite Halbsatz von Art. 25 wurde im Verlauf der Entstehungsgeschichte mehrmals geändert. Art. 10 EKG ging noch von einem subjektiven Konzept der wesentlichen Vertragsverletzung aus. In dieser Vorschrift diente die „Voraussehbarkeit" als Auslegungshilfe zur Ermittlung der Bedeutung der vertraglichen Interessen.[642] Nach der Kritik an der subjektiven Fassung wurde in den Vorentwürfen der UNCITRAL zur Bestimmung des wesentlichen Nachteils von einer objektiven Bestimmung des Nachteils („substantial detriment") ausgegangen, die auf das Ausmaß eines Schadens abstellte. Die „Voraussehbarkeit" diente seit diesem Zeitpunkt nicht mehr als Auslegungshilfe für die Ermittlung der vertraglichen Interessen, sondern wurde als subjektiver Entlastungsgrund für den Schuldner gesehen. Diese Funktionsänderung wurde verdeutlicht, indem der letzte Satzteil in eine Ausnahme („...unless...") umformuliert wurde.[643] Wäh-

---

[639] Siehe S. 170, Teil III, erstes Kapitel, D.

[640] „es sei denn, daß", Dumay/Plasa, S. 215.

[641] „wenn nicht". Dietl/Moss/Lorenz.

[642] Schlechtriem/Schlechtriem, Art. 25 Rn. 3.

[643] Schlechtriem/Schlechtriem, Art. 25 Rn. 3.

rend der Beratungen auf dieser Konferenz wurde allerdings nicht immer klar zwischen Haftungsentlastung und Ausschluß der Vertragsaufhebung unterschieden.[644]

Auf der Wiener Konferenz wurde die objektive Bestimmung des Nachteils dadurch abgeschwächt, daß der Nachteilsbegriff in Beziehung zu den vertraglichen Erwartungen gesetzt wurde.[645] Trotz der Änderung des Wortlauts des ersten Halbsatzes wurde der zweite Halbsatz nicht an den ersten angepaßt. Offensichtlich hatten die Delegierten nicht erkannt, daß mit der Charakterisierung des Nachteils durch die vertraglichen Erwartungen, für die „Voraussehbarkeit“ und damit auch für die Entlastungsmöglichkeit nur noch ein beschränkter Anwendungsbereich bleibt.[646] Die Mehrheit der Delegierten auf der Wiener Konferenz ging davon aus, daß die „Voraussehbarkeit“ als subjektiver Entlastungsgrund für den Schuldner anzusehen sei.[647] Der zweite Halbsatz von Art. 25 hat demnach die Funktion eines Entlastungsgrunds für die vertragsbrüchige Partei.

c) Teleologische Auslegung

Die „Voraussehbarkeit“ dient dem Schutz der Interessen der vertragsbrüchigen Partei. Denn der Tatbestand einer wesentlichen Vertragsverletzung ist trotz Vorliegens einer erheblichen Interessensbeeinträchtigung nicht erfüllt, wenn die vertragsbrüchige Partei die Folgen ihrer Vertragsverletzung nicht voraussehen konnte. Sie soll also vor einer überraschenden Vertragsaufhebung durch den Vertragspartner geschützt werden. Offenbar geht Art. 25 davon aus, daß ein vernünftiger Kaufmann, der die Folgen einer Pflichtverletzung voraussieht, den Vertrag überhaupt nicht abschließt oder verstärkte Vorkehrungen zur Vermeidung einer solchen Verletzung trifft.[648] Die Aufhebung des Vertrags greift erheblich in die Interessen der vertragsbrüchigen Partei ein, weil für sie erhebliche Transportkosten und -risiken entstehen können. Es ist daher ein Gebot der Gerechtigkeit die Interessen dieser Partei zu berücksichtigen, auch wenn die

---

[644] Schlechtriem/Schlechtriem, Art. 25 Rn. 3; vgl. Michida, Am.J.Comp.L. (1979), 279, 284.

[645] „substantial detriment“ in „detriment ... substantially to deprive him of what he is entitled to expect under the contract.“

[646] Schlechtriem/Schlechtriem, Art. 25 Rn. 3, 11; Musger, S. 10, 11, 20, 21; Aicher, Leistungsstörungen, S. 135.

[647] Schlechtriem/Schlechtriem, Art. 25 Fn. 39.

[648] Bianca/Bonell/Will, Art. 25 Anm. 2.2.; Posch/Kandut, Allgemeine Bestimmungen, S. 65.

verletzte Partei infolge der Pflichtverletzung kein Interesse mehr an der Durchführung des Vertrags hat.[649]

Die „Voraussehbarkeit" hat die Funktion eines Entlastungsgrunds für die vertragsbrüchige Partei.[650] Hat diese Partei oder eine vernünftige Person die Folgen einer wesentlichen Vertragsverletzung nicht vorausgesehen, liegt keine solche Pflichtverletzung vor. Damit scheidet auch eine Aufhebung des Vertrags aus. Teilweise wird davon ausgegangen, daß dieses Tatbestandsmerkmal noch die Funktion eines Auslegungsumstands für die Beurteilung des Gewichts der verletzten Pflicht und ihrer Bedeutung für den Gläubiger hat.[651] Dieser zusätzlichen Funktion bedarf es jedoch nicht, weil die Erkennbarkeit der Verletzungsfolgen bereits bei Auslegung der Parteierklärungen zu berücksichtigen ist (vgl. Art. 8).

In bestimmten Fällen wird sich die vertragsbrüchige Partei im Regelfall nicht auf ihre fehlende „Voraussehbarkeit" berufen können. Haben die Parteien bestimmte Pflichten oder Pflichtmodalitäten im Vertrag selbst eindeutig als wesentlich für den Gläubiger ausgestaltet, z. B. die Vereinbarung eines Fixtermins, kann sich der Schuldner nicht darauf berufen, daß er den durch die Pflichtverletzung entstehenden Nachteil nicht vorausgesehen hat. In diesem Fall ist zumindestens für eine vernünftige Person erkennbar, daß dem anderen Vertragspartner durch die Pflichtverletzung ein wesentliches Vertragsinteresse entgeht. Der Schuldner kann sich ferner nicht auf seine fehlende „Voraussehbarkeit" berufen, wenn die Parteien bei den Vertragsverhandlungen über die besondere Bedeutung bestimmter Pflichten gesprochen haben, ohne diese im Vertrag deutlich zu benennen. Allerdings muß in diesem Fall der von der Pflichtverletzung betroffene Gläubiger diese Umstände nachweisen können.

d) Ergebnis

Die grammatische, historische und teleologische Auslegung sprechen dafür, daß der zweite Halbsatz von Art. 25 die Funktion eines Entlastungsgrundes für die vertragsbrüchige Partei hat. Im übrigen ergibt sich aus der teleologischen Auslegung, daß die „Voraussehbarkeit" nur einen beschränkten Anwendungsbereich hat. Die vertragsbrüchige Partei kann sich nur auf ihre fehlende „Voraussehbarkeit" berufen, wenn die Bedeutung der vertraglichen Interessen weder

---

[649] Schultze von Lasaulx, S. 118 (allerdings zu Art. 10 EKG).

[650] Honsell/Karollus, Art. 25 Rn. 24; Musger, S. 21; Staudinger/Magnus, Art. 25 Rn. 14; wohl auch Bianca/Bonell/Will, Art. 25 Anm. 2.2.1.; 2.2.2.; BG v. 28.10.98, CISG Online Nr. 413.

[651] Schlechtriem/Schlechtriem, Art. 25 Rn. 3, 11.

eindeutig im Vertrag festgelegt noch bei den Vertragsverhandlungen deutlich gemacht wurde.

2. Subjektiver und objektiver Maßstab

Der zweite Halbsatz von Art. 25 verwendet ein subjektives und ein objektives Element, um den Maßstab der „Voraussehbarkeit“ zu konkretisieren. Die vertragsbrüchige Partei begeht keine wesentliche Vertragsverletzung, wenn sie den durch die Vertragsverletzung entstandenen Nachteil nicht vorausgesehen hat (subjektives Element) und auch eine vernünftige Person einen solchen Nachteil nicht vorausgesehen hätte (objektives Element).

a) Verhältnis des subjektiven zum objektiven Maßstab

Nachdem das Übereinkommen sowohl auf die subjektive Betrachtungsweise der vertragsbrüchigen Partei als auch die objektive Sichtweise einer vernünftigen Person abstellt, muß zunächst das Verhältnis zwischen diesen beiden Maßstäben geklärt werden. Die Maßstäbe können entweder in einem kumulativen oder alternativen Verhältnis zueinander stehen.

aa) Grammatische Auslegung

Der Wortlaut von Art. 25 verbindet den subjektiven und objektiven Maßstab in der englischen Fassung mit dem Wort „and“ und im französischen Vertragstext mit „et“. Damit stimmen diese Fassungen mit der deutschen Fassung, die das Wort „und“ verwendet, überein. Die Verwendung dieses Ausdrucks spricht dafür, daß beide Maßstäbe in einem kumulativen und nicht in einem alternativen Verhältnis zueinander stehen.

bb) Systematische Auslegung

Das Übereinkommen verwendet den objektiven Maßstab einer „reasonable person“ auch für die Auslegung von Willenserklärungen in Art. 8 Abs. 2. Diesem objektiven Maßstab wird in Art. 8 Abs. 1 ein subjektiver Maßstab gegenübergestellt. Im Gegensatz zu Art. 25 ist in dieser Vorschrift das Verhältnis zwischen dem subjektiven und objektiven Maßstab eindeutig geregelt. Zunächst ist nach Art. 8 Abs. 1 nur der subjektive Wille des Erklärenden maßgebend. Auf den

Willen einer vernünftigen Person kommt es nach Art. 8 Abs. 2 nur an, wenn der subjektive Wille der erklärenden Partei dem Erklärungsempfänger nicht bekannt war. Damit stehen diese beiden Maßstäbe in einem alternativen Verhältnis zueinander. Im Gegensatz zur Regelung in Art. 25 ist bei der in Art. 8 eine kumulative Verbindung beider Maßstäbe kaum denkbar. Deshalb ist diese Vorschrift mit Art. 25 nicht hinreichend vergleichbar. Aus diesem Grund lassen sich aus dieser Bestimmung keine Anhaltspunkte für die Auslegung von Art. 25 gewinnen.

Ferner enthält Art. 74 S. 2 eine Regelung, die mit der im zweiten Halbsatz von Art. 25 vergleichbar ist. Nach dieser Vorschrift haftet die vertragsbrüchige Partei nur für Schäden, die sie voraussehen konnte. Zwar stellt der Wortlaut dieser Vorschrift ausdrücklich nicht auf den Begriff der „reasonable person" ab, doch enthält sie ebenso wie Art. 25 neben einem subjektiven auch einen objektiven Maßstab.[652] Im Gegensatz zu Art. 25 verbindet Art. 74 S. 2 beide Maßstäbe mit dem Wort „or". Aus dem Wortlaut dieser Vorschrift wird abgeleitet, daß beide Maßstäbe in einem alternativen Verhältnis zueinander stehen, wobei nur der jeweils höhere Maßstab maßgebend sei.[653] Nachdem der zweite Halbsatz von Art. 25 beide Maßstäbe mit dem Ausdruck „and" verbindet, spricht der Vergleich mit dem Wortlaut von Art. 74 S. 2 dafür, daß in Art. 25 beide Maßstäbe in einem kumulativen Verhältnis stehen.

cc) Historische Auslegung

In Art. 10 EKG wurde in bezug auf die „Voraussehbarkeit" der Vertragsverletzung und ihrer Folgen lediglich auf den objektiven Maßstab einer vernünftigen Person abgestellt.[654] Dieser Maßstab wurde nicht in die Vorentwürfe der UNCITRAL-Arbeitsgruppe übernommen, weil Art. 10 EKG insgesamt als zu vage und zu subjektiv gefaßt kritisiert wurde. Ebenso wie in dieser Bestimmung des Einheitlichen Kaufgesetzes stellte Art. 9 E 1975 nur auf die Kenntnis einer objektiven Vergleichsperson ab, ohne jedoch auf die Formulierung „reasonable person" zurückzugreifen.[655] Im nächsten Entwurf wurde erstmals auf einen subjektiven und objektiven Maßstab abgestellt, der durch das Wort „or" verbunden wurden.[656] Diese Formulierung wurde so verstanden, daß sich beide

---

[652] Faust S. 30.

[653] Faust, S. 30.

[654] Dölle/Huber, Art. 10 Rn. 28; Art. 13. Rn. 1.

[655] YB VI (1975), S. 53, Nr. 45 „... and the party in breach had reason to foresee such a result."

[656] Art. 9 E 1976 „...the party in breach foresaw or had reason to forsee such a result."

Maßstäbe gegenseitig ergänzen. Eine wesentliche Vertragsverletzung sollte vorliegen, wenn zwar nicht der Verkäufer aber eine objektive Vergleichsperson die Folgen einer Vertragsverletzung voraussehen konnte. Dadurch wurde eine Beschränkung des Vertragsaufhebungsrechts beabsichtigt.[657] In der darauffolgenden Beratungsrunde der Arbeitsgruppe im Jahr 1977 wurde im Rahmen der Diskussion zu Art. 9 E 1976 ein Änderungsantrag angenommen, der beide Maßstäbe mit dem Wort „and" verband.[658] Die sich an diesen Entwurf anschließenden Entwürfe behielten diese Formulierung bei.[659]

Auf der Wiener Konferenz wurde die Formulierung des zweiten Halbsatzes von Art. 25 geringfügig geändert, indem die objektive Vergleichsperson durch eine „reasonable person" ersetzt wurde. Dabei wurde die Verknüpfung des subjektiven und des objektiven Maßstabs mit dem Wort „and" beibehalten. Das Verhältnis zwischen beiden Maßstäben wurde offensichtlich nicht als klar genug angesehen. Aus diesem Grund wurde vorgeschlagen, beide Elemente durch den Ausdruck „or" und nicht durch „and" zu verbinden.[660] Im Rahmen der Diskussion über diesen Antrag wurde vom ägyptischen Delegierten allerdings vertreten, daß sich beide Maßstäbe ergänzen sollen, beide unteilbar seien und daher der Antrag abgelehnt werden sollte.[661] Im Anschuß an diese Anmerkung wurde der Abänderungsantrag abgelehnt. Dies spricht dafür, daß beide Maßstäbe unteilbar sind und daher in einem kumulativen Verhältnis zueinander stehen.

dd) Teleologische Auslegung

Der zweite Halbsatz von Art. 25 dient dem Schutz der vertragsbrüchigen Partei vor den unvorhersehbaren Folgen ihrer Vertragsverletzung. Diese Partei soll keinen Rechtsbehelfen aufgrund der von ihr begangenen wesentlichen Vertragsverletzung ausgesetzt sein, wenn sie deren Folgen nicht voraussehen konnte. Für die vertragsbrüchige Partei wäre es am günstigsten, wenn Art. 25 lediglich auf ihre subjektive Betrachtungsweise abstellen würde. In diesem Fall müßte sie sich nicht das Wissen einer vernünftigen Partei zurechnen lassen. Eine rein subjektive Betrachtungsweise entspricht jedoch nicht den Erfordernissen des internationalen Handelsverkehrs, weil die Partei begünstigt wird, die wenig

---

[657] Michida, Am.J.Comp.L. (1979), 279, 283.

[658] Michida, Am.J.Comp.L. (1979), 279, 285.

[659] Art. 8 E 1977 und Art. 23 E 1978 „unless the party in breach did not foresee and had no reason to forsee such a result."

[660] O.R., S. 296, Nr. 13; S. 298, Nr. 41.

[661] O.R., S. 298, Nr. 41.

weiß und damit wenig voraussieht.[662] Eine rein objektive Sichtweise wäre für die vertragsbrüchige Partei günstig, wenn sie überdurchschnittliche Kenntnisse besitzt. In diesem Fall könnte sie sich hinter einer durchschnittlichen objektiven Person „verstecken" und sehenden Auges den Vertrag verletzen, ohne daß sie dafür haften müßte. Daher führt auch eine solche, rein objektive Betrachtungsweise nicht zu interessengerechten Ergebnissen. Handelt es sich um eine Pflichtverletzung des Verkäufers, hat dieser aufgrund seiner überdurchschnittlichen Kenntnisse eventuell die Möglichkeit, ein Haftungsrisiko in den Preis einzukalkulieren und damit auf den Käufer abzuwälzen. Demnach müssen sich beide Maßstäbe ergänzen, damit ein interessengerechtes Ergebnis erzielt werden kann.[663]

Fraglich ist jedoch, in welchem Verhältnis beide Maßstäbe stehen müssen, um ein solches Ergebnis erzielen zu können. Stehen beide Maßstäbe in einem kumulativen Verhältnis zueinander, liegt eine wesentliche Vertragsverletzung nur vor, wenn sowohl die vertragsbrüchige Partei als auch eine vernünftige Person den Nachteil voraussehen konnten. Die kumulative Verbindung beider Maßstäbe kann zu nicht interessengerechten Ergebnissen führen. Hat die vertragsbrüchige Partei überdurchschnittliche Kenntnisse, so kann nur diese Partei die Folgen einer Vertragsverletzung voraussehen, weil eine vernünftige Partei nicht über überdurchschnittliche Kenntnisse verfügt. Die vertragsbrüchige Partei kann sich von den Folgen einer Pflichtverletzung entlasten, indem sie sich auf die fehlende „Voraussehbarkeit" einer fiktiven Vergleichsperson beruft. Besitzt die vertragsbrüchige Partei keine überdurchschnittlichen Kenntnisse, kann sie sich von den Folgen einer Vertragsverletzung entlasten, indem sie nachweist, daß sie wenig weiß und daher nur wenig voraussieht. Das Tatbestandsmerkmal „Voraussehbarkeit" ist in diesem Fall nicht erfüllt, weil nur eine vernünftige Person den durch die Pflichtverletzung entstandenen Nachteil voraussehen kann. Aus diesem Gründen ist von einem alternativen Verhältnis zwischen beiden Maßstäben auszugehen.[664] Dabei ist es ausreichend, wenn jeweils nur der strengere von beiden Maßstäben erfüllt ist. Hat die vertragsbrüchige Partei aus bestimmten Gründen überdurchschnittliche Kenntnisse, so ist allein ihre (erhöhte) subjektive Sichtweise maßgebend. Soweit sie keine überdurchschnittlichen Kenntnisse hat, ist nur auf den Maßstab einer vernünftigen Person abzustellen.

---

[662] Bianca/Bonell/Will, Art. 25 Anm. 2.2.2.1.

[663] Vgl. Bianca/Bonell/Will, Art. 25 Anm. 2.2.2.4.

[664] Loewe, S. 48; Aicher, Leistungsstörungen, S. 133; Botzenhardt, S. 239.

ee) Ergebnis

Die grammatische, systematische und historische Auslegung deuten auf ein kumulatives Verhältnis zwischen dem subjektiven und dem objektiven Maßstab hin. Dagegen zeigt die teleologische Auslegung, daß sich nur durch eine alternative Verbindung beider Maßstäbe ein interessengerechtes Ergebnis erzielen läßt. Nur durch eine solche Verbindung beider Maßstäbe läßt sich verhindern, daß sich eine vernünftige Person, die überdurchschnittliche Kenntnisse hat, hinter einer (durchschnittlichen) vernünftigen Person „versteckt" oder eine Person privilegiert wird, die wenig weiß und damit wenig vorhersieht. Aus diesem Grund sind die Folgen einer wesentlichen Vertragsverletzung bereits voraussehbar, wenn der strengere von beiden Maßstäben erfüllt ist.

b) Subjektiver Maßstab

Das Übereinkommen stellt zunächst darauf ab, ob die vertragsbrüchige Partei die Folgen ihrer Vertragsverletzung vorausgesehen hat. Diese Formulierung ist aus sich heraus verständlich und bereitet daher keine besonderen Auslegungsschwierigkeiten. Die mangelnde Kenntnis der vertragsbrüchigen Partei von diesen Umständen kann sich aus verschiedenen Gründen ergeben. Die Unkenntnis kann sich zunächst aus Unzulänglichkeiten persönlicher oder organisatorischer Art ergeben, die aus ihrer Beeinflussungssphäre oder ihrem Verantwortungsbereich stammen. Darunter fallen insbesondere mangelndes Wissen, fehlendes Wahrnehmungsvermögen und fehlende Erfahrung oder Begabung dieser Partei. Ferner hat sie keine Kenntnis, wenn die verletzte Partei es versäumt hat, ihr deren Erwartungen oder andere wichtige Informationen mitzuteilen. Schließlich fehlt es an einer Kenntnis, wenn dritte Personen wichtige Umstände, wie beispielsweise das Verschwinden einer Nachricht bei der Post, nicht rechtzeitig mitteilen.[665] Die vertragsbrüchige Partei trifft jedoch in bestimmten Fällen eine Erkundigungspflicht. Das „Ob" und der Umfang einer solchen Pflicht hängt von der Zumutbarkeit der Informationsbeschaffung ab. Bei Prüfung der Zumutbarkeit sind die Art des Geschäfts, die Bedeutung der Information für die vertraglichen Interessen und der für deren Beschaffung entstehende Kosten- und Zeitaufwand zu berücksichtigen. Besitzt beispielsweise die vertragstreue Partei relevante Informationen, die sie der anderen Partei jedoch nicht mitteilt, scheidet eine Erkundigungspflicht der vertragsbrüchigen Partei im Regelfall aus. Denn der Kosten- und Zeitaufwand für eine Weiterleitung einer Information von der vertragstreuen Partei an die vertragsbrüchige Partei ist üblicherweise geringer als der für ihre Beschaffung von einem Dritten. In diesem Fall besteht nur eine

---

[665] Bianca/Bonell/Will, Art. 25 Anm. 2.2.2.1.

Erkundigungspflicht der vertragsbrüchigen Partei, wenn sich dieser Partei die Informationen geradezu aufdrängen mußten[666] und der Kostenaufwand für die Informationsbeschaffung gering ist. Verfügt die vertragsbrüchige Partei zwar über alle notwendigen Informationen, zieht daraus jedoch falsche rechtliche Schlußfolgerungen, so ist ein solcher Rechtsirrtum unbeachtlich.[667]

Der subjektive Maßstab wird durch besondere Kenntnisse und Fähigkeiten der vertragsbrüchigen Partei erhöht.[668] Die Anwendung nur des subjektiven Maßstabs entspricht nicht den Bedürfnissen des internationalen Handelsverkehrs, weil ansonsten die Partei, die wenig weiß, privilegiert wird.[669] Aus diesem Grund muß dieser Maßstab noch durch einen objektiven Maßstab ergänzt werden.

c) Objektiver Maßstab

Das CISG bestimmt neben dem subjektiven noch einen objektiven Maßstab. Der objektive Maßstab, der gekennzeichnet ist durch die Kenntnis einer fiktiven Person, wird durch zwei weitere Elemente („der gleichen Art", „unter den gleichen Umständen") konkretisiert.

aa) „vernünftige Person"

(a) Grammatische Auslegung

Das englische Wort „reasonable"[670] und der französische Ausdruck „raisonnable"[671] werden in der deutschen Textfassung mit dem Begriff „vernünftig" treffend übersetzt. Demnach handelt es sich bei einer reasonable person um eine Person, die sich von der Vernunft leiten läßt. Der Begriffsinhalt ist damit sehr allgemein und weit gefaßt.

---

666 Im deutschen Recht wird in diesem Fall von grober Fahrlässigkeit gesprochen, vgl. Palandt/Heinrichs, § 277 BGB Rn. 2; MüKo/Hanau, § 277 BGB Rn. 2; BGB v. 29.09.92, NJW 1992, 2335, 3236.

667 a. A.: wohl Bianca/Bonell/Will, Art. 25 Anm. 2.2.2.1. und Babiak, Temp.Int'l & Comp.L.J. (1992), 113, 122.

668 Staudinger/Magnus, Art. 25 Rn. 14; Bianca/Bonell/Will, Art. 25 Anm. 2.2.2.2.4.; Enderlein/Maskow/Strohbach, Art. 25 Anm. 4.2.

669 Bianca/Bonell/Will, Art. 25 Anm. 2.2.2.1.

670 „vernünftig", Dietl/Moss/Lorenz.

671 „vernünftig", Doucet/Fleck.

(b) Historische Auslegung

Der Begriff „vernünftige Person“ wurde bereits im Wortlaut von Art. 10 EKG verwendet. Während der Beratungen der UNCITRAL-Arbeitsgruppe waren einige Delegierte der Auffassung, daß dieser Satzteil entweder gestrichen[672] bzw. durch eine andere Formulierung ersetzt[673] werden soll, weil dieser Satzteil zu vage formuliert sei. Ein Vorschlag der ehemaligen UDSSR, der die Wendung „a merchant engaged in international commerce“ enthielt,[674] wurde mit Hinweis auf Art. 7 EKG abgelehnt, weil sich das Übereinkommen nicht nur auf Kaufleute beziehe und die vorgeschlagene Formulierung daher zu eng sei.[675] Andere Delegierte waren der Ansicht, daß der bisherige Vertragstext beibehalten werden und die Auslegung den Gerichten obliegen solle.[676] Im übrigen würde der Satzteil „vernünftige Person“ zu einer Objektivierung der Vergleichsperson beitragen.[677] Die Diskussion über die „vernünftige Person“ wurde auf den folgenden Sitzungen der UNCITRAL fortgesetzt. In der achten Sitzungsperiode wurde vom mexikanischen Delegierten ein erneuter Versuch unternommen, diese ungenaue Formulierung zu beseitigen.[678] Letztendlich wurde den Bedenken gegen das Konzept der „vernünftigen Person“ Rechnung getragen und dieser Satzteil gestrichen.[679]

Auf der Wiener Konferenz wurde auf Grundlage von Art. 23 des New Yorker Entwurfs beraten. Die ägyptische Delegation schlug vor, den Ausdruck „vernünftige Person“ wieder in den Übereinkommenstext aufzunehmen.[680] Mit diesem Vorschlag sollte ein objektives Kriterium eingeführt werden.[681] Dieser Vorschlag wurde teilweise kritisiert, weil das Wort „vernünftig“ als überflüssig angesehen wurde. Die Delegierten gingen offenbar davon aus, daß die Satzteile „der gleichen Art“ und „unter den selben Umständen“ ausreichend seien, um

---

672 YB II (1971), S. 47, Nr. 70.

673 YB III (1972), S. 59, Nr. 86 „most persons engaged in international trade“, „a party of goodwill engaged in international trade“.

674 YB II (1971), S. 47, Nr. 65.

675 YB II (1971), S. 47, Nr. 68; YB III (1972), S. 47, Nr. 37.

676 YB II (1971), S. 59, Nr. 86.

677 YB III (1972), S. 47, Nr. 36.

678 YB VI (1975), S. 74, Nr. 39-46; S. 95, Nr. 67.

679 YB VI (1975), S. 64 (Art. 9).

680 O.R., S. 99, Nr. 3 (v).

681 O.R., S. 295, Nr. 3; S. 296 Nr. 6, 12; S. 297 Nr. 21.

den zweiten Halbsatz von Art. 25 objektiv zu formulieren.[682] Trotz dieser Bedenken wurde der ägyptische Vorschlag am Ende dieser Sitzung angenommen.[683] Die historische Auslegung zeigt, daß die Delegierten eine genaue und objektive Fassung dieses objektiven Maßstabs erreichen wollten. Daraus ergeben sich jedoch keine weiteren Anhaltspunkte für die Auslegung des Begriffs „vernünftige Person".

(c) Systematische Auslegung

Das Übereinkommen verwendet auch in Art. 8 Abs. 2 den Ausdruck „reasonable person". Diese Vorschrift enthält jedoch keine Definition einer solchen Person, sondern zählt in Art. 8 Abs. 3 lediglich bestimmte Umstände auf, die für die Auslegung des Willens, den eine vernünftige Person gehabt hätte, zu berücksichtigen sind. Aus diesem Grund können aus dem Vergleich mit dieser Vorschrift keine weiteren Auslegungsargumente gewonnen werden. Auch ein Vergleich mit der ähnlichen Regelung in Art. 74 S. 2[684] hilft nicht weiter, weil diese Vorschrift ebenfalls keine weiteren Anhaltspunkte für die Auslegung der objektiven Vergleichsperson enthält.

(d) Teleologische Auslegung

Das Übereinkommen stellt neben dem subjektiven Maßstab zusätzlich auf die Sichtweise einer objektiven Vergleichsperson ab. Der objektive Maßstab soll den subjektiven Maßstab ergänzen. Ansonsten könnte sich die vertragsbrüchige Partei bereits dadurch von den Folgen ihrer Pflichtverletzung entlasten, daß sie nachweist, diese Folgen nicht vorausgesehen zu haben. Ein solcher rein subjektiver Maßstab würde auch nicht den Bedürfnissen des internationalen Handelsverkehrs entsprechen, weil dadurch die Partei begünstigt wird, die wenig weiß und daher wenig voraussieht.[685] Das Tatbestandsmerkmal „reasonable person" ist nach objektiven Gesichtspunkten zu bestimmen. Es ist darauf abzustellen, was ein verständiger, normal denkender Mensch erkannt oder gewußt haben würde, der sich von der Vernunft leiten läßt und sich weder maßlos noch über-

[682] O.R., S. 296, Nr. 9, 13.

[683] O.R., 299, Nr. 44.

[684] Obwohl der Wortlaut von Art. 74 S. 2 den Begriff „reasonable person" nicht ausdrücklich verwendet, ist für die Voraussehbarkeit des Schadens der Maßstab einer vernünftigen Person anzuwenden, vgl. Honsell/Schönle, Art. 74 Rn. 24; Herber/Czerwenka, Art. 74 Rn. 10.

[685] Bianca/Bonell/Will, Art. 25 Anm. 2.2.2.1.

trieben verhält.[686] Eine solche Person hätte beispielsweise keine Kenntnis von Informationen, deren Beschaffung gegen gesetzliche Vorschriften verstößt (z.B. Beschaffung von Insiderinformationen an einer Warenterminbörse), weil sie sich Informationen nicht auf gesetzeswidrigem Weg besorgen würde.

(e) Ergebnis

Alle Auslegungsmethoden sind im Hinblick auf die Definition der vernünftige Person nicht besonders ergiebig. Der Begriffsinhalt dieser Person ist weit gefaßt. Unter einer solchen Person wird ein Mensch verstanden, der sich an der Vernunft orientiert und normal denkt. Dieses Auslegungsergebnis zeigt, daß in der Praxis erhebliche Auslegungsschwierigkeiten bei der Anwendung dieses Maßstabs auftreten würden, wenn dieser Maßstab nicht noch weiter konkretisiert werden würde. Dies zeigen auch die Diskussionsbeiträge der Abgeordneten im Verlauf der Entstehungsgeschichte, die ersichtlich bemüht waren, eine genaue Definition des objektiven Maßstabes zu finden. Um diese Auslegungsschwierigkeiten einzugrenzen wird dieser Begriff noch durch zwei weitere Elemente konkretisiert: zum einen durch das Element „der gleichen Art“ und zum anderen durch das Element „unter den gleichen Umständen“.

bb) „der gleichen Art“

(a) Grammatische Auslegung

Der Satzteil „of the same kind“ konkretisiert die vernünftige Person näher. Der Wortlaut dieses Tatbestandsmerkmals weicht in einigen Sprachen voneinander ab. Während die französische „de même qualité“[687] und russische Fassung sprachlich übereinstimmen, weichen die englische „of the same kind“[688] und spanische Fassung „de la misma condición“[689] davon ab.[690] Die Schwierigkeiten, das Gemeinte genau zu bezeichnen, zeigen sich auch darin, daß man sich auch im deutschen Sprachraum nicht auf eine einheitliche Übersetzung einigen konnte. Während die nicht authentische deutsche und österreichische Übersetzung die Wendung „der gleichen Art“ benutzen, verwendet die schweizerische

---

[686] Vgl. Beinert, S. 74 (allerdings zu Art. 10 EKG).

[687] „Eigenschaft, Fähigkeit“, vgl. Doucet/Fleck; Dumay/Plasa.

[688] „Art“, vgl. Dietl/Moss/Lorenz.

[689] „Lage, Zustand“, vgl. Becher.

[690] Bianca/Bonell/Will, Art. 25 Anm. 2.2.2.2.1.

Übersetzung den Satzteil „in gleicher Stellung". Die französische Fassung deutet darauf hin, daß mit diesem Tatbestandsmerkmal ein Bezug zu den persönlichen Eigenschaften und Fähigkeiten hergestellt werden soll.[691] Die englische, deutsche und österreichische Fassung scheinen von einem umfassenderen Begriff auszugehen, der sowohl die berufliche Stellung als auch persönliche Eigenschaften und Fähigkeiten dieser Partei umfaßt. Die berufliche Stellung einer Partei steht in engem Zusammenhang mit deren Eigenschaften und Fähigkeiten. Aus diesem Grund haben die in den unterschiedlichen Textfassungen verwendeten Wörter eine ähnliche Bedeutung. Die grammatische Auslegung führt zu keinem eindeutigen Ergebnis, weil die authentische englische und französische Fassung nicht vollständig übereinstimmen.

(b) Historische Auslegung

Im Lauf der Entstehungsgeschichte von Art. 25 war das Konzept der vernünftigen Person und seine Konkretisierung durch weitere Merkmale, wie beispielsweise „der gleichen Art", umstritten. Auf der zweiten Sitzung der UNCITRAL-Arbeitsgruppe wurde von der Delegation der ehemaligen UDSSR vorgeschlagen, das Konzept der vernünftigen Person durch den Satzteil „in the same situation" näher zu bestimmen.[692] Dieser Vorschlag konnte sich jedoch nicht durchsetzen. Im Jahr 1977 schlug die Regierung von Österreich vor, die Fassung von Art. 10 EKG wieder herzustellen.[693] Auch dieser Vorschlag fand keine Mehrheit.

Auf der Wiener Konferenz wurde von zwei Delegierten bemängelt, daß in der zu diesem Zeitpunkt vorliegenden Fassung, die englische Version „of the same kind" nicht mit der französischen Version „de sa qualité" übereinstimmt.[694] Aufgrund dieser Anmerkungen wurde der französische Vertragstext an den englischen Vertragstext angepaßt, indem die Worte „de sa qualité" durch den Satzteil „de même qualité" ersetzt wurden. Ähnliche Übersetzungsprobleme tauchten bei dem im Wortlaut ähnlichen Art. 8 Abs. 2 auf. Bei dieser Bestimmung wurde bemängelt, daß die englische Fassung „acting in the same capacity" nicht mit der französischen Fassung „de même qualité" übereinstimme.[695]

[691] „Fähigkeit, Eignung, Eigenschaft", vgl. Doucet/Fleck und Dumay/Plasa; vgl. auch Beinert, S. 70 (allerdings zu Art. 10 EKG). Art. 10 EKG verwendete in der französischen Fassung ebenfalls den Ausdruck „de même qualité".

[692] YB II (1972), S. 47, Nr. 65.

[693] YB VIII (1977), S. 111, Nr. 2.

[694] O.R., S. 296, Nr. 9; 298, Nr. 42.

[695] O.R., S. 261, Nr. 30.

Im Hinblick auf die Auslegung dieses Tatbestandsmerkmals in Art. 8 Abs. 2 wurde angemerkt, daß es sich um eine Person handeln müsse, die über dieselben Bildung verfügt, im selben Beruf tätig ist und dieselben Geschäfte wie die vertragsbrüchige Partei tätigt.[696]

Die historische Auslegung ergibt kein klares Bild. Die Staatenvertreter versuchten die vernünftige Person möglichst genau zu umschreiben. Die Anmerkung des ägyptischen Delegierten zur Auslegung von Art. 8 Abs. 2 ist nicht aussagekräftig, weil nicht deutlich wird, ob die Mehrheit der Delegierten der gleichen Meinung war.

(c) Systematische Auslegung

Möglicherweise kann Art. 8 zur Auslegung des Tatbestandsmerkmals „of the same kind“ in Art. 25 herangezogen werden. Art. 8 Abs. 2 enthält eine Regelung, die dem Wortlaut des zweiten Halbsatzes von Art. 25 entspricht. In diesem Artikel wird eine vernünftige Person ebenfalls durch den Ausdruck „of the same kind“ näher bestimmt. Dieser Begriff wird in Art. 8 nicht näher erläutert. Allerdings enthält Art. 8 Abs. 3 eine nicht abschließende Aufzählung bestimmter Umstände, die zur Auslegung des Willens einer vernünftigen Person in Art. 8 Abs. 2 zu berücksichtigen sind. Diese Umstände beziehen sich ausschließlich auf sachliche Gesichtspunkte, die sich auf die konkrete Geschäftsbeziehung der Vertragspartner beziehen. Dagegen deutet der Wortlaut des Tatbestandsmerkmals „of the same kind“ darauf hin, daß damit persönliche Fähigkeiten und Eigenschaften bzw. die berufliche Stellung der vertragsbrüchigen Partei gemeint sind.[697] Aus diesem Grund kann Art. 8 Abs. 3 weder zur Auslegung dieses Begriffs in Art. 8 Abs. 2 noch des gleichlautenden Tatbestandsmerkmals in Art. 25 verwendet werden.[698]

(d) Teleologische Auslegung

Die nähere Bestimmung des Begriffs „vernünftige Partei“ durch weitere Merkmale dient dem Schutz der vertragsbrüchigen Partei vor einer überraschenden Vertragsaufhebung durch die andere Partei. Dieser Schutz ist nur hinreichend gewährleistet, wenn die konkrete Situation berücksichtigt wird, in der sich diese

---

696 O.R., S. 261, Nr. 30.

697 Siehe S. 154, Teil III, erstes Kapitel, C.IV.2.c.bb.1. Im Ergebnis ebenso Enderlein/Maskow/Strohbach, Art. 8 Anm. 5.

698 Vgl. Enderlein/Maskow/Strohbach, Art. 25 Anm. 4.2.; Art. 8 Anm. 7.-11.

Partei befindet. Die von der konkreten Situation losgelöste Person kann nämlich beinahe alles voraussehen. Aus diesem Grund könnte sich die den Vertrag verletzende Partei im Regelfall nicht darauf berufen, daß sie die Folgen ihrer Vertragsverletzung nicht vorausgesehen hat.[699] Ferner ist diese Partei nur ausreichend geschützt, wenn auf eine Person mit durchschnittlichen Eigenschaften und Fähigkeiten abgestellt wird.[700] Wird auf eine Person mit überdurchschnittliche Eigenschaften und Fähigkeiten abgestellt, würde der Schutz der vertragsbrüchigen Partei eingeschränkt, weil für diese objektive Vergleichsperson viele Umstände voraussehbar wären. Im übrigen darf auch nicht auf eine unterdurchschnittliche Person abgestellt werden, weil ansonsten die Rechtssicherheit und das Funktionieren des internationalen Handelsverkehr beeinträchtigt werden würde.

Fraglich ist, durch welche Kriterien die Person der gleichen Art näher bestimmt werden kann. Bei der Bestimmung einer solchen Person ist jedoch zu beachten, daß ein hoher Grad der Konkretisierung zu einer starken Subjektivierung dieses Maßstabs führt. In diesem Fall stellt dann der objektive Maßstab kein sinnvolles Korrektiv mehr zum subjektiven Maßstab dar.[701] Wie bei der Ausfüllung des objektiven Fahrlässigkeitsmaßstabs im deutschen Zivilrecht ist es zweckmäßig, eine Typisierung nach Verkehrskreisen vorzunehmen.[702] Eine solche Differenzierung liegt deshalb nahe, weil nur ein Angehöriger derselben Branche weiß, welches Verhalten in dieser üblich ist. Schließen beispielsweise zwei Autohändler einen Kaufvertrag, ist es wenig sinnvoll darauf abzustellen, was ein Juwelier anstelle des Autohändlers vorausgesehen hätte. Demnach ist auf eine Vergleichsperson abzustellen, die in derselben Branche und in vergleichbarer Funktion wie die vertragsbrüchige Partei tätig ist. Eine solche Person verfügt über die in dieser Branche üblicherweise vorhandenen Kentnisse und geschäftliche Erfahrung.[703] Ferner ist es sachgerecht, zwischen Privaten und Kaufleuten zu unterscheiden. Private haben im Regelfall nicht so viel Geschäftserfahrung wie Kaufleute. Aus diesem Grund ist es sinnvoll, an Private einen milderen Maßstab anzulegen.[704] Dagegen darf die tatsächlich vorhandene geschäftliche Erfahrung, die Betriebsgröße und subjektive Eigenschaften wie Nationalität,

---

[699] Beinert, S. 75 (allerdings zu Art. 10 EKG).

[700] Vgl. Bianca/Bonell/Will, Art. 25 Anm. 2.2.2.2.3.; Holthausen, RIW 1990, 101, 105.

[701] Honsell/Karollus, Art. 25 Rn. 25; vgl. auch die Bedenken zum ähnlich gefaßten Art. 13 EKG von Dölle/Reinhart, Art. 13 Rn. 36; Beinert, S. 76 (allerdings zu Art. 10 EKG).

[702] Vgl. Dölle/Reinhart, Art. 13 EKG Rn. 36-44; Beinert, S. 76 (allerdings zu Art. 13 EKG).

[703] Honsell/Karollus, Art. 25 Rn. 25; Botzenhardt, S. 243; Posch/Kandut, Allgemeine Bestimmungen, S. 65; Holthausen, RIW 1990, 104, 105; Bianca/Bonell/Will, Art. 25 Anm. 2.2.2.2.1.

[704] Dölle/Reinhart, Art. 13 EKG, Rn. 40; Faust, S. 32 (allerdings zu Art. 74).

Religion sowie der sonstige sozio-ökonomische Hintergrund nicht berücksichtigt werden, weil ansonsten kein Unterschied mehr zum subjektiven Maßstab bestände.[705]

(e) Ergebnis

Die vernünftige Person der gleichen Art wird maßgeblich durch die Zugehörigkeit zu einer bestimmten Berufsgruppe näher charakterisiert. Damit handelt es sich bei einer solchen Person um einen Geschäftspartner, der in derselben Branche und in vergleichbarer Funktion tätig ist. Ferner ist auch zwischen Kaufleuten und Privaten zu unterscheiden. Dagegen darf nicht berücksichtigt werden, ob die Vergleichsperson die gleiche tatsächliche geschäftliche Erfahrung, Betriebsgröße, Nationalität, Religion oder den gleichen sozio-ökonomischen Hintergrund hat, weil ansonsten kein Unterschied mehr zum subjektiven Maßstab besteht.

cc) „unter den gleichen Umständen"

(a) Grammatische Auslegung

Dieses Tatbestandsmerkmal stellt eine zweite Ergänzung der vernünftigen Person dar. Der englische Wortlaut „in the same circumstances"[706] und der französische Wortlaut „dans la même situation"[707] entsprechen im wesentlichen der deutschen Fassung, die „unter den gleichen Umständen" verwendet. Der Wortlaut deutet darauf hin, daß dieses Tatbestandsmerkmal lediglich sachliche Gesichtspunkten erfaßt.

(b) Systematische Auslegung

Art. 8 Abs. 2 enthält eine Regelung, die wie Art. 25, eine vernünftige Person durch das Tatbestandsmerkmal „in the same circumstances" näher konkretisiert. Diese Person wird nicht in Art. 8 definiert. Art. 8 Abs. 3 enthält jedoch eine beispielhafte Aufzählung von sachlichen Gesichtspunkten, die zur Auslegung des

---

705 Dölle/Reinhart, Art. 13 EKG, Rn. 37; Beinert, S. 76; Honsell/Karollus, Art. 25 Rn. 25, Faust, S. 32 (allerdings zu Art. 74); a.A: Posch/Kandut, Allgemeine Bestimmungen, S. 65; Holthausen, RIW 1990, 104, 105; Bianca/Bonell/Will, Art. 25 Anm. 2.2.2.2.1.

706 „Umstände", Dietl/Moss/Lorenz.

707 „Situation", „Lage", Doucet/Fleck.

Willens einer solchen vernünftigen Person herangezogen werden dürfen. Dazu zählen die Verhandlungen zwischen den Parteien, die zwischen ihnen entstandenen Gepflogenheiten, die Gebräuche und das spätere Verhalten der Parteien. Der Wortlaut des Ausdrucks „in the same circumstances“ deutet darauf hin, daß sich dieser nur auf sachliche Gesichtspunkte bezieht.[708] Aus diesem Grund kann Art. 8 Abs. 3 sowohl zur Auslegung des Tatbestandsmerkmals in Art. 8 Abs. 2 als auch des entsprechenden Ausdrucks in Art. 25 herangezogen werden.[709]

(c) Teleologische Auslegung

Die Konkretisierung der objektiven Vergleichsperson durch ein weiteres Merkmal zeigt, daß zur Ermittlung dieser Person alle in Betracht kommenden Umstände herangezogen werden sollen, die sich aus der konkreten Situation der betreffenden Partei ergeben. Dieses weitere Merkmal dient ebenso wie das vorhergehende dazu, eine Person zu schaffen, die der vertragsbrüchigen Partei möglichst ähnlich ist. Dabei können allerdings nur Umstände berücksichtigt werden, die nicht schon unter den Begriff „der gleichen Art“ fallen. Demnach können nur solche Umstände berücksichtigt werden, die sich weder auf die berufliche Stellung noch auf die persönlichen Eigenschaften und Fähigkeiten der vertragsbrüchigen Partei beziehen. Solche Umstände können sich zunächst aus den früheren Beziehungen zwischen den Vertragspartnern ergeben. Ferner können auch die Bedingungen des gegenwärtigen Vertrags wie die Geschäftsart (z. B. Direktgeschäft, Einschaltung von Handelsvertretern), die Warenart (z. B. Rohstoffe, industrielle Massenartikel, spezialisierte Werkzeugmaschinen) und die Marktbedingungen berücksichtigt werden.[710] Darüber hinaus sind insbesondere die Bedingungen des Weltmarktes und regionaler Märkte, gesetzliche Rahmenbedingungen, politische und klimatische Verhältnisse miteinzubeziehen.[711]

(d) Ergebnis

Durch das Tatbestandsmerkmal „unter gleichen Umständen“ werden alle Merkmale der konkreten Situation berücksichtigt, die nicht bereits unter den

---

[708] Siehe S. 158, Teil III, erstes Kapitel, C.IV.2.c.cc.1.

[709] Im Ergebnis ebenso: Bianca/Bonell/Will, Art. 25 Anm. 2.2.2.2.2.; Enderlein/Maskow/Strohbach, Art. 25 Anm. 4.2.; Art. 8 Anm. 5.

[710] Rudolph, Art. 8 Rn. 8; ähnlich Enderlein/Maskow/Strohbach, Art. 8 Anm. 5.

[711] Bianca/Bonell/Will, Art. 25 Anm. 2.2.2.2.2.; Holthausen, RIW 1990, 101, 105.

Satzteil „die gleiche Art“ fallen. Darunter fallen zunächst alle Umstände, die sich aus den früheren und den gegenwärtigen Geschäftsbeziehungen zwischen den Vertragspartner ergeben. Ferner umfaßt dieser Begriff auch die wirtschaftlichen, gesetzlichen, politischen und klimatischen Rahmenbedingungen, unter denen das Geschäft abgewickelt wird.

3. Zeitpunkt

Der größte Streitpunkt bei der Formulierung des zweiten Halbsatzes von Art. 25 war und ist, zu welchem Zeitpunkt die den Vertrag verletzende Partei den wesentlichen Nachteil vorausgesehen haben muß. Es besteht keine Einigkeit darüber, ob dabei auf den Zeitpunkt des Vertragsschlusses abgestellt werden muß oder ob auch Informationen berücksichtigt werden dürfen, die der vertragsbrüchigen Partei erst nach dem Abschluß des Vertrags bekannt werden. Schließen die Parteien z.B. einen Vertrag, indem der Verkäufer Lieferung bis Mitte Januar zusagt, so ist diese Zeitvereinbarung zunächst nicht von wesentlicher Bedeutung für den Käufer. Nach Vertragsschluß schließt der Käufer einen Vertrag mit einem Dritten, indem er sich zur Lieferung der Ware bis 16. Januar verpflichtet. Für den Fall einer nicht rechtzeitigen Lieferung wird eine Vertragsstrafe vereinbart. Der Käufer teilt diesen Umstand dem Verkäufer nach Vertragsschluß mit und verlangt Lieferung bis spätestens 14. Januar. Damit stellt der Käufer klar, daß der Liefertermin nunmehr von besonderer Bedeutung für ihn ist. Wird hinsichtlich der Vorhersehbarkeit auf den Zeitpunkt des Vertragsschlusses abgestellt, führt eine Lieferung der Ware im Februar nicht zu einer wesentlichen Vertragsverletzung auf Seiten des Verkäufers, weil weder er noch eine vernünftige Vergleichsperson die wesentliche Bedeutung des Lieferzeitpunktes zum Zeitpunkt des Vertragsschlusses vorausgesehen hat oder hätte. Hat der Verkäufer jedoch auch Informationen zu berücksichtigen, die ihm erst nach Vertragsschluß mitgeteilt werden, muß dieser die Interessenänderung auf Seiten des Käufers berücksichtigen. In diesem Fall führt eine Lieferung der Ware im Februar zu einer wesentlichen Vertragsverletzung, weil der Verkäufer zum Zeitpunkt der Vertragsverletzung voraussehen konnte, daß er eine wesentliche Vertragsverletzung begeht.

a) Grammatische Auslegung

Der Wortlaut von Art. 25 bestimmt den Zeitpunkt nicht ausdrücklich, zu dem die vertragsbrüchige Partei die Folgen ihrer Vertragsverletzung vorausgesehen haben muß. Diesem Umstand ist nicht eindeutig zu entnehmen, ob dieser Zeitpunkt nicht geregelt werden sollte oder dessen Regelung lediglich vergessen wurde. Die grammatische Auslegung führt daher zu keinem eindeutigen Ergebnis.

b) Historische Auslegung

Während der Vorarbeiten zum CISG war insbesondere der für die „Voraussehbarkeit“ maßgebende Zeitpunkt umstritten. Im Gegensatz zu Art. 10 EKG, der diesbezüglich ausdrücklich auf den Zeitpunkt des Vertragsschlusses abstellte, enthielten die Vorentwürfe zum CISG keine Bestimmung des Zeitpunkts mehr.[712] Im Rahmen der Beratungen der gesamten UNCITRAL, die auf Grundlage von Art. 9 des Genfer Entwurfs beriet, wurde von einigen Staatenvertretern vorgeschlagen, wie in Art. 10 EKG auf den Zeitpunkt des Vertragsschlusses abzustellen. Andererseits wurde angeregt, den Zeitpunkt des Vertragsbruches in den Vertragstext aufzunehmen. Dagegen war die UNCITRAL der Auffassung, daß dafür überhaupt kein Zeitpunkt bestimmt werden solle.[713] Im Jahr 1978 wurde über Art. 23 des New Yorker Entwurfs diskutiert. Dabei wurde wiederum vorgeschlagen, auf den Zeitpunkt des Vertragsschlusses abzustellen.[714] Im Gegensatz hierzu ging der Sekretariatskommentar zu dieser Bestimmung davon aus, daß der Zeitpunkt nicht geregelt werden solle. Vielmehr solle im Streitfall das Gericht die Entscheidung treffen.[715]

Während der Beratungen auf der Wiener Konferenz hielten einige Delegierte eine Regelung des Zeitpunktes grundsätzlich für erforderlich.[716] Dabei wurde vom britischen Delegierten ein Vorschlag eingebracht, der auf den Zeitpunkt des Vertragsschlusses abstellte.[717] Dieser Vorschlag wurde damit begründet, daß zu diesem Zeitpunkt die Parteien den Anwendungsbereich des Vertrags und damit auch den wesentlichen Nachteil festlegen.[718] Dagegen wollten andere Delegierte auch Informationen berücksichtigen, die erst nach Vertragsschluß bekannt werden, weil die Regelung dadurch flexibler sei. Solche Informationen seien in der Lage, die ursprüngliche Situation zu verändern. Die Entscheidung solle daher dem Richter überlassen werden.[719] Nachdem einige Delegierte nicht

---

712 Vgl. Art. 9 E 1975; Art. 9 E 1976; Art. 8 E 1977 und Art. 23 E 1978.

713 YB VIII (1977), S. 31, Nr. 90.

714 O.R., S. 76, Nr. 3 (zu Art. 23).

715 Sekretariatskommentar, Art. 23 Anm. 5.

716 O.R., S. 297, Nr. 20, 24.

717 O.R., S. 99, Nr. 3 (iv).

718 O.R., S. 302, Nr. 1.

719 O.R., S. 298, Nr. 36, 41; S. 302, Nr. 2.

mit diesem Vorschlag einverstanden waren, wurde dieser ohne formelle Abstimmung wieder zurückgezogen. Damit blieb der für die „Voraussehbarkeit" maßgebliche Zeitpunkt ungeregelt.

Im Verlauf der Entstehungsgeschichte sind mehrere Versuche fehlgeschlagen, einen bestimmten Zeitpunkt für die „Voraussehbarkeit" im Text des Übereinkommens festzulegen. Dies spricht dafür, daß die Delegierten im Hinblick auf die Flexibiltät der Regelung auch Informationen berücksichtigen wollten, die der vertragsbrüchigen Partei erst nach Vertragsschluß bekannt werden. Dagegen könnte sprechen, daß die Diskussion über den Zeitpunkt der „Voraussehbarkeit" zu einem Zeitpunkt stattfand, zu dem der Vertragstext noch von einem objektiven Nachteilsbegriff („substantial detriment") ausging. Auf der Wiener Konferenz wurde die objektive Bestimmung des Nachteils durch ein subjektiveres Konzept ersetzt, das auf den Wegfall der vertraglichen Interessen abstellte. Das Abstellen auf die vertraglichen Interessen führt dazu, daß sich die vertragsbrüchige Partei häufig nicht mehr auf ihre fehlende „Voraussehbarkeit" berufen kann.[720] Offenbar wurde diese Konsequenz nicht beachtet, als über den Zeitpunkt der „Voraussehbarkeit" diskutiert wurde. Daraus läßt sich jedoch nicht schließen, daß die Staatenvertreter im Fall der umfassenden Kenntnis über diese Konsequenzen einen bestimmten Zeitpunkt festgelegt und damit auf eine flexible Regelung verzichtet hätten. Demnach spricht die historische Auslegung dafür, daß die Delegierten keinen bestimmten Zeitpunkt für die „Voraussehbarkeit" festlegen wollten.

c) Systematische Auslegung

Das Übereinkommen enthält in Art. 74 S. 2 eine Bestimmung, die ebenso wie Art. 25 auf die Voraussehbarkeit bestimmter Umstände durch eine Partei abstellt. Diese Vorschrift beschränkt den Umfang des ersatzfähigen Schadens auf solche Verluste, die die vertragsbrüchige Partei zum Zeitpunkt des Vertragsschlusses vorausgesehen hat bzw. hätte voraussehen müssen. Diese Regelung kann jedoch nur zur Auslegung von Art. 25 herangezogen werden, wenn sie ähnlichen Zwecken dient. Während Art. 74 S. 2 lediglich den Umfang des Schadensersatzes auf die für die vertragsbrüchige Partei vorhersehbaren Folgen der Vertragsverletzung beschränkt, schließt die fehlende „Voraussehbarkeit" der Verletzungsfolgen in Art. 25 den Rechtsbehelf der Vertragsaufhebung insgesamt aus.[721] Demnach dient dieses Tatbestandsmerkmal unterschiedlichen

---

[720] Schlechtriem/Schlechtriem, Art. 25 Rn. 3, 11-14; Aicher, Leistungsstörungen, S. 135.

[721] Flechtner, J.L. & Com. (1988), 53, 77.

Zwecken. Aus diesem Grund können aus Art. 74 S. 2 keine Argumente für die Auslegung von Art. 25 gewonnen werden.[722]

Ferner enthält das CISG in den Art. 9 Abs. 2, 31 b, 42 Abs. 2 a, 73 Abs. 3 und 79 Abs. 1 noch weitere Bestimmungen, die auf die eine bestimmte Bewußtseinslage der Parteien abstellen. Auch diese Regelungen stellen hierfür ausschließlich auf den Zeitpunkt des Vertragsschlusses ab. Daraus könnte sich die allgemeine Regel ergeben, daß das CISG immer auf den Zeitpunkt des Vertragsschlusses abstellt, wenn es eine bestimmte Bewußtseinslage der Parteien berücksichtigen will.

Gegen eine solche allgemeine Regel könnte zunächst sprechen, daß das CISG auch in den Art. 40, 43, 49 Abs. 2 b i und 64 Abs. 2 b i auf eine bestimmte Bewußtseinslage der Parteien abstellt, den Zeitpunkt hierfür jedoch offen läßt. Diese Vorschriften haben gemeinsam, daß sie sich mit dem Verlust von Rechten beschäftigen, die nach der Vertragsverletzung nicht rechtzeitig ausgeübt wurden. Aus diesem Grund ergibt sich aus der Natur dieser Vorschriften, daß sie zu einem späteren Zeitpunkt als den des Vertragsschlusses eingreifen.[723] Deshalb sprechen diese Vorschriften nicht gegen ein allgemeines Prinzip.

Allerdings könnten Wortlaut und Zweck der Art. 9 Abs. 2, 31 b, 42 Abs. 2 a, 73 Abs. 3 und 79 Abs. 1 gegen eine solches Prinzip sprechen. Zunächst weichen die betreffenden Vorschriften in ihrem Wortlaut von dem in Art. 25 ab. Im übrigen verfolgen diese Bestimmungen andere Zwecke. Art. 9 Abs. 2 betrifft die Bindung der Parteien an Gebräuche, deren Geltung sie nicht ausdrücklich vereinbart haben. Sie sind in diesem Fall trotzdem an diese Gebräuche gebunden, wenn sie diese kannten oder kennen mußten und diese im internationalen Handel weithin bekannt sind und regelmäßig beachtet werden. Demgegenüber bestimmt Art. 31 b den Umfang der Lieferpflicht, wenn kein Versendungskauf vorliegt. Der Verkäufer hat dem Käufer die Ware an einem bestimmten Ort zur Verfügung zu stellen, wenn die Parteien bei Vertragsschluß wußten, daß sich die Ware an diesem Ort befand. Dagegen betrifft Art. 42 Abs. 2 lit. a eine Einschränkung der Gewährleistung bei gewerblichen Schutzrechten. Der Verkäufer hat für die Verletzung dieser Rechte nicht einzustehen, wenn der Käufer sie bei Vertragsabschluß kannte oder darüber nicht in Unkenntnis sein konnte. Art. 73 Abs. 3 hingegen enthält eine Sondervorschrift für die Aufhebung von Sukzessivlieferungsverträgen. Danach kommt eine Aufhebung des Vertrags für bereits erhaltene bzw. künftige Teillieferungen in Betracht, wenn diese Lieferungen

---

[722] Flechtner, J.L. & Com. (1988), 53, 78; Im Ergebnis ebenso Aicher, Leistungsstörungen, S. 135; a. A. Holthausen, RIW 1990, 101, 105 und Ziegel, Remedial Provisions, § 9.03, sub. 9-20.

[723] Holthausen, RIW 1990, 101, 105.

wegen eines zwischen ihnen bestehenden Zweckzusammenhangs nicht mehr für den Zweck verwendet werden können, den die Parteien im Zeitpunkt des Vertragsschlusses in Betracht gezogen haben. Im Gegensatz dazu enthält Art. 79 Abs. 1 einen Entlastungsgrund für die vertragsbrüchige Partei. Demnach ist diese Partei von der Schadensersatzpflicht befreit, wenn die Nichterfüllung einer ihrer Pflichten auf einem außerhalb ihres Einflußbereichs liegenden Hinderungsgrund beruht und die Berücksichtigung dieses Grundes von ihr vernünftigerweise nicht verlangt werden konnte.

Nachdem diese Bestimmungen sowohl vom Wortlaut als auch von ihrem Zweck von Art. 25 abweichen, kann aus den betreffenden Vorschriften kein allgemeines Prinzip abgeleitet werden.[724] Demnach läßt sich aus der systematischen Auslegung nicht schließen, zu welchem Zeitpunkt die vertragsbrüchige Partei die Folgen ihrer Pflichtverletzung voraussehen muß.

d) Teleologische Auslegung

Der zweite Halbsatz von Art. 25 hat den Zweck, die vertragsbrüchige Partei vor einer überraschenden Vertragsaufhebung durch die andere Partei schützen. Der Schutz dieser Partei kann verstärkt oder abgeschwächt werden, je nachdem auf welchen Zeitpunkt für die „Voraussehbarkeit" abgestellt wird. Der Schutz dieses Vertragspartners wird nur beschränkt gewährleistet, wenn auch Umstände berücksichtigt werden, die dieser erst nach dem Zeitpunkt des Vertragsschlusses erfährt. In diesem Fall kann der andere Vertragspartner das vertragliche Risiko der vertragsbrüchigen Partei erhöhen, indem er ihr nach Vertragsschluß Informationen übermittelt, die unter Umständen eine einfache Vertragsverletzung zu einer wesentlichen Vertragsverletzung aufwerten können. Wird auf den Zeitpunkt des Vertragsschlusses abgestellt, wird der Schutz der vertragsbrüchigen Partei umfassender gewährleistet, weil das durch den Vertrag eingegangene Risiko nicht mehr durch nachträgliche Informationen erhöht werden kann.

Im Hinblick auf den für die „Voraussehbarkeit" maßgeblichen Zeitpunkt werden im wesentlichen zwei Auffassungen vertreten. Eine Meinung will eher die Rechte der vertragstreuen Partei stärken und berücksichtigt daher generell Informationen, die die andere Partei erst nach Vertragsschluß erfährt. In diesem Fall werden Informationen berücksichtigt, die bis zum Zeitpunkt des Beginns der Vorbereitung der Erfüllungshandlung[725] bzw. zum Zeitpunkt der Vertrags-

---

[724] a. A. Holthausen, RIW 1990, 101, 105.

[725] Musger, S. 21; Aicher, Leistungsstörungen, S. 135, 136.

verletzung vorliegen.[726] Teilweise wird dem Richter die Entscheidung über den maßgeblichen Zeitpunkt überlassen.[727] Diese Auffassung beruft sich zunächst auf die Entstehungsgeschichte.[728] Ferner wird angeführt, daß durch die Berücksichtigung nachträglicher Informationen die Interessen der verletzten Partei besser geschützt werden könnten.[729]

Die für die vertragsbrüchige Partei günstige Ansicht stellt auf den Zeitpunkt des Vertragsschlusses ab. Dabei wird entweder ausschließlich auf diesen Zeitpunkt abgestellt[730] bzw. werden ausnahmsweise auch Informationen berücksichtigt, die dieser Partei erst nach diesem Zeitpunkt bekannt werden[731]. Für diese Ansicht spricht, daß das von den Parteien übernommene Risiko durch die vertraglichen Regelungen begrenzt wird. Der Vertrag hat die Aufgabe, die zum Zeitpunkt seines Abschlusses bekannten Interessenkonflikte zwischen den Vertragspartnern angemessen zu lösen. Sind zu diesem Zeitpunkt bereits bestimmte Interessenkonflikte vorhersehbar, ist eine ausdrückliche vertragliche Regelung dieser Konflikte zweckmäßig. Haben die Parteien, weil sie keine Vertragsstörungen erwarten, keine ausdrückliche Regelung getroffen, sind die vertraglichen Interessen durch Auslegung des Vertrags zu ermitteln. Im Regelfall wollen die Parteien nur die zum Zeitpunkt des Vertragsschlusses erkennbaren Risiken übernehmen. Zu diesem Zeitpunkt hat die vertragsbrüchige Partei die Möglichkeit, eventuell bereits erkennbare Vertragsstörungen in seine Preiskalkulation einzubeziehen und Vorkehrungen zur Vermeidung der Störung zu treffen. Ferner spricht auch die Gefahr des Mißbrauchs gegen die Einbeziehung nachträglicher Informationen. Ansonsten hätte es die vertragstreue Partei in der Hand, die Haftung des anderen Vertragspartners durch einseitige nachträgliche Mitteilung zu verschärfen.[732] Nach dieser Ansicht können die Vertragspartner das Risiko

---

726 Neumayer, RIW 1994, 99, 105; Feltham, J.Bus.L. (1981), 347, 353; Nicholas, L.Q.R (1989), 201, 219; Heuzé, Anm. 391; wohl auch Wang, ZVglRWiss, 87 (1988), 197 und Barbic, Uniform Law, S. 20.

727 Babiak, Temp.Int'l.&Comp.L.J. (1992), 113, 124; wohl auch Flechtner, J.L. & Com. (1988), 53, 78; Sekretariatskommentar, Art. 23 Anm. 5.

728 Flechtner, J.L. & Com. (1988), 53, 76.

729 Flechtner, J.L. & Com. (1988), 53, 78 Fn. 114.

730 So Schlechtriem/Schlechtriem, Art. 25 Rn. 15; von Caemmerer, in FS für Coing II, S. 50; Loewe, S. 48; Holthausen, RIW 1990, 101, 105; Ziegel, Remedial Provisions, § 9.03, sub. 9-19, 9-20; Karollus, S. 91; Piltz, § 5 Rn. 159; Huber, RabelsZ 43 (1979), 413, 462-464 (allerdings zu Art. 23 E 1978); so wohl auch BG v. 28.10.98, CISG Online Nr. 413.

731 Herber /Czerwenka, Art. 25 Rn. 9; Enderlein/Maskow/Strohbach, Art. 25 Anm. 4.3.; Posch/Kandut, Allgemeine Bestimmungen, S. 65, 66; Staudinger/Magnus, Art. 25 Rn. 19; Bianca/Bonell/Will, Art. 25 Anm. 2.2.2.2.5.; Reinhart, Art. 25 Rn. 9.

732 Huber, RabelsZ 43 (1979), 413, 462-464 (allerdings zu Art. 23 E 1978).

einer Änderung der Interessenlage nur durch eine einverständliche Vertragsänderung erfassen. Aus den oben genannten Gründen ist für die „Voraussehbarkeit“ grundsätzlich auf den Zeitpunkt des Vertragsschlusses abzustellen.[733]

Darüber hinaus stellt sich die Frage, ob nach Vertragsschluß bekannt gewordene Informationen zumindestens in bestimmten Fällen berücksichtigt werden dürfen.[734] Zunächst ist zu prüfen, ob der Zweck des Voraussehbarkeitskritieriums eine Berücksichtigung von nachträglichen Informationen in Ausnahmefällen zuläßt. Dieses Kriterium soll die vertragsbrüchige Partei vor einer überraschenden Vertragsaufhebung durch die verletzte Partei schützen. Die Berücksichtigung von nachträglichen Informationen ist vom Zweck her möglich, wenn sich die vertragsbrüchige Partei noch rechtzeitig darauf einstellen kann. Es stellt sich die Frage, bis zu welchem Zeitpunkt sich diese Partei noch auf nachträgliche Informationen einstellen kann. Zum Teil wird angenommen, daß sich diese Partei nur bis zum Zeitpunkt der Vorbereitung der Vornahme der Erfüllungshandlung auf nachträgliche Informationen einstellen könne.[735] In vielen Fällen ist die vertragsbrüchige Partei jedoch in der Lage, auch noch Informationen zu berücksichtigen, von denen sie erst zum Zeitpunkt der Vornahme der Erfüllungshandlung erfährt. Ist dies der Fall, so ist für die „Voraussehbarkeit“ auf den Zeitpunkt der Vornahme der Erfüllungshandlung abzustellen. Ansonsten würde der vertragsbrüchigen Partei ein „Recht zum Vertragsbruch“ eingeräumt.[736] Das Abstellen auf den Zeitpunkt der Vornahme der Erfüllungshandlung ist auch für die vertragsbrüchige Partei vorteilhaft, weil sie noch bis zu diesem Zeitpunkt die Möglichkeit hat, voraussehbare Interessensverletzungen zu vermeiden.

Ferner darf durch die Berücksichtigung nachträglicher Informationen das vertragliche Risiko der vertragsbrüchigen Partei nicht wesentlich erhöht werden. Dieses Risiko wird nicht wesentlich erhöht, wenn die nachträglichen Informationen keine neue Pflichten schaffen bzw. die im Vertrag angelegte Bewertung der einzelnen Pflicht ins Gegenteil verkehrt. Demnach können nachträgliche

---

[733] So Schlechtriem/Schlechtriem, Art. 25 Rn. 15; von Caemmerer, in FS für Coing II, S. 50; Loewe, S. 48; Holthausen, RIW 1990, 101, 105; Ziegel, Remedial Provisions, 9-19, 9-20; Karollus, S. 91; Piltz, § 5 Rn. 159; Huber, RabelsZ 43 (1979), 413, 462-464 (allerdings zu Art. 23 E 1978).

[734] Herber /Czerwenka, Art. 25 Rn. 9; Enderlein/Maskow/Strohbach, Art. 25 Anm. 4.3.; Posch/Kandut, Allgemeine Bestimmungen, S. 65, 66; Staudinger/Magnus, Art. 25 Rn. 19; Bianca/Bonell/Will, Art. 25 Anm. 2.2.2.2.5.; Reinhart, Art. 25 Rn. 9.

[735] Bianca/Bonell/Will, Art. 25 Anm. 2.2.2.2.5. und Enderlein/Maskow/Strohbach, Art. 25 Anm. 4.3. wollen nur Informationen berücksichtigen, die bis zum Zeitpunkt der Vorbereitung der Erfüllungshandlung vorliegen.

[736] Im Ergebnis ähnlich: Soergel/Lüderitz/Budzikiewicz, Art. 25 Rn. 4.

Informationen nur die Bedeutung eines bereits im Vertrag festgelegten Interesses näher konkretisieren. Dem Schuldner soll damit vor der Erfüllung seiner Pflichten vor Augen geführt werden, daß die Pflichtverletzung zu einem Interessenwegfall bei der anderen Partei führen kann. Die Vertragspartner schließen beispielsweise einen Vertrag über noch herzustellende Waren. In diesem Vertrag wird vereinbart, daß auf der Ware ein bestimmter Aufdruck anzubringen ist und daß die Ware zum Weiterverkauf bestimmt ist.[737] Aus dieser Vereinbarung kann nicht eindeutig geschlossen werden, daß gerade die vereinbarte Kennzeichnungspflicht dazu dienen soll, den Weiterverkauf der Ware zu ermöglichen. Der Käufer kann dem Verkäufer vor der Vorbereitung der Erfüllungshandlung die wesentliche Bedeutung dieser Pflicht für seine Interessen mitteilen. In diesem Fall wird das vom Verkäufer zum Zeitpunkt des Vertragsschlusses eingegangene Risiko nicht wesentlich erhöht. Die Bedeutung der Kennzeichnungspflicht ist bereits durch die besondere Vereinbarung im Vertrag in diesem niedergelegt worden. Eine erhebliche Risikoerhöhung für den Verkäufer würde z. B. vorliegen, wenn der Käufer zum Zeitpunkt des Vertragsschlusses kein besonderes Interesse an der Einhaltung des Liefertermins erklärt hat und dieses Interesse durch nachträgliche Informationen begründen möchte. In diesem Fall würde ein zunächst nicht wesentliches Interesse nachträglich zu einem wesentlichen aufgewertet. Demnach können ausnahmsweise nachträglich mitgeteilte Informationen berücksichtigt werden, wenn sie vor dem Zeitpunkt der Vornahme der Erfüllungshandlung mitgeteilt werden und das Risiko der vertragsbrüchigen Partei dadurch nicht erheblich erhöht wird.[738]

Diese Auslegung ist auch mit der Entstehungsgeschichte vereinbar. Die Delegierten auf der Wiener Konferenz wollten keinen bestimmten Zeitpunkt für die „Voraussehbarkeit" in den Vertragstext aufnehmen, weil sie eine flexible Lösung beabsichtigten. Indem ausnahmsweise nachträgliche Informationen berücksichtigt werden, kann dieses Ziel zumindestens teilweise erreicht werden.

e) Ergebnis

Die grammatische und historische Auslegung sprechen dafür, daß kein bestimmter Zeitpunkt für die „Voraussehbarkeit" festgelegt werden sollte. Ein interessengerechtes Ergebnis läßt sich jedoch nur durch teleologische Argumente erreichen. Demnach ist grundsätzlich auf den Zeitpunkt des Vertragsschlusses

[737] Enderlein/Maskow/Strohbach, Art. 25 Anm. 4.3.; Bianca/Bonell/Will, Art. 25 Anm. 2.2.2.2.5.; ähnlich Herber/Czerwenka, Art. 25 Rn. 9.

[738] Im Ergebnis ebenso: Enderlein/Maskow/Strohbach, Art. 25 Anm. 4.3.; Bianca/Bonell/Will, Art. 25 Anm. 2.2.2.2.5.; ähnlich Herber/Czerwenka, Art. 25 Rn. 9; Soergel/Lüderitz/Budzikiewicz, Art. 25 Rn. 4.

abzustellen. Ausnahmsweise können auch nach Vertragsschluß bekannt gewordene Informationen berücksichtigt werden, wenn diese dem Vertragspartner bis zum Zeitpunkt der Vornahme der Erfüllungshandlung mitgeteilt werden und das vertragliche Risiko dieser Partei dadurch nicht wesentlich erhöht wird.

4. Zusammenfassung

Der durch die Vertragsverletzung entstandene Nachteil muß für die vertragsbrüchige Partei oder eine vernünftige Person voraussehbar gewesen sein. Dieser Satzteil hat die Funktion eines Entlastungsgrunds für die vertragsbrüchige Partei. Der subjektive und der objektive Maßstab stehen in einem alternativen Verhältnis zueinander. Dabei ist es ausreichend, wenn der höhere von beiden erfüllt ist. Der objektive Maßstab wird anhand einer vernünftigen Person der gleichen Art unter den gleichen Umständen ermittelt. Damit soll eine Vergleichsperson geschaffen werden, die der vertragsbrüchigen Partei möglichst ähnlich ist. Es ist auf eine Person abzustellen, die in derselben Branche und in vergleichbarer Funktion tätig ist. Ferner sind bei der Bestimmung einer objektiven Vergleichsperson solche Umstände zu berücksichtigen, die sich aus den früheren und den gegenwärtigen Geschäftsbeziehungen zwischen den Vertragspartner ergeben (z.B. die Geschäfts- und Warenart und die Marktbedingungen). Dagegen darf nicht berücksichtigt werden, ob die Vergleichsperson die gleiche tatsächliche geschäftliche Erfahrung, Betriebsgröße, Nationalität, Religion oder den gleichen sozioökonomischen Hintergrund hat, weil ansonsten kein Unterschied mehr zum subjektiven Maßstab besteht.

Die Folgen der Vertragsverletzung müssen grundsätzlich zum Zeitpunkt des Vertragsschlusses voraussehbar gewesen sein, weil zu diesem Zeitpunkt das vertragliche Risiko festgelegt wird. Ausnahmsweise dürfen auch Informationen berücksichtigt werden, die der vertragstreuen Partei erst nach Vertragsschluß bekannt werden. Dies gilt jedoch nur, wenn sich diese Partei noch auf die nachträglich mitgeteilten Informationen einstellen kann und dadurch ihre Interessen nicht erheblich beeinträchtigt werden.

D. Beweislast

I. Regelung der Beweislast im CISG

Das CISG enthält lediglich in Art. 79 Abs. 1 eine ausdrückliche Regelung über die Verteilung der Beweislast.[739] Aus diesem Grund geht eine Ansicht davon aus, daß das Übereinkommen keine allgemeine Regelung über die Verteilung der Beweislast enthält[740] und entnimmt das für die Verteilung der Beweislast maßgebende Recht den nationalen Rechtsordnungen.[741] Diese Ansicht stützt sich im wesentlichen auf die Entstehungsgeschichte des CISG. In deren Verlauf kam es insbesondere bei Art. 25 zu Diskussionen um die Regelung der Beweislast. Aus dem Wortlaut von Art. 9 E 1976 wurde abgeleitet, daß die von der Pflichtverletzung betroffene Partei neben der Vertragsverletzung und ihrer Wesentlichkeit auch noch die Voraussehbarkeit der Verletzungsfolgen zu beweisen hat. Das die vertragstreue Partei auch noch die Voraussehbarkeit beweisen mußte, wurde als ungerecht empfunden und der Wortlaut dieser Vorschrift daraufhin aufgrund eines Abänderungsantrags umformuliert.[742] Der die Voraussehbarkeit betreffende zweite Halbsatz von Art. 25 wurde nunmehr durch „unless" eingeleitet und sollte die Funktion einer Entlastungsmöglichkeit für die verletzte Partei haben. Mit dieser Änderung sollte die Beweislast geregelt werden.[743] Ein daran anschließender Vorschlag sollte die Regelung der Beweislast noch deutlicher im Wortlaut verankern, indem vorgeschlagen wurde, die Formulierung „proves that" in den Text des Übereinkommens aufzunehmen. Dieser Vorschlag wurde jedoch abgelehnt, weil das Übereinkommen die Beweislast nicht regeln wolle bzw. eine Regelung nicht erforderlich sei.[744] Obwohl dieser Abänderungsvorschlag abgelehnt wurde, lassen sich aus der Entstehungsgeschichte keine eindeutigen Hinweise für eine Ablehnung einer Beweislastregelung entnehmen. Es ist davon auszugehen, daß die Delegierten mit der Ablehnung dieses Antrags als überflüssig nur die bisherige Regelung wiederherstellen wollten, die vor diesem Vorschlag galt.[745] Auch aus der Entstehungsgeschichte der Art. 2 lit. a, 35, 39 ergibt sich kein Argument, das gegen die Regelung der

---

[739] Staudinger/Magnus, Art. 79 Rn. 65; Bianca/Bonell/Tallon, Art. 79 Anm. 2.7.3.;Schlechtriem/Stoll, Art. 79 Rn. 54.

[740] Reinhart, Art. 36 Rn. 2; Bianca/Bonell/Khoo, Art. 2 Anm. 3.2.; Heuzé, Anm. 294; Lichtsteiner, Convention des Nations Unies, S. 186.

[741] Bianca/Bonell/Khoo, Art. 2 Anm. 3.2.

[742] YB VIII (1977), S. 127 Nr. 7; Michida, Am.J.Comp.L. (1979), 279, 284.

[743] YB VIII (1977), S. 31 Nr. 89; Michida, Am.J.Comp.L. (1979), 279, 285.

[744] O.R., S. 296, Nr. 12, 13; 297 Nr. 17; 298, Nr. 26.

[745] Henninger, S. 178; Antweiler, S. 58, 59; Jung, S. 30.

Beweislast im CISG spricht.[746] Demnach kann aus der Entstehungsgeschichte nicht entnommen werden, daß die Regelung der Beweislast nicht Gegenstand des CISG ist.[747]

Gegen diese Ansicht spricht, daß die Entnahme der Beweislastverteilung aus den Regelungen der nationalen Rechtsordnungen dem Grundsatz der Rechtssicherheit und der Gerechtigkeit widerspricht, weil es dadurch zu erheblichen Wertungswidersprüchen kommen kann. Damit kann auch das Ziel der Rechtsvereinheitlichung im internationalen Handelsverkehr gefährdet werden.[748] Demnach ist mit der überwiegenden Auffassung davon auszugehen, daß die Regelung der Beweislast implizit bzw. mittelbar im CISG mitgeregelt wurde.[749]

Damit ist allerdings noch nicht die Frage geklärt, welche Beweislastverteilung sich aus den einzelnen Vorschriften des CISG entnehmen läßt. Das Übereinkommen enthält nur in Art. 79 Abs. 1 eine ausdrückliche Regelung der Beweislast. Die Art. 25, 26, 35 Abs. 2, 44, 75, 76, 2 lit. a enthalten jedoch Anhaltspunkte für eine konkrete Bestimmung der Beweis-lastverteilung. Aus diesen Vorschriften läßt sich ein System von Regel- und Ausnahmenormen erkennen, aus denen sich allgemeine Grundsätze für die Verteilung der Beweislast entnehmen lassen. Demnach muß jede Partei die tatsächlichen Voraussetzungen der ihr günstigen Norm beweisen. Beruft sich eine Partei auf eine Ausnahmeregelung, muß sie deren tatsächliche Voraussetzungen beweisen.[750]

II. Verteilung der Beweislast in Art. 25

Die Verteilung der Beweislast richtet sich nach dem im Übereinkommen festgelegten System von Regel- und Ausnahmenormen. Für die Bestimmung der Beweislast in Art. 25 ist daher zu prüfen, welche Tatsachen dem Regeltatbestand und welche dem Ausnahmetatbestand zuzurechnen sind. Zum Regeltatbestand gehört das Vorliegen einer Vertragsverletzung und deren Wesentlichkeit. Aus diesem Grund muß die vertragstreue Partei zunächst die Tatsachen beweisen, aus denen sich das Vorliegen einer Vertragsverletzung ergibt. Ferner ist sie auch für die Tatsachen beweispflichtig, aus denen sich ihr fehlendes Interesse an der weiteren Durchführung des Vertrags und das infolge der Pflichtverlet-

---

[746] Jung, S. 30-33.

[747] Ausführliche Darstellung bei Henninger, S. 176-181; Jung, S. 28-40; Antweiler, S. 58-64.

[748] Jung, S. 18, 35.

[749] Schlechtriem/Ferrari, Art. 4 Rn. 5, 22; Staudinger/Magnus, Art. 4 Rn. 64; Herber/Czerwenka, Art. 4 Rn. 8; Honsell/Siehr, Art. 4 Rn. 10.

[750] Staudinger/Magnus, Art. 4 Rn. 66-69; Jung, S. 52, 53; Antweiler, S. 77-102.

zung weggefallene Vertragsinteresse ergeben.[751] Wenn sich aus der Voraussehbarkeit bestimmter Umständen durch die vertragsbrüchige Partei Anhaltspunkte für die Auslegung der vertraglichen Interessen ergeben, gehört auch diese zum Regeltatbestand. Dann muß die vertragstreue Partei auch die Voraussehbarkeit beweisen.[752] Ansonsten gehört die Voraussehbarkeit der Verletzungsfolgen zum Ausnahmetatbestand. Dies läßt sich mit der Entstehungsgeschichte[753] und dem Wortlaut des zweiten Halbsatzes von Art. 25 begründen, der mit „unless" eingeleitet wird. Dieser Satzteil geht offenbar davon aus, daß die vertragsbrüchige Partei die Folgen der Vertragsverletzung im Regelfall vorausgesehen hat. Diese kann sich jedoch ausnahmsweise von den Folgen ihrer Pflichtverletzung entlasten, wenn sie beweist, daß weder sie noch eine vernünftige Person der gleichen Art diese Folgen unter den gleichen Umständen vorhergesehen hätte.[754]

---

[751] BGH v. 03.04.96, BGHZ 132, 290, 298; Staudinger/Magnus, Art. 25 Rn. 30; Jung, S. 53; Henninger, S. 213.

[752] Schlechtriem/Schlechtriem, Art. 25 Rn. 16; Honsell/Karollus, Art. 25 Rn. 34.; Henninger, S. 214.

[753] Siehe S. 169, Teil III, erstes Kapitel, D.I.

[754] Staudinger/Magnus, Art. 25 Rn. 30; Honsell-Karollus, Art. 25 Rn. 35; Herber/Czerwenka, Art. 25 Rn. 10; Bianca/Bonell/Will, Art. 25 Anm. 2.2.1.; Babiak, Temp.Int'l & Comp.L.J. (1992), 113, 121; Honnold, Rn. 183; Jung, S. 53; Henninger, S. 213, 214; LG Frankfurt a. M. v. 16.09.91, RIW 1991, 952, 953.

2. Kapitel: Besonders vereinbarte bzw. geregelte Aufhebungsgründe

A. Abweichende Vereinbarungen als Aufhebungsgrund

Die Parteien können vom CISG abweichende Regelungen entweder in Individualvereinbarungen oder Allgemeinen Geschäftsbedingungen treffen.

I. Vorrang von Parteivereinbarungen

Die Parteien können die Anwendung des Abkommens ganz oder teilweise -auch nur einzelne Punkte betreffend - ausdrücklich oder konkludent ausschließen und gegebenenfalls abweichende Regelungen treffen (vgl. Art. 6). Eine Ausnahme hiervon ist in Art. 12 geregelt. Demnach dürfen die Parteien nicht die Formfreiheit einer von Art. 12 erfaßten Willenserklärung vereinbaren, wenn nationale Formvorschriften, die aufgrund des in Art. 96 angeordneten Vorbehalts anzuwenden sind, - abweichend von Art. 11 - eine bestimmte Form der Erklärung vorschreiben (vgl. Art. 12 S. 2). Ein stillschweigender Ausschluß ist nur wirksam, wenn diesbezüglich ein hinreichend deutlicher Parteiwillen vorliegt.[755] Schließen die Parteien das CISG insgesamt aus, ohne eine Ersatzregelung zu treffen, bestimmt sich die für den Vertrag geltende Rechtsordnung nach dem gewählten oder vom maßgeblichen IPR berufenen Vertragsstatut. Werden nur ein Teil oder einzelne Bestimmungen des Übereinkommens ausgeschlossen, kann die Lücke nicht ohne weiteres durch die Anwendung von nationalem Recht geschlossen werden. In diesem Fall richtet sich das anwendbare Recht nach dem Willen der Parteien.[756] Die Vertragsfreiheit der Parteien wird lediglich durch eine Gültigkeitskontrolle nach nationalem Recht beschränkt (vgl. Art. 4 S. 2 lit. a).

Soweit die Parteien eine vertragliche Regelung getroffen haben, richtet sich das Vorliegen einer wesentlichen Vertragsverletzung ausschließlich nach dieser Regelung. Insoweit darf nicht mehr auf die Definition in Art. 25 zurückgegriffen werden.

---

[755] Herber/Czerwenka, Art. 6 Rn. 9-16; Schlechtriem/Herber, Art. 6 Rn. 12; Honsell/Siehr, Art. 6 Rn. 6.

[756] Herber/Czerwenka, Art. 6 Rn. 5; Staudinger/Magnus, Art. 6 Rn. 58, 59.

II. Individualvereinbarungen

1. Ansatzpunkte einer vertraglichen Regelung

Die verschachtelte und komplexe Definition der wesentlichen Vertragsverletzung in Art. 25 enthält einen weiten Auslegungsspielraum. Aus diesem Grund besteht für den Kläger einer Aufhebungsklage ein relativ hohes Prozeßrisiko. Dieses Risiko kann durch geeignete vertragliche Vereinbarungen zwischen den Parteien verringert werden.[757] Den Parteien stehen diesbezüglich mehrere Möglichkeiten offen:

Sie können zunächst das Konzept der wesentlichen Vertragsverletzung insgesamt ausschließen und anstelle dieses Konzepts eine davon abweichende Regelung treffen. Die Vertragspartner werden im Regelfall die Definition der wesentlichen Vertragsverletzung in Art. 25 nicht vollständig durch eine andere Regelung ersetzen, weil eine solche Änderung häufig nicht zu davon abweichenden Ergebnissen führen wird. Sie werden nämlich für eine bestimmte Pflichtverletzung nur ein Aufhebungsrecht vereinbaren, wenn eine Partei gerade an der Erfüllung dieser Pflicht ein besonderes Interesse hat. Aufgrund dieser ausdrücklichen vertraglichen Vereinbarung wäre der Interessenwegfall für den Schuldner auch vorhersehbar. Damit liegt in einem solchen Fall regelmäßig auch eine wesentliche Vertragsverletzung vor.[758] Im übrigen werden die Parteien auch deshalb kaum von den Regelungen des Übereinkommens abweichen, weil die Vorschriften im CISG im allgemeinen und auch die des Art. 25 eine ausgewogene Regelung enthalten.[759] Ferner kann die Vereinbarung einer von dieser Vorschrift abweichenden Regelung zu völlig unerwarteten Ergebnissen führen, weil die Parteien nicht alle Konsequenzen ihrer Vereinbarung übersehen können.[760]

Sinnvoller ist daher eine vertragliche Regelung der Parteien, durch die einzelne Tatbestandsmerkmale von Art. 25 ergänzt und zugleich konkretisiert werden.[761] Dabei kann in bezug auf den „wesentlichen Nachteil“ für bestimmte Arten von Pflichtverletzungen geregelt werden, unter welchen Voraussetzungen sie von wesentlicher Bedeutung für den Vertrag sind. Im Hinblick auf die „Vorausseh-

---

[757] Rudolph, Art. 25 Rn. 14.

[758] Vgl. Beinert, S. 43 (allerdings zu Art. 10 EKG).

[759] Honsell/Karollus, Art. 25 Rn. 29.

[760] Honsell/Karollus, Art. 25 Rn. 29.

[761] Rudolph, Art. 25 Rn. 14; Honsell/Karollus, Art. 25 Rn. 30; Bianca/Bonell/Will, Art. 25 Anm. 2.; Holthausen, RIW 1990, 101, 107; Babiak, Temp.Int. & Comp.L.J. (1992), 133, 142.

barkeit" des Nachteils bietet sich die Regelung des Zeitpunkts und eventuell des Maßstabs an.[762]

2. Beispiele für vertragliche Ergänzungen des Art. 25

Die Parteien haben mehrere Möglichkeiten, vertragliche Vereinbarungen in bezug auf die Voraussetzungen einer wesentlichen Vertragsverletzung zu treffen. Welche Regelung sie konkret vereinbaren, hängt von der Art des Vertrags, der Art der Ware und den Interessen der Parteien ab. Jeder Vertragspartner hat generell ein Interesse an der Ausweitung seiner Aufhebungsrechte und an der Einschränkung der Aufhebungsrechte der jeweils anderen Partei. Folgende Vereinbarungen kommen in Betracht:

a) Lieferung vertragswidriger Ware

In diesem Fall werden die Parteien häufig Vereinbarungen über ein Ersatzlieferungs- bzw. Nacherfüllungsrecht treffen. Sie können bei bestimmten Waren generell einen Ersatzlieferungsanspruch des Käufers vereinbaren, ohne daß die Voraussetzungen von Art. 46 Abs. 2 vorliegen müssen. Dem Käufer soll ein solcher Anspruch zustehen, selbst wenn die Vertragswidrigkeit nicht die Schwere einer wesentlichen Vertragsverletzung erreicht.[763] Ferner kommt auch die Vereinbarung eines Nachbesserungsrechts nach Art. 48 in Betracht. Dabei kann dem Verkäufer die Wahl eingeräumt werden, ob er den Mangel durch Nachbesserung oder durch Ersatzlieferung beheben will.[764] Schließlich ist bei Verträgen, bei denen die zu liefernde Ware nach deren Gewicht bemessen wird, eine Vereinbarung sinnvoll, in der z.B. klargestellt wird, ab welcher prozentualen Gewichtsabweichung eine wesentliche Vertragsverletzung vorliegt bzw. nicht gegeben ist. In Form einer Negativklausel kann beispielsweise geregelt werden, daß Gewichtsabweichungen bis zu 5 % nicht als wesentlich angesehen werden sollen.[765]

---

[762] Babiak, Temp.Int. & Comp.L.J. (1992), 123, 142; Honsell/Karollus, Art. 25 Rn. 29.

[763] Rudolph, Art. 25 Rn. 15.

[764] Rudolph, Art. 25 Rn. 15.

[765] Honsell/Karollus, Art. 25 Rn. 30.

b) Lieferzeit

Ist dem Käufer bereits zum Zeitpunkt des Vertragsschlusses bewußt, daß die Einhaltung des Liefertermins für ihn von besonderer Bedeutung ist, kann er dieses besondere Interesse an einer pünktlichen Lieferung durch eine vertragliche Regelung verdeutlichen. In diesem Fall können die Parteien entweder einen Fixtermin in den Vertrag aufnehmen oder ein unmittelbares Aufhebungsrecht des Käufers für den Fall der nicht rechtzeitigen Lieferung vereinbaren.[766]

c) Zahlungspflicht

Welche Regelungen für die Vertragspartner hinsichtlich der Zahlungspflicht sinnvoll sind, hängt maßgeblich von den vereinbarten Zahlungsbedingungen ab. Haben die Parteien z.B. Vorauskasse, Akkreditivstellung oder Stellung einer Bankgarantie vor Lieferung vereinbart, ist der Verkäufer zumeist nicht bei jeder Terminüberschreitung an einer Vertragsaufhebung interessiert. In diesen Fällen ist es im Regelfall zweckmäßiger, das Aufhebungsrecht des Käufers von der Bestimmung einer Nachfrist durch den Verkäufer abhängig zu machen. Vereinbaren die Vertragspartner Ratenzahlung, ist ein sofortiges Aufhebungsrecht ebenfalls nicht sinnvoll, weil es bei der Rückführung der Ware zu erheblichen Problemen kommen kann. Aus diesem Grund ist es zweckmäßig, das Aufhebungsrecht des Verkäufers von weiteren Voraussetzungen abhängig zu machen. Die Parteien können beispielsweise vereinbaren, daß der Verkäufer erst zur Aufhebung des Vertrags berechtigt sein soll, wenn der Käufer mit mehr als zwei Raten in Verzug geraten ist.[767]

d) Abnahmepflicht

Die Art der Vereinbarung hinsichtlich der Abnahmepflicht richtet sich hauptsächlich nach den von den Vertragspartnern vereinbarten Liefer- und Zahlungsbedingungen. Haben die Vertragspartner bei einem Versendungskauf vereinbart, daß der Kaufpreis fällig wird, selbst wenn der Käufer die Ware nicht in Besitz nimmt, ist der Verkäufer an keinem Aufhebungsrecht wegen fehlender Abnahme interessiert. Vereinbaren sie ein fob-Geschäft mit der Zahlungsklausel „Kasse gegen Dokumente“, ist der Verkäufer regelmäßig an einem sofortigen

---

[766] Rudolph, Art. 25 Rn. 15.

[767] Rudolph, Art. 25 Rn. 15.

Aufhebungsrecht interessiert, wenn der Käufer das Schiff nicht rechtzeitig stellt.[768]

3. Wirksamkeit

Die Wirksamkeit von Verträgen oder einzelner Vertragsbestimmungen wird nicht vom sachlichen Geltungsbereich des CISG erfaßt (vgl. Art. 4 S. 2). Diese Frage richtet sich daher nach dem jeweils anwendbaren nationalen Recht. Verweist das maßgebliche IPR auf deutsches Recht, richtet sich die Wirksamkeit der betreffenden Vertragsbestimmung insbesondere nach den §§ 134, 138 BGB.[769]

III. Regelung in Allgemeinen Geschäftsbedingungen

1. Wirksamkeit von Allgemeinen Geschäftsbedingungen

Werden von Art. 25 abweichende bzw. konkretisierende Vertragsbestimmungen einseitig in Allgemeinen Geschäftsbedingungen getroffen, stellt sich natürlich die Frage ihrer Wirksamkeit. Das CISG erfaßt in seinem sachlichen Anwendungsbereich nicht die Frage der Gültigkeit von Regelungen in Allgemeinen Geschäftsbedingungen (vgl. Art. 4 lit. a).[770] Mit „Gültigkeit" ist nicht die Frage einer Einbeziehung von Allgemeinen Geschäftsbedingungen in den Vertrag gemeint. Aus diesem Grund wird diese Frage vom Übereinkommen in den Art. 14 ff (Vertragsabschlußvorschriften) und in Art. 8 (Auslegung von Parteierklärungen) erfaßt.[771] Dagegen wird die Inhaltskontrolle einer Klausel nicht vom Anwendungsbereich des CISG erfaßt. Diese richtet sich nach den Vorschriften, auf die das maßgebliche IPR verweist. Im Hinblick darauf kann es zu unterschiedlichen Ergebnissen kommen, weil die einzelnen Vertragsstaaten für die Inhaltskontrolle von Verträgen und insbesondere von Allgemeinen Ge-

---

[768] Rudolph, Art. 25 Rn. 15.

[769] Staudinger/Magnus, Art. 4 Rn. 20; Schlechtriem/Ferrari, Art. 4 Rn. 9; Rudolph, Art. 4 Rn 14.

[770] Staudinger/Magnus, Art. 4 Rn. 24; Honsell/Siehr, Art. 4 Rn. 5; Schlechtriem/Ferrari, Art. 4 Rn. 12; Rudolph, Art. 4 Rn. 16.

[771] Sistermann, S. 43, 44; Schlechtriem/Schlechtriem, Art. 14 Rn. 16, 17; Staudinger/Magnus, Art. 4 Rn. 25; Schlechtriem/Ferrari, Art. 4 Rn. 21; AG Nordhorn v. 14.06.94 , CISG Online Nr. 259; Ulmer/Brandner/Jensen, Anh. § 2 Rn. 11, 16 a, siehe S. 11, Teil I, erstes Kapitel, D.III.2.

schäftsbedingungen unterschiedliche Wege gegangen sind.[772] Der englische Unfair Contract Terms Act (vgl. Sect. 26) erfaßt beispielsweise nicht internationale Warenlieferungsverträge.[773] Das italienische Recht schützt den Verbraucher im wesentlichen nur durch eine Einbeziehungskontrolle von Allgemeinen Geschäftsbedingungen (vgl. Art. 1341 CC).[774] Demnach werden die Grenzen der Vertragsfreiheit der Parteien in den einzelnen Rechtsordnungen unterschiedlich gezogen. Deshalb wurde auf dem Gebiet der Allgemeinen Geschäftsbedingungen noch keine Rechtsvereinheitlichung erreicht.[775]

Verweist das maßgebliche IPR auf die deutsche Rechtsordnung, richtet sich die Wirksamkeit der einzelnen Vertragsbestimmungen nach den §§ 9-11 AGB-Gesetz. Bei Anwendung dieses Gesetzes ist allerdings zu berücksichtigen, daß die §§ 10, 11 AGB-Gesetz im kaufmännischen Verkehr keine unmittelbare Anwendung finden. Die in diesen Vorschriften enthaltenen Wertungen können aber im kaufmännischen Verkehr innerhalb der Prüfung der Generalklausel in § 9 AGB-Gesetz berücksichtigt werden.[776] Die Klauselverbote in § 10 AGB-Gesetz sind i.d.R. auf den kaufmännischen Verkehr übertragbar, weil in ihren Wertungsspielräumen die kaufmännischen Besonderheiten berücksichtigt werden können.[777] Deshalb führt ein Verstoß gegen diese Vorschrift im Regelfall gleichzeitig zu einer Unwirksamkeit der Klausel nach § 9 AGB-Gesetz. Im Gegensatz hierzu sind die Verbote des § 11 AGB-Gesetz nicht in dieser pauschale Form auf § 9 AGB-Gesetz übertragbar. Allerdings stellt ein Verstoß gegen § 11 AGB-Gesetz ein Indiz für die Unwirksamkeit der Klausel innerhalb von § 9 AGB-Gesetz dar.[778]

---

[772] Rudolph, Art. 4 Rn. 16; Überblick über die Regelungen in verschiedenen Ländern bei Rudolph/Neu-mann/Petzow, S. 31-60.

[773] Rudolph, Art. 6 Rn. 7.

[774] Bonell, ZVglRWiss, 1979, 1, 6; Sistermann, Fn. 155.

[775] Rudolph, Art. 4 Rn. 16; Art. 6 Rn. 7.

[776] Palandt/Heinrichs, § 9 AGB-Gesetz Rn. 32-35.

[777] Ulmer/Brandner/Hensen, § 24 AGB-Gesetz Rn. 19, 22; BGH v. 14.11.84, BGHZ 92, 396, 398; Palandt/Heinrichs, § 9 AGB-Gesetz Rn. 34; a. A. Lutz, S. 32 ff.

[778] Ulmer/Brandner/Hensen, § 24 AGB-Gesetz Rn. 19, 23, 24; Palandt/Heinrichs, § 9 AGB-Gesetz Rn. 34; BGH v. 08.03.84; BGHZ 90, 273, 277; BGH v. 03.03.88, BGHZ 103, 316, 328; BGH v. 25.10.95, NJW 1996, 389, 390; a. A. Lutz, S. 32 ff.

Verwendet eine Partei gegenüber ihrem Vertragspartner eine Vertragsklausel, die alle vertraglichen Pflichten des anderen Teils generell zu wesentlichen Vertragsbestimmungen aufwertet, stellt sich die Frage, ob solche Bestimmungen gegen § 9 Abs. 1 und Abs. 2 Nr. 1 AGB-Gesetz verstoßen. In diesem Fall kommt es für die Wirksamkeit dieser Klausel darauf an, ob sie den wesentlichen Grundgedanken der gesetzlichen Regelung widerspricht. Dies ist der Fall, wenn sie gegen die Ordnungs- und Leitbildfunktion verstößt, die in den Vorschriften des dispositiven Rechts niedergelegt ist.[779] Diese Grundgedanken sind nicht aus den grundlegenden Wertungen des BGB, sondern aus denen des CISG zu ermitteln.[780] Ein Rückgriff auf Wertungen des BGB scheidet auch schon deshalb aus, weil das System der Leistungsstörungen in den Voraussetzungen und Rechtsfolgen erheblich von dem des CISG abweicht.[781] Zu den Leitbildern des CISG gehört, daß eine Aufhebung des Vertrags im Regelfall nur in Betracht kommt, wenn die Interessen der durch die Pflichtverletzung beeinträchtigten Partei erheblich verletzt werden (vgl. Art. 49 Abs. 1 lit. a, 64 Abs. 1 lit. a, 51 Abs. 1 und Abs. 2, 72, 73 Abs. 1 und Abs. 2). Der Vertrag soll demnach grundsätzlich bestehen bleiben.[782]

Ein Indiz für das Vorliegen eines Widerspruches gegen das Leitbild eines Vorrangs der Vertragserhaltung ist gegeben, wenn die Klausel gegen Art. 10 Nr. 3 AGB-Gesetz verstößt. Danach ist die Klausel unwirksam, wenn dem Verwender ein Rücktrittsrecht ohne sachlich gerechtfertigten und im Vertrag angegebenen Grund eingeräumt wurde. Ein solches Rücktrittsrecht ist sachlich nur gerechtfertigt, wenn es durch ein überwiegendes, zumindestens aber durch ein anerkennenswertes Interesse des Verwenders gerechtfertigt ist.[783] Dabei können als sachliche Rechtfertigungsgründe nur die Grundwertungen des CISG zu berücksichtigt werden.[784] Wie bereits oben ausgeführt, rechtfertigt nur eine Pflichtverletzung von erheblichem Gewicht eine Vertragsaufhebung.

Im Hinblick darauf besteht für die generelle Gewährung eines Rücktrittsrechts, auch für den Fall einer nicht wesentlichen Vertragsverletzung, kein anerkennenswertes Interesse des Verwenders. Damit verstößt eine solche Klausel gegen

---

[779] Ulmer/Brandner/Hensen, § 9 AGB-Gesetz Rn. 124-128; Palandt/Heinrichs, § 9 AGB-Gesetz Rn. 18.

[780] Schlechtriem/Schlechtriem, Art. 25 Rn. 10; Frense, S. 104.

[781] Siehe S. 29, Teil I, drittes Kapitel, I.1.

[782] Siehe S. 57, Teil III, erstes Kapitel, B.II.

[783] Palandt/Heinrichs, § 10 AGB-Gesetz Rn. 15.

[784] Schlechtriem/Schlechtriem, Art. 25 Rn. 10; Rudolph, Art. 25 Rn. 17.

Art. 10 Nr. 3 AGB-Gesetz.[785] Der Verstoß gegen Art. 10 Nr. 3 AGB-Gesetz führt im Regelfall auch zu einem Verstoß gegen Art. 9 Abs. 1 und Abs. 2 Nr. 1. Für einen Verstoß gegen Art. 9 Abs. 1 und Abs. 2 Nr. 1 spricht auch, daß das Gewähren eines umfassenden Aufhebungsrechts, das Leitbild des Vorrangs der Aufrechterhaltung des Vertrags in Gegenteil verkehrt. Damit liegt ein Verstoß gegen § 9 Abs. 1 und Abs. 2 Nr. 1 AGB-Gesetz vor.[786]

Ferner könnte ein Verstoß gegen § 9 Abs. 1 und Abs. 2 Nr. 1 AGB-Gesetz vorliegen, wenn ein Vertragspartner eine Vertragsklausel verwendet, die alle vertraglichen Pflichten des anderen Teils generell als nicht wesentlichen Vertragsbestimmungen bewertet. In diesem Fall wird das dem Vertragspartner ansonsten zustehende sofortige Aufhebungsrecht weitgehend ausgeschlossen. Zwar geht das Leitbild des CISG von einem favor contractus aus, trotzdem muß dem Vertragspartner im Fall einer erheblichen Interessensbeeinträchtigung ein sofortiges Aufhebungsrecht zustehen, weil für ihn ein weiteres Festhalten am Vertrag nicht mehr zumutbar ist. Die Interessen der benachteiligten Partei werden nicht ausreichend dadurch geschützt, daß sie die Aufhebung des Vertrags mittels der Bestimmung einer Nachfrist nach Art. 49 Abs. 1 lit. b, 64 Abs. 1 lit. b herbeiführen kann, weil sie im Fall einer erheblichen Verletzung ihrer Interessen den Vertrag im Regelfall sofort aufheben möchte. Demnach verstößt auch eine solche Vertragsbestimmung gegen § 9 Abs. 1 und Abs. 2 Nr. 1 AGB-Gesetz.[787]

Durch Allgemeine Geschäftsbedingungen kann weder jede Vertragsbestimmung als wesentlich noch eine solche als nicht wesentlich bewertet werden. Es ist jedoch zulässig, daß einzelne Vertragsbestimmungen als wesentlich bzw. nicht wesentlich bewertet werden.

B. Abweichende Gepflogenheiten bzw. Gebräuche als Aufhebungsgrund

Neben Vereinbarungen zwischen den Parteien nach Art. 6 kann sich ein Aufhebungsgrund auch aus zwischen den Parteien geltenden Gepflogenheiten bzw. Gebräuchen nach Art. 9 ergeben. Diese Vorschrift unterscheidet zwischen Gebräuchen und Gepflogenheiten. Innerhalb der Gebräuche wird zwischen vereinbarten (vgl. Art. 9 Abs. 1) und fingierten (vgl. Art. 9 Abs. 2) unterschieden. Darüber hinaus sind Gebräuche und Gepflogenheiten auch für die Auslegung von Willenserklärungen (vgl. Art. 8 Abs. 3), die konkludente Annahme eines

---

[785] Schlechtriem/Schlechtriem, Art. 25 Rn. 10.

[786] Frense, S. 114; Schlechtriem/Schlechtriem, Art. 25 Rn. 10; Honsell/Karollus, Art. 25 Rn. 31; Botzenhardt, S. 174.

[787] Honsell/Karollus, Art. 25 Rn. 31, Frense, S. 85, 112; Botzenhardt, S. 173, 174.

Vertragsangebots (vgl. Art. 18 Abs. 3), die Bestimmung der Verpflichtungen des Verkäufers bei der Beförderung der Ware (vgl. Art. 32 Abs. 2) sowie der Bestimmung ihrer Vertragsgemäßheit (Art. 35 Abs. 2) zu berücksichtigen.

I. Vorrang von Gepflogenheiten und Gebräuchen

Beziehen sich die Parteien in einem Vertrag auf zwischen ihnen entstandene Gepflogenheiten bzw. Gebräuche, sind sie nach Art. 9 Abs. 1 daran gebunden. Dies gilt auch, wenn die Geltung eines Gebrauchs zwischen ihnen nur fingiert wird (vgl. Art. 9 Abs. 2).[788] Damit kommt in Art. 9 wiederum das Prinzip der Vertragsfreiheit zum Ausdruck, das dem Willen der Parteien den Vorrang vor den Regelungen des Übereinkommens einräumt (vgl. Art. 6).[789] Soweit zwischen den Parteien Gepflogenheiten bzw. Gewohnheiten gelten, bestimmt sich das Vorliegen einer wesentlichen Vertragsverletzung allein nach diesen Regeln. Im Geltungsbereich dieser Regeln darf daher nicht mehr auf die Definition der wesentlichen Vertragsverletzung in Art. 25 zurückgegriffen werden.

II. Begriff der Gepflogenheiten und der Gebräuche

Das CISG enthält im Gegensatz zu Art. 13 EKG keine Definition des Begriffs „Gebräuche". Es besteht jedoch weitgehend Übereinstimmung darüber, daß mit diesem Ausdruck die Handelsgebräuche gemeint sind.[790] Darunter fällt jedes geschäftliche Handeln zu verstehen, das in den beteiligten Kreisen der betreffenden Branche beachtet zu werden pflegt.[791] Bei Gepflogenheiten handelt es sich um Verhaltensweisen der Vertragsparteien, die zwischen ihnen entstanden sind und an die sie gebunden sind. Sie unterscheiden sich dadurch von den Gebräuchen, daß sie nicht auf einer allgemeinen Übung der Verkehrskreise, sondern auf einer individuellen Übung zwischen den Kaufvertragsparteien beruhen.[792]

---

[788] Rudolph, Art. 9 Rn. 1, 9; Schlechtriem/Junge, Art. 9 Rn. 2; Honnold, Rn. 122.

[789] Siehe S. 173, Teil III, zweites Kapitel, A.I.

[790] Rudolph, Art. 9 Rn. 5; Staudinger/Magnus, Art. 9 Rn. 7; Herber/Czerwenka, Art. 9 Rn. 4.

[791] Herber/Czerwenka, Art. 9 Rn. 4; Bianca/Bonell/Bonell, Art. 9 Anm. 3.2.; Staudinger/Magnus, Art. 9 Rn. 7.

[792] Herber/Czerwenka, Art. 9 Rn. 3; Honsell/Karollus, Art. 9 Rn. 4; Schlechtriem/Schlechtriem, Art. 9 Rn. 7.

III. Bindungswirkung

1. Gepflogenheiten

Die Parteien sind nach Art. 9 Abs. 1 nur unter bestimmten Voraussetzungen an Gepflogenheiten gebunden. Diese Bindungswirkung tritt nur ein, wenn die sich zwischen ihnen herausgebildeten Praktiken von gewisser Dauer waren. Ferner müssen die Verhaltensweisen zwischen den Parteien unbeanstandet geblieben sein. Unter Gepflogenheiten fallen beispielsweise das bisherige Absehen von Rügefristen, die Inanspruchnahme bestimmter Skonti (z.B. bei Zahlung innerhalb einer Woche nach Zugang der Rechnung werden 3 % Skonto eingeräumt), bestimmter Zahlungsziele nach Lieferung (z.B. Zahlung innerhalb von zwei Wochen nach Erhalt der Lieferung), Liefertoleranzen (z.B. Mehr- oder Minderlieferungen werden bis zu einer Abweichung von 3 % von der bestellten Menge akzeptiert), besondere Rügemodalitäten (z.B. Rüge direkt beim technischen Leiter) sowie besonderer Zahlungsmodalitäten (z.B. Zahlung durch Verrechnungsscheck).[793] Ferner kann sich zwischen den Parteien für ihre gegenseitigen Mitteilungen eine bestimmte Übermittlungsart, wie beispielsweise eine Erklärung mittels Telefax oder durch E-Mail, eingebürgert haben.[794]

Die Bindung der Vertragsparteien an die zwischen ihnen entstandenen Gepflogenheiten ergibt sich aus dem Grundsatz von Treu und Glauben.[795] Aus diesem Grund ist auch keine ausdrückliche Vereinbarung einer solchen Regel erforderlich.[796] Die Gepflogenheit und damit auch ihre Bindungswirkung wird beendet, wenn sich die Umstände ändern oder wenn sie rechtzeitig durch eine Partei aufgekündigt wird.[797]

2. Gebräuche

Hinsichtlich der Gebräuche ist zwischen vereinbarten (vgl. Art. 9 Abs. 1) und fingierten (vgl. Art. 9 Abs. 2) zu unterscheiden.

---

[793] Staudinger/Magnus, Art. 9 Rn. 13; Schlechtriem/Junge, Art. 9 Rn. 7.

[794] Honsell/Karollus, Art. 9 Rn. 4; Schlechtriem/Junge, Art. 9 Rn. 7.

[795] Honsell/Karollus, Art. 9 Rn. 4; Herber/Czerwenka, Art. 9 Rn. 3; Rudolph, Art. 9 Rn. 4; Schlechtriem/Junge, Art. 9 Rn. 7.

[796] Herber/Czerwenka, Art. 9 Rn. 3; Holl/Keßler, RIW 1995, 457.

[797] Honnold, Rn. 116.

a) Vertraglich vereinbarte Gebräuche

Die Parteien sind nach Art. 9 Abs. 1 an Gebräuche gebunden, mit denen sie sich einverstanden erklärt haben. Diese Bindungswirkung tritt ein, wenn die Anwendung eines Gebrauchs ausdrücklich oder stillschweigend vereinbart wurde.[798] Die Parteien können dabei global auf bestehende Regelungswerke verweisen, wie auf die INCOTERMS[799], die Richtlinie für Dokumentenakkreditive und Inkassi der Internationalen Handelskammer, auf Allgemeine Geschäftsbedingungen und auf Musterverträge, die von nationalen[800] und internationalen Stellen angeboten werden. Die genannten Regelungswerke werden grundsätzlich durch Parteivereinbarung Vertragsinhalt. Bei Musterverträgen und Allgemeinen Geschäftsbedingungen ist im Einzelfall zu prüfen, ob das gesamte Regelwerk oder nur einzelne Vorschriften daraus Vertragsinhalt geworden sind.[801]

b) Nicht vertraglich vereinbarte Gebräuche

Ferner werden die Parteien unter den Voraussetzungen von Art. 9 Abs. 2 auch an solche Gebräuche gebunden, über deren Geltung sie keine Vereinbarung getroffen haben. In diesem Fall fingiert diese Vorschrift die Vereinbarung eines Handelsbrauches zwischen den Vertragsparteien, wenn dieser Gebrauch im internationalen Handel weithin bekannt ist und von ihnen regelmäßig beachtet wird. Der Gebrauch ist international, wenn er in den beteiligten Geschäftskreisen weithin bekannt und respektiert wird.[802] Er muß jedoch nicht weltweit verbreitet sein. Daher sind auch lokale Bräuche, wie beispielsweise Hafen-, Börsen- und Messegebräuche zu beachten, soweit sie hinreichend verbreitet sind und beachtet werden.[803] Im übrigen tritt die Bindung an einen solchen Gebrauch nur ein, wenn die Vertragspartner den Gebrauch kennen oder kennen müssen. Dadurch soll insbesondere die Berücksichtigung lokaler Gebräuche eingeschränkt werden. Ein in Europa bestehender Gebrauch muß nicht notwendigerweise in anderen Teilen der Welt bekannt sein.[804]

---

[798] Enderlein/Maskow/Strohbach, Art. 9 Anm. 2.; Rudolph, Art. 9 Rn. 7.

[799] Abgedruckt bei Herber/Czerwenka, Anh. 4 in der Fassung vom 01.07.1990.

[800] Z.B. Allgemeine Deutsche Spediteurbedingungen (ADSp), Tegernseer Gebräuche für den Holzhandel.

[801] Honsell/Karollus, Art. 9 Rn. 7; Schlechtriem/Junge, Art. 9 Rn. 8.

[802] Staudinger/Magnus, Art. 9 Rn. 22; Herber/Czerwenka, Art. 9 Rn. 9.

[803] Herber/Czerwenka, Art. 9 Rn. 9, 11; Staudinger/Magnus, Art. 9 Rn. 22; Rudolph, Art. 9 Rn. 9.

[804] Staudinger/Magnus, Art. 9 Rn. 24; Herber/Czerwenka, Art. 9 Rn. 10.

IV. Verhältnis von Gebräuchen und Gepflogenheiten

Wenn Gepflogenheiten und Gebräuche aufeinandertreffen und sich inhaltlich widersprechen, stellt sich die Frage, welches Rangverhältnis zwischen beiden Regeln besteht. Eine Ansicht geht davon aus, daß Gepflogenheiten und Gebräuche den gleichen Rang haben.[805] Andere wiederum gehen von einem Vorrang der Gepflogenheiten aus, weil diese besser auf die Besonderheiten der konkreten Beziehung zugeschnitten und daher spezieller als die Gebräuche sind.[806] Schließlich wird vertreten, daß in diesem Fall die ausdrücklich vereinbarten Gebräuche Vorrang haben, weil Gepflogenheiten nur als stillschweigende Parteivereinbarungen gewertet werden können.[807] Den Parteiinteressen wird jedoch am besten Rechnung getragen, wenn das Rangverhältnis zwischen beiden Regeln nicht streng formal durch eine feste Rangordnung, sondern von Fall zu Fall ermittelt wird. Die ausdrücklich vereinbarten Gebräuche gehen den Gewohnheiten vor, wenn sie das konkrete Vertragsverhältnis ebenso genau regeln können wie die Gewohnheiten. Ansonsten gehen die Gewohnheiten den Gebräuchen als speziellere Regelung vor.[808]

V. Wirksamkeit vereinbarter Gebräuche

Das CISG nimmt die Frage der Gültigkeit von Gebräuchen von seinem sachlichen Geltungsbereich aus (vgl. Art. 4 lit. a). Demnach richtet sich die Wirksamkeit von Gebräuchen, deren Geltung vertraglich vereinbart werden, nach dem jeweils anwendbaren nationalen Recht. Verweist das maßgebliche IPR auf deutsches Recht, richtet sich die Wirksamkeit einer individuell vereinbarten Vertragsbestimmung insbesondere nach den §§ 134, 138 BGB.[809] Werden Gebräuche einseitig in Allgemeine Geschäftsbedingungen getroffen, richtet sich nur die Inhaltskontrolle nach den nationalen Vorschriften, während die Einbeziehungskontrolle dem Anwendungsbereich des CISG unterfällt.[810] Ist deutsches Recht anwendbar, gelten dafür die §§ 9-11 AGB-Gesetz.[811]

---

[805] Loewe, Handelsgebräuche, S. 19, der seine Ansicht jedoch nicht begründet.

[806] Enderlein/Maskow/Strohbach, Art. 9 Anm. 3.

[807] Reinhart, Art. 9 Rn. 2; Piltz, § 2 Rn. 178.

[808] Staudinger/Magnus, Art. 9 Rn. 15; Holl/Keßler, RIW 1995, 457, 458.

[809] Schlechtriem/Ferrari, Art. 4 Rn. 26; Rudolph, Art. 4 Rn. 17.

[810] Rudolph, Art. 4 Rn. 17; Schlechtriem/Ferrari, Art. 4 Rn. 27.

[811] Schlechtriem/Junge, Art. 9 Rn. 9; Rudolph, Art. 4 Rn. 17; vgl auch II. Teil, erstes Kapitel, A.III.

VI. Ermittlung von Gebräuchen

Die Behandlung von Gebräuchen im Prozeß richtet sich nach dem Verfahrensrecht des Gerichtsstaates. Die Feststellung von Gebräuchen ist nach den meisten Prozeßrechten eine Tatfrage und ist daher im Bestreitensfall dem Beweis zugänglich.[812] Ist deutsches Vefahrensrecht anwendbar, sind sie im Prozeß von demjenigen zu beweisen, der sich auf den Handelsgebrauch und dessen Bindungswirkung beruft. Die beweispflichtige Partei kann den Beweis beispielsweise durch ein Sachverständigengutachten der Industrie- und Handelskammern erbringen.[813] In bestimmten Fällen bietet sich die Übertragung der Entscheidung auf ein Schiedsgericht an. Dies gilt insbesondere bei Branchenstreitigkeiten, weil durch die Auswahl der Schiedsrichter die notwendige Sachkenntnis in Geschäften der streitigen Art gewährleistet ist, so daß häufig keine Beweisaufnahme wegen des Bestehens des Handelsgebrauchs erforderlich ist.[814]

C. Bestimmung einer Nachfrist als Aufhebungsgrund

Der Käufer (vgl. Art. 49 Abs. 1 lit. b) bzw. der Verkäufer (vgl. Art. 64 Abs. 1 lit. b) kann durch die Bestimmung einer angemessenen Nachfrist die Voraussetzungen einer Vertragsaufhebung herbeizuführen, auch wenn kein Fall einer wesentlichen Vertragsverletzung (vgl. Art. 25) vorliegt.

I. Zweck der Nachfristsetzung

Die durch die Pflichtverletzung betroffene Partei kann den Vertrag nur dann sofort aufheben, wenn der Tatbestand einer wesentlichen Vertragsverletzung erfüllt ist (vgl. Art. 49 Abs. 1 lit. a, 64 Abs. 1 lit. a). Darüber hinaus kann diese Partei bei bestimmten Pflichtverletzungen die Voraussetzungen einer Vertragsverletzung herbeiführen, indem sie der anderen Partei eine Nachfrist setzt, die diese erfolglos ablaufen läßt (vgl. Art. 49 Abs. 1 lit. b, 64 Abs. 1 lit. b). Die Nachfristbestimmung hat dabei den Zweck, der benachteiligten Partei ein zusätzliches Aufhebungsrecht zu gewähren, das unabhängig von der Schwere der Pflichtverletzung eingeräumt wird.[815]

---

[812] Honsell/Melis, Art. 9 Rn. 9.

[813] Schlechtriem/Junge, Art. 9 Rn. 13; Herber/Czerwenka, Art. 9 Rn. 19; Rudolph, Art. 9 Rn. 10.

[814] Schlechtriem/Junge, Art. 9 Rn. 13.

[815] Schlechtriem/Huber, Art. 47 Rn. 3; Staudinger/Magnus, Art. 47 Rn. 2.

II. Voraussetzungen und Rechtsfolgen einer Vertragsaufhebung nach Fristsetzung

1. Nichterfüllung einer bestimmten Pflicht

Der Käufer kann nach Art. 49 Abs. 1 lit. b die Aufhebung des Vertrags nur im Fall der Nichtlieferung verlangen, der Verkäufer hat dieses Recht nach Art. 64 Abs. 1 lit. b nur im Fall der Nichtzahlung bzw. Nichtabnahme. Diese Beschränkung des Aufhebungsrecht wurde bewußt in das CISG aufgenommen. Die von der Vertragsverletzung betroffene Partei soll nur im Ausnahmefall die Möglichkeit haben, durch eine Nachfristsetzung eine nicht wesentliche Vertragsverletzung zu einer wesentlichen Vertragsverletzung aufzuwerten.[816]

2. Fristsetzung

a) Form und Inhalt

Die Fristsetzung nach Art. 47 Abs. 1, 63 Abs. 1 bedarf einer Erklärung der vertragsaufhebenden Partei.[817] Sie ist an keine Form gebunden und kann sowohl schriftlich als auch mündlich erfolgen.[818] Die Erklärung ist nach Art. 27 mit den nach den Umständen geeigneten Mitteln mitzuteilen. Als Erklärungsmittel können je nach Entfernung, Post- und Nachrichtenverbindung und Eilbedürftigkeit z.B. Brief, Telefon, Telex, Telefax, Telegramm oder E-Mail in Betracht kommen.[819] Das Übermittlungsrisiko geht bereits mit Abgabe der Erklärung auf den Empfänger über (vgl. Art. 27). Die Erklärung wird jedoch erst mit ihrem Zugang wirksam und bindend. Treten bei der Übermittlung der Erklärung Störungen auf, so ist auf den Zeitpunkt des hypothetischen Zugangs abzustellen.[820]

Die Erklärung der fristsetzenden Partei muß das Wort „Nachfrist“ nicht ausdrücklich enthalten,[821] die Frist ist jedoch genau zu bestimmen: Der Gläubiger muß entweder einen bestimmten Zeitraum oder ein genaues Datum festlegen.[822]

---

[816] Siehe S. 57 ff, Teil III, erstes Kapitel, B.II.

[817] Staudinger/Magnus, Art. 47 Rn. 15; Bianca/Bonell/Will, Art. 47 Anm. 2.1.3.1.; Bianca/Bonell/Knapp, Art. 63 Anm. 3.1.

[818] Schlechtriem/Huber, Art. 47 Rn. 15; Art. 63 Rn. 3.

[819] Schlechtriem/Schlechtriem, Art. 27 Rn. 7; Rudolph, Art. 27 Rn. 5; Bianca/Bonell/Date-Bah, Art. 27 Anm. 3.1.; siehe auch S. 38, Teil II, erstes Kapitel, I.2.a.

[820] Siehe S. 38, Teil II, erstes Kapitel, I.2.c.

[821] Rudolph, Art. 47 Rn. 4, 5; Schlechtriem/Huber, Art. 47 Rn. 7; OLG Hamburg v. 28.02.97, CISG Online Nr. 261.

[822] Staudinger/Magnus, Art. 47 Rn. 16, 17; Herber/Czerwenka, Art. 47 Rn. 3.

Darüber hinaus ist erforderlich, daß die Erklärung eine Aufforderung zur Leistung enthält, aus der - wegen der Warnfunktion der Fristsetzung für den Schuldner - deutlich hervorgehen muß, daß der Gläubiger auf einer Erfüllung innerhalb der Nachfrist besteht.[823] Eine Ablehnungsandrohung ist nicht erforderlich.[824] Der Gläubiger macht sein Interesse an einer Erfüllung innerhalb der Nachfrist hinreichend deutlich, wenn er dem Schuldner für die Erfüllung der Lieferpflicht eine Frist bis 30. November setzt und gleichzeitig darauf hinweist, daß die Fristeinhaltung für ihn sehr wichtig sei, da er selbst Weiterverkaufspflichten zu erfüllen habe.[825]

b) Angemessenheit

Die Angemessenheit der Nachfrist richtet sich nach den konkreten Umständen des Falles. Setzt der Käufer die Frist, sind dabei insbesondere Umfang und Schwierigkeit der Lieferung, Länge der ursprünglichen Lieferfrist, Grund der Nichterfüllung, Folgen der Verzögerung und Postlaufzeiten zu berücksichtigen.[826]

Bei einer Fristsetzung durch den Verkäufer sind insbesondere mögliche Nachteile für ihn durch Verderb, Preisverfall oder Lagerkosten der Ware, ferner Umfang und Schwierigkeit der Zahlungs-, Abnahmepflicht, die Länge der dafür ursprünglich gewährten Frist, der Grund der Nichterfüllung und auch die Postlaufzeiten zu berücksichtigen.[827] Setzt der Gläubiger eine unangemessene Frist, ist die Bestimmung der Frist jedoch nicht unwirksam, sondern setzt nach überwiegender Ansicht lediglich eine angemessene Frist in Gang.[828]

c) Rechtsfolgen

Solange die Nachfrist läuft, ist die fristsetzende Partei an ihre Erklärung gebunden. Sie darf daher vor Ablauf dieser Frist keine Rechte aus der Pflichtverlet-

---

[823] Honsell/Karollus, Art. 47 Rn. 19; Herber/Czerwenka, Art. 47 Rn. 3.

[824] Herber/Czerwenka, Art. 47 Rn. 3; Schlechtriem/Huber, Art. 47 Rn. 8; Audit, Anm. 130.

[825] OLG Hamburg v. 28.02.97, CISG Online Nr. 261.

[826] Staudinger/Magnus, Art. 47 Rn. 19; Bianca/Bonell/Will, Art. 47 Anm. 2.1.3.2.; Enderlein/Maskow/Strohbach, Art. 47 Anm. 2.

[827] Staudinger/Magnus, Art. 63 Rn. 15; Schlechtriem/Hager. Art. 63 Rn. 3.

[828] Schlechtriem/Huber, Art. 47 Rn. 12; Staudinger/Magnus, Art. 47 Rn. 20; Herber/Czerwenka, Art. 47 Rn. 4; a. A. Honsell/Schnyder/Straub, Art. 47 Rn. 24.

zung ihres Vertragspartners herleiten. Demnach scheidet vor Ablauf dieser Frist eine Aufhebung des Vertrags aus. Lediglich der Erfüllungsanspruch (vgl. Art. 46, 62) und der Anspruch auf Ersatz des Verzugsschadens (vgl. Art. 47 Abs. 2 S. 2, 45 Abs. 1 lit. b und Art. 63 Abs. 2 S. 2, 61 Abs. 1 lit. b) kann geltend gemacht werden. Die Bindungswirkung der Erklärung erlischt, wenn der Schuldner dem Gläubiger anzeigt, daß er vor Fristablauf die Erfüllung verweigern wird (vgl. Art. 47 Abs. 2 S. 1; 63 Abs. 2 S. 1). Ab diesem Zeitpunkt kann die fristsetzende Partei wieder auf alle Rechte aus der Pflichtverletzung ihres Vertragspartners zurückgreifen. Daraus ist auch ersichtlich, daß die Nachfrist eine bereits entstandene Vertragsverletzung nicht wieder beseitigt. Aus diesem Grund stellt die Bestimmung einer Nachfrist grundsätzlich keine Stundung dar.[829]

3. Aufhebungserklärung, Aufhebungsfrist und Rechtsfolgen einer Aufhebung

Hat die vertragsaufhebende Partei ihrem Vertragspartner eine angemessene Nachfrist gesetzt, kann sie nach deren fruchtlosem Ablauf den Vertrag gemäß Art. 49 Abs. 1 lit. b, 64 Abs. 1 lit. b aufheben. Neben dem Vorliegen dieses Aufhebungsgrunds setzt die Aufhebung des Vertrags noch eine wirksame Aufhebungserklärung (vgl. Art. 26, 49 Abs. 1, 64 Abs. 1) und im Regelfall die Einhaltung einer bestimmten Aufhebungsfrist (vgl. Art. 49 Abs. 2, 64 Abs. 2) voraus. Die Rechtsfolgen einer wirksamen Vertragsaufhebung, sind in den Art. 81-84 näher geregelt.[830]

---

[829] Staudinger/Magnus, Art. 47 Rn. 22; Art. 63 Rn. 19; Schlechtriem/Hager, Art. 63 Rn. 6.

[830] Siehe S. 44, Teil II, erstes Kapitel, II.

Zusammenfassung

1. Das CISG ist in der Bundesrepublik seit dem 1. Januar 1991 in Kraft. Es hat das Ziel, eine Rechtsvereinheitlichung im Bereich des internationalen Handelsverkehrs herbeizuführen. Im Gegensatz zum Vorgängerabkommen (EKG) hat das CISG inzwischen erhebliche Bedeutung im Bereich des grenzüberschreitenden Warenverkehrs erlangt. Diese Bedeutung zeigt sich in einer Ratifikation bzw. Annahme in 60 Staaten und einer Gerichtspraxis von über 500 Entscheidungen.

2. Das CISG unterteilt die Pflichtverletzungen nicht in verschiedene Tatbestände, sondern geht von einem einheitlichen Begriff der Vertragsverletzung aus, der sämtliche Arten von Pflichtverletzungen umfaßt. Das Übereinkommen unterscheidet lediglich wesentliche und nicht wesentliche Pflichtverletzungen. Diese Unterscheidung erfolgt anhand des in Art. 25 geregelten Maßstabs. Sie ist insbesondere für die Einteilung der Rechtsbehelfe von Bedeutung. So ist das Vorliegen einer wesentlichen Vertragsverletzung die Voraussetzung für die Geltendmachung einer Vertragsaufhebung, eines Rechtsbehelfs, der besonders stark in die Rechte der vertragsbrüchigen Partei eingreift.

3. Das Übereinkommen unterscheidet in Art. 49 Abs. 1 und 64 Abs. 1 jeweils zwei Aufhebungsgründe. Die vertragstreue Partei kann den Vertrag aufheben, wenn eine wesentliche Vertragsverletzung (vgl. Art. 49 Abs. 1 lit. a, 64 Abs. 1 lit. a, 25) vorliegt oder wenn sie der anderen Partei für die Erfüllung ihrer Pflichten eine angemessene Frist gesetzt hat, die diese erfolglos verstreichen läßt (vgl. Art. 49 Abs. 1 lit. b, 64 Abs. 1 lit. b). Im Vordergrund steht die Aufhebung des Vertrags wegen wesentlicher Vertragsverletzung, weil nur in diesem Fall eine sofortige Lösung vom Vertrag möglich ist.

Die im CISG geregelten Aufhebungsgründe können durch Parteivereinbarungen (vgl. Art. 6) bzw. Gebräuche und Gepflogenheiten (vgl. Art. 9) ersetzt bzw. abgeändert werden.

4. Der in Art. 25 definierte Begriff „wesentliche Vertragsverletzung“ ist ein Schlüsselbegriff im CISG. Diese Vorschrift hat zunächst die Funktion einer Definitionsnorm. Setzt eine Regelung im CISG das Vorliegen einer wesentlichen Vertragsverletzung voraus, ist auf die Definition dieses Ausdrucks in Art. 25 zurückzugreifen. Dies gilt jedoch nur dann, wenn die Parteien keine von Art. 25 abweichenden Regelungen vereinbart haben. Darüber hinaus ergibt sich aus dem in dieser Vorschrift geregelten Beurteilungsmaßstab, der zur Abgrenzung von wesentlicher und nicht wesentlicher Vertragsverletzung dient, im Zusammenspiel mit den Regelungen über die Aufhebung des Vertrags (vgl. 49 Abs. 1

lit. a, 51 Abs. 2, 64 Abs. 1 lit. a, 72 Abs. 1, 73 Abs. 1 und 2) das Leitbild eines Vorrangs der Vertragserhaltung.

5. Die Aufhebung des Vertrags setzt zunächst eine Vertragsverletzung voraus. Dieser Begriff umfaßt alle denkbaren Formen von Pflichtverletzungen. Es spielt auch keine Rolle, ob eine Haupt- oder Nebenpflicht verletzt wird oder ob die vertragsbrüchige Partei die Pflichtverletzung verschuldet hat. Wird lediglich eine außervertragliche Pflicht verletzt, liegt nur dann eine Vertragsverletzung vor, wenn gleichzeitig eine vertragliche Pflicht verletzt wird. Eine Pflichtverletzung wird ausgeschlossen, wenn sich die vertragsbrüchige Partei auf ein Leistungsverweigerungsrecht nach Art. 71 berufen kann. Beruft sie sich auf einen Befreiungsgrund i.S.v. Art. 79, 80, hat dieser Umstand keinen Einfluß auf das Vorliegen einer Vertragsverletzung.

Ferner muß die Vertragsverletzung zu einem Nachteil für die vertragstreue Partei führen. Das Entstehen eines Nachteils setzt nicht voraus, daß bei der durch die Pflichtverletzung betroffenen Partei ein Schaden eintritt. Vielmehr umfaßt dieses Tatbestandsmerkmal jede Form der Beeinträchtigung von vertraglichen Interessen dieser Partei.

Der durch die Pflichtverletzung entstandene Nachteil muß ein erhebliches Ausmaß erreichen, damit er als wesentlich charakterisiert werden kann. Die Vertragsverletzung hat das für eine Vertragsaufhebung erforderliche Gewicht, wenn die vertragstreue Partei kein Interesse mehr an der Durchführung des Vertrags hat, weil infolge der Pflichtverletzung ein wesentliches Vertragsinteresse weggefallen ist. Das Gewicht der vertraglichen Interessen ergibt sich aus den zwischen den Parteien vereinbarten Regelungen bzw. aus den zwischen ihnen geltenden Gewohnheiten und Gepflogenheiten. Liegen keine solche Regeln vor, richtet sich die Bedeutung der Interessen nach sämtlichen Umständen des Einzelfalls. Dabei spielt der Vertrag eine maßgebliche Rolle. Die Bedeutung der vertraglichen Interessen ist durch Auslegung des Vertrags nach Art. 8 zu ermitteln. Bei der Bewertung der Interessen ist die Möglichkeit der Beseitigung des Mangels und der zumutbaren anderweitigen Verwertung zu berücksichtigen. Ist der Mangel zu beheben bzw. die Ware trotz des Mangel zumutbar zu verwerten, liegt kein wesentlicher Nachteil vor.

Die vertragsaufhebende Partei trägt ein hohes Prozeßrisiko, weil der Begriff „wesentliche Vertragsverletzung" in Art. 25 eine Generalklausel darstellt, die einen weiten Auslegungsspielraum eröffnet. Dieses Prozeßrisiko kann eingeschränkt werden, indem den Gerichten durch die Bildung von Fallgruppen typischer Vertragsverletzungen eine Entscheidungshilfe an die Hand gegeben wird. Rechtsprechung und Literatur verwenden zur Qualifikation einer Vertragsverletzung als „wesentlich" sämtliche Umstände des Einzelfalles. Dabei werden insbesondere das Ausmaß der eingetretenen Interessenverletzung, die Möglichkeit einer Nacherfüllung in Form der Nachbesserung bzw. Ersatzlieferung und die Möglichkeit einer anderweitigen Verwendung der Ware berücksichtigt. Dagegen darf nicht berücksichtigt werden, ob die vertragsbrüchige Partei die Pflichtverletzung verschuldet hat.

6. Das CISG regelt die Frage der Beweislast nicht ausdrücklich. Diese Lücke im Übereinkommen ist nach Art. 7 Abs. 2 nach den allgemeinen Grundsätzen zu schließen. Aus den Art. 79 Abs. 1, 26, 44, 75, 76 lit. a, 25, 35 Abs. 2 lassen sich Anhaltspunkte für eine Verteilung der Beweislast entnehmen. Danach muß jede Partei die tatsächlichen Voraussetzungen der ihr günstigen Norm beweisen. Beruft sich eine Partei auf eine Ausnahmeregelung, muß sie deren tatsächliche Voraussetzungen beweisen. In Art. 25 wird der erste Halbsatz als Regeltatbestand und der zweite Halbsatz als Ausnahmetatbestand angesehen. Aus diesem Grund muß die vertragstreue Partei das Vorliegen einer Vertragsverletzung und den dadurch verursachten Interessenswegfall beweisen. Dagegen muß die vertragsbrüchige Partei beweisen, daß weder sie noch eine vernünftige Person diese Folge vorausgesehen hat.

7. Ein wesentlicher Nachteil scheidet aus, wenn die vertragsbrüchige Partei oder eine vernünftige Person diesen nicht vorausgesehen hat. Diese Einschränkung hat den Zweck, die vertragsbrüchige Partei von den Folgen ihrer Vertragsverletzung zu entlasten. Die „Voraussehbarkeit“ besteht aus einem subjektiven und einem objektiven Maßstab, die in einem alternativen Verhältnis zueinander stehen. Eine Entlastung der vertragsbrüchigen Partei kommt nicht in Betracht, wenn der strengere von beiden Maßstäben erfüllt ist. Als objektiver Maßstab gilt, was eine vernünftige Person der gleichen Art unter den gleichen Umständen vorausgesehen hätte. Dieser Maßstab hat den Zweck, eine Person zu schaffen, die der vertragsbrüchigen Partei möglichst ähnlich ist. Zur Ermittlung dieser Person werden sämtliche Merkmale des Einzelfalls herangezogen. Der wesentliche Nachteil muß grundsätzlich zum Zeitpunkt des Vertragsschlusses voraussehbar gewesen sein, weil zu diesem Zeitpunkt die vertragliche Risikoverteilung vorgenommen wird. Im Ausnahmefall dürfen auch Informationen berücksichtigt werden, die erst nach Vertragsschluß bekannt werden. Allerdings dürfen zum Schutz der vertragsbrüchigen Partei nur solche Informationen nachträglich berücksichtigt werden, die ihr bis zum Zeitpunkt der Vornahme der Erfüllungshandlung vorliegen und die ihre Interessen nicht erheblich beeinträchtigen.

Literaturverzeichnis

Actes et Documents, Conférence diplomatique sur l'unification du droit en matière de la vente internationale, La Haye 2-25 avril 1964, Actes et Documents de la Conférence, Tome II (Documents), Edités par le Ministère de la Justice des Pays-Bas, La Haye 1966, zit.: Documents.

Aicher, Josef: Leistungsstörungen aus der Verkäufersphäre - Ein Beitrag zur wesentlichen Vertragsverletzung und zur aliud-Lieferung im UN-Kaufrechtsübereinkommen, in: Hoyer, Hans/Posch, Willibald (Hrsg.), Das Einheitliche Wiener Kaufrecht, Neues Recht für den internationalen Warenkauf, Wien 1992, S. 111-142, zit.: Aicher, Leistungsstörungen.

Antweiler, Clemens: Die Beweislastverteilung im UN-Kaufrecht insbesondere bei Vertragsverletzungen des Käufers, Mainz 1994.

Atiyah, P. S./Adams, John: The Sale of Goods, 9. Aufl., London 1995.

Audit, Bernard: La vente internationale de marchandises, Convention des Nations-Unies du 11 avril 1980, Paris, 1990.

Babiak, Andrew: Defining „Fundamental Breach" under the United Nations Convention on Contracts for the International Sale of Goods, Temple Int'l & Comp.L.J.(1992), S. 113-143.

Bankowski, Zenon/MacCormick, Neil D.: Statutory Interpretation in the United Kingdom, in: MacCormick, Neil D./Summers, Robert S. (Hrsg.), Interpreting Statutes, A comparative Study, Aldershot, Brookfield USA, Hong Kong, Singapore, Sydney 1991, S. 359-406, zit.: Bankows-ki/Mac Cormick, Statutory Interpretation United Kingdom.

Barbic, Jaksa: Uniform Law on the International Sale of Goods, Uniform Law on the Formation of Contracts for the International Sale of Goods (1964) and United Nations Convention on Contracts for the International Sale of Goods (1980), in: Voskuil, C. C. A./Wade, J. A. (Hrsg.), Hague-Zagreb Essays 4, On the Law of international Trade, The Hague 1983, S. 3-21, zit.: Barbic, Uniform Law.

Baumbach, Adolf/Hopt, Klaus J.: Handelsgesetzbuch mit Nebengesetzen, 29. Aufl., München 1995.

Becher, Herbert J.: Wörterbuch der Rechts- und Wirtschaftssprache, Teil I: Spanisch-Deutsch, 4. Aufl., München 1994.

Beinert, Dieter: Wesentliche Vertragsverletzung und Rücktritt, Frankfurt a. M., Bielefeld 1979.

Benicke, Christoph: Zur Vertragsaufhebung nach UN-Kaufrecht bei Lieferung mangelhafter Ware (Anmerkung zu BGH v. 03.04.96 - VIII 51/95, BGHZ 132, 290), IPRax 1997, 326-331.

Beutler, Bengt/Bieber, Roland/Pipkorn, Jörn/Streil, Jochen: Europäische Union, Rechtsordnung und Politik, 4. Aufl., Baden-Baden 1993.

Bianca, Cesare M./Bonell, Michael J.: Commentary on the International Sales Law, The 1980 Vienna Sales Convention, Milan 1987, zit.: Bianca/Bonell/Bearbeiter.

Bianca, Cesare M.: Wesentliche Vertragsverletzung im italienischen und internationalen Kaufrecht, Saarbrücken 1989.

Bitter, Walter/Bitter, Georg: Wandelungsmöglichkeit des professionellen Käufers und Nachlieferungsrecht des Verkäufers bei aliud-Lieferung, Eine Untersuchung zum deutschen und UN-Kaufrecht, BB 1993, 2315-2326.

Bleckmann, Albert: Zu den Auslegungsmethoden des Europäischen Gerichtshofs, NJW 1982, 1177-1185.

Bonell, Michael J.: Die allgemeinen Geschäftsbedingungen im italienischen Recht, ZVglRWiss, 1979, 1-15.

Botzenhardt, Bertrand: Die Auslegung des Begriffs der wesentlichen Vertragsverletzung im UN-Kaufrecht, Frankfurt a. M., Berlin, Bern, New York, Paris, Wien 1998.

Bucher, Eugen (Hrsg.): Wiener Kaufrecht, Der schweizerische Außenhandel unter dem UN-Übereinkommen über den internationalen Warenkauf, Bern 1991.

Bundesminister der Justiz (Hrsg.): Abschlußbericht der Kommission zur Überarbeitung des Schuldrechts, Bundesanzeiger 1992, zit.: Abschlußbericht.

Caemmerer, Ernst von/Schlechtriem, Peter (Hrsg.): Kommentar zum Einheitlichen UN-Kaufrecht, Das Übereinkommen der Vereinten Nationen über Verträge über den internationalen Warenkauf - CISG Kommentar -, 1. Aufl., München 1990, zit.: Schlechtriem/Bearbeiter (1. Aufl.).

Caemmerer, Ernst von/Schlechtriem, Peter (Hrsg.): Kommentar zum Einheitlichen UN-Kaufrecht, Das Übereinkommen der Vereinten Nationen über Verträge über den internationalen Warenkauf - CISG Kommentar -, 2. Aufl., München 1995, zit.: Schlechtriem/Bearbeiter (2. Aufl.).

Caemmerer, Ernst von: Internationale Vereinheitlichung des Kaufrechts, SJZ 1981, 257-267.

Caemmerer, Ernst von: Die wesentliche Vertragsverletzung im internationalen Einheitlichen Kaufrecht, S. 32-52, in: Festschrift für Helmut Coing, Band II, Europäisches Rechtsenken in

Geschichte und Gegenwart, herausgegeben von Norbert Horn, Klaus Luig, Alfred Söllner, München 1982, zit.: von Caemmerer, in FS für Coing II.

CISG-France, Internet-Datenbank französischer Entscheidungen zum CISG, Universität Saarbrücken (www.jura.uni-sb.de/FB/LS/Witz/cisg.htm).

CISG Online, Internet-Datenbank, Universität Freiburg (www.jura.uni-freiburg.de/ipr1/cisg/default.htm).

CISG-Spain and Latin America Database, Universität Madrid (www.uc3m.es/uc3m/dpto/PR/dppr03/cisg/index.html).

CISG W3 Database, Pace University School of Law (www.cisg.law.pace.edu).

Clausson, Olof: Avoidance in nonpayment situations and fundamental breach under the 1980 U.N. Convention on Contracts for the International Sale of Goods, N.Y.L.Sch.J.Int'l & CompL., 6 (1984), S. 93-117.

Commentary on the Draft Convention on Contracts for the International Sale of Goods, Prepared by the Secretariat, abgedruckt in: Official Records, S. 14-66, zit.: Sekretariatskommentar.

Conrad, Peter: Die Lieferung mangelhafter Ware als Grund für eine Vertragsaufhebung im einheitlichen UN-Kaufrecht (CISG) unter Berücksichtigung des öffentlich-rechtlich bedingten Sachmangels, Zürich 1999.

Czerwenka, Beate G.: Rechtsanwendungsprobleme im internationalen Kaufrecht, Das Kollisionsrecht bei grenzüberschreitenden Kaufverträgen und der Anwendungsbereich der internationalen Kaufrechtsübereinkommen, Bonn 1988.

Denkschrift der Bundesregierung zum Übereinkommen der Vereinten Nationen vom 11. April 1980 über Verträge über den internationalen Warenkauf: BT-Drs. 11/3076, 38-63, zit.: Denkschrift.

Derains, Yves: Anmerkung zu Schiedsgericht der ICC - 7585/1992, J.D.I. 1995, 1015; J.D.I. 1995, 1020-1022.

Dessemontet, Francois (Hrsg.): Les contrats de vente internationale de merchandises, Lausanne 1991.

Diedrich, Frank: Autonome Auslegung von Internationalem Einheitsrecht, Computersoftware im Wiener Kaufrecht, Baden-Baden 1994.

Diedrich, Frank: Voraussetzungen einer Vertragsaufhebung wegen Sachmängeln nach dem Wiener Kaufrecht (Anmerkung zu OLG Frankfurt a. M. v. 18.01.94 - 5 U 15/93, NJW 1994, 1013), RIW 1995, 11-15.

Diedrich, Frank: Anwendbarkeit des Wiener Kaufrechts auf Softwareüberlassungsverträge, Zugleich ein Beitrag zur Methode autonomer Auslegung von Internationalem Einheitsrecht, RIW 1993, 441-452.

Dietl, Clara-Erika/Moss, Anneliese A./Lorenz, Eugen: Wörterbuch für Recht, Wirtschaft und Politik, Teil1: Englisch-Deutsch, 4. Aufl, München 1987, zit.: Dietl/Moss/Lorenz.

Dölle, Hans: Kommentar zum Einheitlichen Kaufrecht, München 1976, zit.: Dölle/Bearbeiter.

Doralt, Peter (Hrsg.): Das UNCITRAL-Kaufrecht im Vergleich zum östereichischen Recht, Referate und Diskussionen des Symposiums in Baden bei Wien, 17.-19. April 1983, Wien 1985.

Doucet, Michel/Fleck, Klaus E. W.: Wörterbuch der Rechts- und Wirtschaftssprache, Teil 1: Französisch-Deutsch, 5. Aufl., München 1997, zit.: Doucet/Fleck.

Neumayer, Karl H.: Rechtsgestaltende Erklärungen im Wiener Einheitlichen Kaufrecht, S. 97-118, in: Festschrift für Ulrich Drobnig, zum siebzigsten Geburtstag, herausgegeben von Basedow, Jürgen, Hopt Klaus J., Kötz, Hein, Tübingen 1998, zit.: Neumayer, in FS für Drobnig.

Dumay, Raymond/Plasa, Wolfgang: Dictionnaire Juridique, Paris 1982, zit.: Dumay/Plasa.

Eisemann, Frédéric/Schütze, Rolf A.: Das Dokumentenakkreditiv im Internationalen Handelsverkehr, 3. Aufl., Heidelberg 1989, zit.: Eisemann/Schütze.

Enderlein, Fritz/Maskow, Dietrich/Strohbach, Heinz: Internationales Kaufrecht, Berlin 1991, zit.: Enderlein/Maskow/Strohbach.

Enderlein, Fritz: Die Verpflichtung des Verkäufers zur Einhaltung des Lieferzeitraums und die Rechte des Käufers bei dessen Nichteinhaltung nach dem UN-Übereinkommen der Verträge über den internationalen Warenkauf (Anmerkung zu AG Oldenburg in Holstein v. 24.04.1990, IPRax 1991, 313-316).

Eörsi, Gyula: A propos the 1980 Vienna Convention on Contracts for the International Sale of Goods, Am.J.Comp.L. (1983), S. 333-356.

Eörsi, Gyula: General Provisions, in: Galston, Nina M./Smit, Hans (Hrsg.), International Sales, The United Nations Convention on Contracts for the International Sale of Goods, New York 1984, Chapter 2, S. 1-34, zit.: Eörsi, General Provisions.

Farnsworth, Edward A.: An Introduction to the legal system of the United States, 2nd Ed., London, Rome, New York 1983.

Faust, Florian: Die Vorhersehbarkeit des Schadens gemäß Art. 74 S. 2 UN-Kaufrecht (CISG), Tübingen 1996.

Feltham, J. D.: The United Nations Convention on Contracts for the International Sale of Goods, J.Bus.L. (1981), S. 346-361.

Flechtner, Harry M.: Remedies under the new international sales convention: The perspective from article 2 of the U.C.C., J.L. & Com. (1988), S. 53-108.

Frense, Astrid: Grenzen der formularmäßigen Freizeichnung im Einheitlichen Kaufrecht, Heidelberg 1993.

Galston, Nina M./Smit, Hans (Hrsg.): International Sales, The United Nations Convention on Contracts for the International Sale of Goods, New York 1984.

Gaus, Werner: Anmerkung zu OLG München v. 02.03.94 - 7 U 4419/93, WiB 1994, 611, WiB 1994, 612-613.

Göritz, Andreas: Zur wesentlichen Vertragsverletzung beim Warenkauf - Wechselbeziehungen zwischen dem nordischen und dem international einheitlichen Recht -, Saarbrücken 1988.

Guest, A. G. (Hrsg.): Benjamin's Sale of Goods, 5. Aufl., London 1997, zit.: Benjamin's Sale.

Hager, Günter: Die Rechtsbehelfe des Verkäufers wegen Nichtabnahme der Ware nach amerikanischem, deutschem und Einheitlichen Haager Kaufrecht, Frankfurt a. M. 1975.

Hardt, Christoph: Anmerkung zu Schiedsgericht der Handelskammer Hamburg v. 21.03.96, RIW 1996, 767, NWB 96 (Fach 19, S. 2197-2798).

Hartwieg, Oskar: Prozessuale Aspekte einheitlicher Anwendung der Wiener UN-Konvention über den Warenkauf (CISG), ZVglRWiss 92 (1993), 282-325.

Hascher, Dominique: Anmerkung zu Schiedsgericht der ICC - 8128/1995, J.D.I. 1996, 1024, J.D.I 1996, 1028-1030.

Heilmann, Jan: Mängelgewährleistung im UN-Kaufrecht, Voraussetzungen und Rechtsfolgen im Vergleich zum deutschen internen Kaufrecht und zu den Haager Einheitlichen Kaufgesetzen, Berlin 1994.

Hellner, Jan: The Vienna Convention and Standard Form Contracts, in: Sarcevic, Petar/Volken, Paul (Hrsg.), International Sales of Goods, Dubrovnik Lectures, New York, London, Rome 1986, S. 335-363, zit.: Hellner, Standard Form Contracts.

Henninger, Michael: Die Frage der Beweislast im Rahmen des UN-Kaufrechts, zugleich eine rechtsvergleichende Grundlagenstudie zur Beweislast, München 1995.

Herber, Rolf/Czerwenka, Beate G.: Internationales Kaufrecht: Kommentar zu dem Übereinkommen der Vereinten Nationen vom 11. April 1980 über Verträge über den internationalen Warenkauf, München 1991, zit.: Herber/Czerwenka.

Heuzé, Vincent: La vente internationale de marchandises, Droit uniforme, Paris 1992.

von Hoffmann, Bernd: Gewährleistungsansprüche im UN-Kaufrecht - verglichen mit dem EKG und BGB, in: Schlechtriem, Peter (Hrsg.), Einheitliches Kaufrecht und nationales Obligationenrecht, Referate und Diskussionen der Fachtagung Einheitliches Kaufrecht am 16./17.02.1987, Baden-Baden 1987, S. 293-303, zit.: von Hoffmann, Gewährleistungsansprüche.

Hohloch, Gerhard: Besprechung zu BGH v. 03.04.96 – VIII 51/95, BGHZ 132, 290, JuS 1996, 1034-1035.

Holl, Volker H./Keßler, Oliver: „Selbstgeschaffenes Recht der Wirtschaft" und Einheitsrecht - Die Stellung der Handelsbräuche und Gepflogenheiten im Wiener UN-Kaufrecht, RIW 1995, 457-460.

Holthausen, Rüdiger: Die wesentliche Vertragsverletzung des Verkäufers nach Art. 25 UN-Kaufrecht, RIW 1990, 101-107.

Honnold, John O.: Uniform Law for International Sales under the 1980 United Nations Convention, 3. Aufl., Deventer 1999, zit.: Honnold.

Honnold, John O: Uniform Words and Uniform Application. The 1980 Sales Convention and International Juridical Practice, in: Schlechtriem, Peter (Hrsg.), Einheitliches Kaufrecht und nationales Obligationenrecht, Referate und Diskussionen der Fachtagung Einheitliches Kaufrecht am 16./17.02.1987, Baden-Baden 1987, S. 115-146, zit.: Honnold, Uniform Words.

Honsell, Heinrich (Hrsg.): Kommentar zum UN-Kaufrecht, Übereinkommen der Vereinten Nationen über Verträge über den Internationalen Warenkauf (CISG), Zürich 1996, zit.: Honsell/Bearbeiter.

Hoyer, Hans/Posch, Willibald (Hrsg.): Das Einheitliche Wiener Kaufrecht, Neues Recht für den internationalen Warenkauf, Wien/Graz 1991.

Huber, Ulrich: Der UNCITRAL-Entwurf eines Übereinkommens über internationale Warenkaufverträge, RabelsZ 43 (1979), 413-521.

Huber, Ulrich: Die Haftung des Verkäufers für Verzug und Sachmängel nach dem Wiener Kaufrechtsübereinkommen, JBl. 1989, S. 273-284.

Huber, Ulrich: Zur Dogmatik der Vertragsverletzungen nach einheitlichem Kaufrecht und deutschem Schuldrecht, S. 837-872, in: Festschrift für Ernst von Caemmerer zum 70. Geburtstag, herausgegeben von Hans Claudius Ficker, Detlef König, Karl F. Kreuzer, Hans G. Leser, Wolfgang Frhr. Marschall von Bieberstein, Peter Schlechtriem, Tübingen 1978, zit.: Huber, in FS für von Caemmerer.

Hutter, Max: Die Haftung des Verkäufers für Nichtlieferung bzw. Lieferung von vertragswidriger Ware nach dem UNCITRAL-Übereinkommen über internationale Warenkaufverträge vom 11. April 1980, Regensburg 1988.

Jakobs, Horst Heinrich: Gesetzgebung und Leistungsstörungen im BGB und nach Einheitlichem Kaufrecht, Paderborn, München, Wien, Zürich 1985.

Jan, Sheng-Lin: Die Erfüllungsverweigerung im deutschen und UN-Kaufrecht, Frankfurt a. M., Berlin, Bern, New York, Paris, Wien 1992.

Jung, Reinhard: Die Beweislastverteilung im UN-Kaufrecht, insbesondere beim Vertragsabschluß, bei Vertragsverletzungen des Käufers, bei allgemeinen Bestimmungen sowie bei gemeinsamen Bestimmungen über Verkäufer- und Käuferpflichten, Frankfurt a. M., Berlin, Bern, New York, Paris, Wien 1996.

Kahn, Philippe: Anmerkung zu CA de Grenoble v. 22.02.1995, J.D.I. 1995, 632, J.D.I. 1995, 639-641.

Kappus, Andreas: Rechtsvergleichende Aspekte zur Vertragsaufhebung wegen Sachmangels nach UN-Kaufrecht, RIW 1992, 528-533.

Kappus, Andreas: Vertragsaufhebung nach UN-Kaufrecht in der Praxis (Anmerkung zu OLG Frankfurt a. M. v. 18.01.94 – 5 U 15/93, NJW 1994, 1013), NJW 1994, 984-985.

Karollus, Martin: Anmerkung zu BGH v. 03.04.96 – VIII 51/95, BGHZ 132, 290, JZ 1997, 38-39.

Karollus, Martin: UN-Kaufrecht, Eine systematische Darstellung für Studium und Praxis, Wien, New York 1991.

Karollus, Martin: Judical Interpretation and Application of the CISG in Germany 1988-1994, Fundamental breach: analysis of German court rulings, CISG W3 Nr. 910917g1.

Karollus, Martin: UN-Kaufrecht, Vertragsaufhebung und Nacherfüllungsrecht bei Lieferung mangelhafter Ware, ZIP 1993, 490-497.

Kazimierska, Anna: The Remedy of Avoidance unter the Vienna Convention on the International Sale of Goods, Warsaw 1999, http://www.cisg.law.pace.edu/cisg/biblio/kazimierska.html.

Keinath, Steffen: Der gute Glaube im UN-Kaufrecht, Konstanz 1997.

Koch, Robert: Zur Bestimmung des Begriffs der wesentlichen Vertragsverletzung im UN-Kaufrecht im Falle der Lieferung nicht vertragsgemäßer Ware (Anmerkung zu OLG Frankfurt a. M. v. 18.01.1994 - 5 U 15/93, RIW 1994, 240), RIW 1995, 98-100.

Koch, Robert: Zu den Voraussetzungen der Vertragsaufhebung wegen einer wesentlichen Vertragsverletzung (Anmerkung zu BGH v. 03.04.1996 - VIII ZR 51/96, RIW 1995, 505), RIW 1996, 687-688.

Kock, Annette: Nebenpflichten im UN-Kaufrecht, Dargestellt am Beispiel der Pflichten des Verkäufers, Regensburg 1995.

Kritzer, Albert H.: Guide to Practical Applications of the United Nations Convention on Contracts for the International Sale of Goods, herausgegeben von Albert H. Kritzer, Deventer, Boston 1988, zit.: Kritzer.

Kritzer, Albert H: Anmerkung zu Schiedsgericht der ICC - 7585/1992, J.D.I. 1995, 1015, CISG W3 Nr. 927585il.

Kropholler, Jan: Internationales Einheitsrecht, Allgemeine Lehren, Tübingen 1975, zit.: Kropholler.

Kropholler, Jan: Europäisches Zivilprozeßrecht, Kommentar zu EuGVÜ und Lugano Abkommen, 6. Aufl., Heidelberg 1998, zit.: Kropholler, Europäisches Zivilprozeßrecht.

Larenz, Karl: Lehrbuch des Schuldrechts, Band 1, Allgemeiner Teil, 14. Aufl., München 1987.

Leser, Hans G.: Korreferat: Vertragsaufhebung und Rückabwicklung unter dem UN-Kaufrecht, in: Schlechtriem, Peter (Hrsg.), Einheitliches Kaufrecht und nationales Obligationenrecht, Referate und Diskussionen der Fachtagung Einheitliches Kaufrecht am 16./17.02.1987, Baden-Baden 1987, S. 225-254, zit.: Leser, Vertragsaufhebung und Rückabwicklung.

Lessiak, Rudolf: Diskussionsbeitrag, in: Doralt (Hrsg.), Das UNCITRAL-Kaufrecht im Vergleich zum östereichischen Recht, Referate und Diskussionen des Symposiums in Baden bei Wien, 17.-19. April 1983, Wien 1985, S. 144, zit.: Lessiak, Diskussionsbeitrag.

Lichtsteiner, René A.: Convention des Nations Unies sur les contrats de vente internationale de marchandises: présentation et comparaison avec le droit suisse, in: Dessemontet, Francois (Hrsg.), Les contrats de vente internationale de merchandises, Lausanne 1991, S. 181-294, zit.: Lichtsteiner, Convention des Nations Unies.

Liguori, Fabio: „Unilex“: A means to promote uniformity in the application of CISG“, ZEuP 1996, 600-609.

Loewe, Roland M.: Internationales Kaurecht, Wiener Kaufrechtsübereinkommen vom 11. April 1980 und New Yorker UN-Verjährungsübereinkommen vom 14. Mai 1974 sowie Protokoll vom 11. April 1980 mit ausführlichen Erläuterungen sowie Vergleich und Hinweise zum österreichischen Recht, Wien 1989, zit.: Loewe.

Loewe, Roland M.: Anwendungsgebiet, Auslegung, Lücken, Handelsgebräuche, in: Schweizerisches Institut für Rechtsvergleichung (Hrsg.), Wiener Übereinkommen von 1980 über den internationalen Warenkauf, Lausanner Kolloquium vom 19. und 20. November 1984, Zürich, S. 11-20, zit.: Loewe, Handelsgebräuche.

Lüderitz, Alexander: Pflichten der Parteien nach UN-Kaufrecht im Vergleich zu EKG und BGB, in: Schlechtriem, Peter (Hrsg.), Einheitliches Kaufrecht und nationales Obligationenrecht, Referate und Diskussionen der Fachtagung Einheitliches Kaufrecht am 16./17.02.1987, Baden-Baden 1987, S. 179-195, zit.:Lüderitz, Pflichten der Parteien.

Lutz, Reinhard: AGB-Kontrolle im Handelsverkehr unter Berücksichtigung der Klauselverbote, München 1991.

Mac Cormick, Neil D./Summers, Robert S. (Hrsg.): Interpreting Statutes, A comparative Study, Aldershot, Brookfield USA, Hong Kong, Singapore, Sydney 1991.

Magnus, Ulrich: Anmerkung zu BGH v. 03.04.96 - VIII 51/95, BGHZ 132, 290, LM 9/96 CISG Nr. 3 a.

Magnus, Ulrich: Währungsfragen im Einheitlichen Kaufrecht, Zugleich ein Beitrag zu seiner Lückenfüllung und Auslegung, RabelsZ 53 (1989), 116-143.

Magnus, Ulrich: Aktuelle Entwicklungen des UN-Kaufrechts, ZEuP 1993, 79-99.

Magnus, Ulrich: Erfahrungen mit dem Haager Waren-Kaufrecht, Erwartungen von der UN-CIT-RAL-Konvention, in: Schlechriem, Peter (Hrsg.), Das Einheitliche Wiener Kaufrecht, Neues Recht für den internationalen Warenkauf, Baden-Baden 1987, S. 5-30, zit.: Magnus, Haager Erfahrungen.

Mansel, Heinz-Peter: Rechtsvergleichung und europäische Rechtseinheit, JZ 1991, 529-534.

Medicus, Dieter: Bürgerliches Recht, 18. Aufl., Köln, Berlin, Bonn, München 1999.

Michida, Shinchiro: Cancellation of Contract, Am.J.Comp.L. (1979), 279-289.

Müller, Jörg P./Wildhuber, Luzius: Praxis des Völkerrechts, 2. Aufl., Bern 1982.

Münchener Kommentar zum Bürgerlichen Gesetzbuch: Band 1, Allgemeiner Teil, 3. Aufl., München 1993, zit.: MüKo/Bearbeiter.

Münchener Kommentar zum Bürgerlichen Gesetzbuch: Band 2, Schuldrecht, Allgemeiner Teil, 3. Aufl., München 1994, zit.: MüKo/Bearbeiter.

Münchener Kommentar zum Bürgerlichen Gesetzbuch: Band 3, Schuldrecht, Besonderer Teil, 3. Aufl., München 1995, zit.: MüKo/Bearbeiter.

Musger, Gottfried: Die wesentliche Vertragsverletzung - Probleme des Art. 25 WKR und Parallelen im österreichischen Recht, Saarbrücken 1989.

Neumayer, Karl H.: Offene Fragen zur Anwendung des Abkommens der Vereinten Nationen über den internationalen Warenkauf, RIW 1994, 99-109.

Nicholas, Barry: The vienna convention on international sales law, L.Q.R. (1989), S. 201-218.

Niggemann, Friedrich: Die Pflichten des Verkäufers und die Rechtsbehelfe des Käufers, in: Hoyer, Hans/Posch, Willibald (Hrsg.), Das Einheitliche Wiener Kaufrecht, Neues Recht für den internationalen Warenkauf, Wien 1992, S. 77-110, zit.: Niggemann, Pflichten des Verkäufers.

Palandt: Kommentar zum Bürgerlichen Gesetzbuch, 60. Aufl., München 2001, zit.: Palandt/Bearbeiter.

Petrikic, Radivoje: Das Nacherfüllungsrecht im UN-Kaufrecht, Grundprobleme der Leistungsstörungen, Wien 1999.

Pieper, Ulrich/Schollmeier, Andreas: Europarecht - Ein Casebook, München 1991, zit.: Pieper/Schollmeier, zit.: Pieper/Schollmeier.

Piltz, Burghard: Internationales Kaufrecht, Das UN-Kaufrecht (Wiener Übereinkommen von 1980 in praxisorientierter Darstellung), München 1993.

Piltz, Burghard: Anmerkung zu BGH v. 03.04.96 - VIII 51/95, BGHZ 132, 290, EuZW1996, 448.

Piltz, Burghard: Anmerkung zu OLG München v. 02.03.94 – 7 U 4419/93, WiB 1994, 611, EuZW 1995, 32.

Piltz, Burghard: Praktische Erfahrungen in Deutschland mit der Anwendung der Haager Einheitlichen Kaufgesetze; in: Schlechriem, Peter (Hrsg.), Einheitliches Kaufrecht und nationales Obligationenrecht, Referate und Diskussionen der Fachtagung Einheitliches Kaufrecht am 16./17.02.1987, Baden-Baden 1987, S. 37-48, zit.: Piltz, Praktische Erfahrungen.

Piltz, Burghard: Neue Entwicklungen im UN-Kaufrecht, NJW 1994, 1101-1106.

Piltz, Burghard: Neue Entwicklungen im UN-Kaufrecht, NJW 2000, 553-560.

Posch, Willibald/Kandut, Gabriele: Die allgemeinen Bestimmungen über den Warenkauf, Art. 25-29, in: Hoyer, Hans/Posch, Willibald (Hrsg.), Das Einheitliche Wiener Kaufrecht, Neues Recht für den internationalen Warenkauf, Wien 1992, S. 59-76, zit.: Posch/Kandut, Allgemeine Bestimmungen.

Posch, Willibald: Die Pflichten des Käufers und die Rechtsbehelfe des Verkäufers, in: Hoyer, Hans/Posch, Willibald (Hrsg.), Das Einheitliche Wiener Kaufrecht, Neues Recht für den internationalen Warenkauf, Wien 1992, S. 143-164, zit.: Posch, Pflichten des Käufers.

Rabel, Ernst: Das Recht des Warenkaufs, Eine rechtsvergleichende Darstellung 2. Band, Berlin und Tübingen 1958, zit.: Rabel, Warenkauf II.

Reinhart, Gert: UN-Kaufrecht, Kommentar zum Übereinkommen der Vereinten Nationen vom 11. April 1980 über Verträge über den internationalen Warenkauf, Heidelberg 1990, zit.: Reinhart.

Riese, Otto: Die Haager Konferenz über die Internationale Vereinheitlichung des Kaufrechts vom 2. bis 25. April 1964, Verlauf der Konferenz und Ergebnisse hinsichtlich der materiellen Vereinheitlichung des Kaufrechts, RabelsZ 29 (1965), S. 1-100.

Rudolph, Helga: Kaufrecht der Export- und Importverträge, Kommentierung des UN-Übereinkommens über internationale Warenkaufverträge mit Hinweisen für die Vertragspraxis, Freiburg, Berlin 1996.

Rudolph, Helga/Neumann, G./Petzow, P. M.: Allgemeine Geschäftsbedingungen und Gestaltung von Kaufverträgen im Handel mit kapitalistischen Industrieländern, Berlin 1985.

Sarcevic, Petar/Volken, Paul (Hrsg.): International Sale of Goods - Dubrovnik Lectures - New York, London, Rome 1986.

Scheifele, Bernd: Die Rechtsbehelfe des Verkäufers nach deutschem und UN-Kaufrecht, Freiburg 1986.

Schlechtriem, Peter (Hrsg.): Kommentar zum Einheitlichen UN-Kaufrecht, Das Übereinkommen der Vereinten Nationen über Verträge über den internationalen Warenkauf - CISG Kommentar -, 3. Aufl., München 2000, zit.: Schlechtriem/Bearbeiter.

Schlechtriem, Peter/Magnus, Ulrich: Internationale Rechtsprechung zu EKG und EAG, Eine Sammlung belgischer, deutscher, italienischer, israelischer und niederländischer Entscheidungen zu den Haager Einheitlichen Kaufgesetzen, 1. Aufl., Baden-Baden 1987, zit.: Schlechtriem/Magnus.

Schlechtriem, Peter (Hrsg.): Einheitliches Kaufrecht und nationales Obligationenrecht, Referate und Diskussionen der Fachtagung Einheitliches Kaufrecht am 16./17.02.1987, Baden-Baden 1987.

Schlechtriem, Peter: Bemerkungen zur Geschichte des Einheitskaufrechts, in: Schlechtriem, Peter (Hrsg.), Einheitliches Kaufrecht und nationales Obligationenrecht, Referate und Diskussionen der Fachtagung Einheitliches Kaufrecht am 16./17.02.1987, Baden-Baden 1987, S. 27-36, zit.: Schlechtriem, Geschichte des Einheitskaufrechts.

Schlechtriem, Peter: Anmerkung zu Civ. 1 re v. 23.01.96, IPRax 1997, 132.

Schlechtriem, Peter: Anmerkung zu OLG Frankfurt a. M. v. 17.09.1991 - 5 U 164/90, NJW 1992, 633, EWiR, § 25 CISG 1/91, S. 1081-1082.

Schlechtriem, Peter: Rechtsvereinheitlichung in Europa und Schuldrechtsreform in Deutschland, ZEuP 1993, 217-246.

Schlechtriem, Peter: Einheitliches UN-Kaufrecht, Das Übereinkommen der Vereinten Nationen über internationale Warenkaufverträge, Darstellung und Texte, Tübingen 1981.

Schlechtriem, Peter: Anmerkung zu BGH v. 03.04.96 – VIII 51/95, BGHZ 132, 290, EWiR, Art. 25 CISG 1/96 S. 597-598.

Schlegelberger, Franz: Kommentar zum HGB, 5. Aufl., Bd. V, München 1982.

Schlegelberger, Franz: Kommentar zum HGB, 5. Aufl., Bd. IV, München 1976.

Schmidt-Kessel, Martin: Vertragsaufhebung nach UN-Kaufrecht (Anmerkung zu BGH v. 15.02.1995 - VIII ZR 18/94, RIW 1995, 505), RIW 1996, 60-65.

Schmidt-Kessel, Martin: Zahlungsverzug im Handelsverkehr – ein neuer Richtlinienentwurf, JZ 1998, 1135-1145.

Schultze von Lasaulx, Arnold: Die Vertragsaufhebung im Haager Einheitlichen Kaufgesetz, System und Kritik, Frankfurt a. M., Bern 1977.

Schweizerisches Institut für Rechtsvergleichung (Hrsg.): Wiener Übereinkommen von 1980 über den internationalen Warenverkauf, Lausanner Kolloquium vom 19. und 20. November 1984, Zü-rich 1985.

Schwimann, Michael: Praxiskommentar zum ABGB samt Nebengesetzen, Band 5, 2. Aufl., Wien 1997, zit.: Schwimann/Bearbeiter.

Von der Seipen, Christoph: Anmerkung zu OLG Frankfurt a. M. v. 18.01.94 - 5 U 15/93, NJW 1994, 1013, WiB 1994, 238.

Sevon, Leif: Obligations of the Buyer under the UN Convention on Contracts for the International Sale of Goods, in: Sarcevic, Petar/Volken, Paul (Hrsg.), International Sales of Goods, Dubrovnik Lectures, New York, London, Rome 1986, S. 203-238, zit.: Sevon, Obligations of the buyer.

Simma, Bruno (Hrsg): Charta der Vereinten Nationen, Kommentar, München 1991, zit.: Simma/Bearbeiter.

Sistermann, Christian: Die Anwendung des AGB-Gesetzes bei Geltung des Kaufrechtsübereinkommens der Vereinten Nationen vom 11. April 1980 am Beispiel formularmäßiger Schadensersatzfreizeichnungen, München 1995.

Soergel, Hans T./Siebert, Wolfgang: BGB mit Einführungsgesetz und Nebengesetzen, Band 13, Schuldrechtliche Nebengesetze 2, CISG, Stuttgart 2000, zit.: Soergel/Bearbeiter.

Staub: Handelsgesetzbuch, Großkommentar, 4. Aufl., 5. Lieferung (§§ 373-376), Berlin, New York 1985, zit.: Staub/Bearbeiter.

Staudinger, Julius von: Kommentar zum Bürgerlichen Gesetzbuch mit Einführungsgesetz und Nebengesetzen, Wiener UN-Kaufrecht, Neubearbeitung, Berlin 1999, zit.: Staudinger/Magnus.

Staudinger, Julius von: Kommentar zum Bürgerlichen Gesetzbuch mit Einführungsgesetz und Nebengesetzen, Zweites Buch, Recht der Schuldverhältnisse (§§ 293-327), 13. Aufl., Berlin 1995, zit.: Staudinger/Bearbeiter.

Staudinger, Julius von: Kommentar zum Bürgerlichen Gesetzbuch mit Einführungsgesetz und Nebengesetzen, Zweites Buch, Recht der Schuldverhältnisse (§§ 328-361), 13. Aufl., Berlin 1995, zit.: Staudinger/Bearbeiter.

Stern, Elisabeth: Erklärungen im UNCITRAL-Kaufrecht, Wien 1990.

Stoll, Hans: Zur Haftung bei Erfüllungsverweigerung im Einheitlichen Kaufrecht, RabelsZ 52 (1988), 617-643.

Straatmann, Kuno/Ulmer, Peter (Hrsg.): Handelsgerichtliche Schiedsgerichts-Praxis, Bd. 2, Köln 1982, zit.: Straatmann/Ulmer.

Summers, Robert S./Taruffo, Michele: Interpretation and Comparative Analysis, in: MacCormick, Neil D./Summers, Robert S. (Hrsg.), Interpreting Statutes, A comparative Study, Aldershot, Brookfield USA, Hong Kong, Singapore, Sydney 1991, S. 511-545, zit.: Summers/Taruffo, Interpretation and Comparative Analysis.

Summers, Robert S.: Statutory Interpretation in the United States, in: MacCormick, Neil D./Summers, Robert S. (Hrsg.), Interpreting Statutes, A comparative Study, Aldershot, Brookfield USA, Hong Kong, Singapore, Sydney 1991, S. 407-460, zit.: Summers, Statutory Interpretation United States.

Tercier, M. P.: Rechte und Pflichten des Käufers, in: Schweizerisches Institut für Rechtsvergleichung (Hrsg.), Wiener Übereinkommen von 1980 über den internationalen Warenkauf,

Lausanner Kolloquium vom 19. und 20. November 1984, Zürich, S. 120-142, zit.: Tercier, Rechte und Pflichten des Käufers.

Triebel, Volker/Hodgson, Stephen/Kellenter, Wolfgang/Müller, Georg: Englisches Handels- und Wirtschaftsrecht, 2. Aufl., Heidelberg 1995, zit.: Triebel/Hodgson/Kellenter/Müller.

Ulmer, Peter/Brandtner, Hans E./Hensen, Hans-Dieter/Schmidt, Harry: Kommentar zum Gesetz zur Regelung der Allgemeinen Geschäftsbedingungen, 8. Aufl., Köln, 1997, zit.: Ulmer/Brandner/Hensen/Schmidt.

United Nations Conference on Contracts for the International Sale of Goods. Vienna, 10 March-11 April 1980. Official Records. Documents of the Conference and Summary Records of the Plenary Meetings and of the Meetings of the Main Committees, New York 1981, zit.: O.R.

United Nations Commission on International Trade Law, Yearbook:

- vol. II, New York 1972
- vol. III, New York 1973
- vol. IV, New York 1974
- vol. V, New York 1975
- vol. VI, New York 1976
- vol. VII, New York 1977
- vol. VIII, New York 1978
- vol. IX, New York 1981

zit.: YB.

Verdross, Alfred/Simma, Bruno: Universelles Völkerrecht, Theorie und Praxis, 3. Aufl., Berlin 1984.

Volken, Paul: The Vienna Convention: Scope, Interpretation, and Gap-Filling, in: Sarcevic, Petar/Volken, Paul (Hrsg.), International Sales of Goods, Dubrovnik Lectures, New York, London, Rome 1986, S. 19-53, zit.: Volken, Scope, Interpretaion, and Gap-Filling.

Volken, Paul: Das Wiener Übereinkommen über den internationalen Warenkauf; Anwendungsvoraussetzungen und Anwendungsbereich, in: Schlechtriem, Peter (Hrsg.), Einheitliches Kaufrecht und nationales Obligationenrecht, Referate und Diskussionen der Fachtagung Einheitliches Kaufrecht am 16./17.02.1987, Baden-Baden 1987, S.81-105, zit.: Volken, Anwendungsvoraussetzungen.

Voskuil, C. C. A./Wade, J. A. (Hrsg.): Hague-Zagreb Essays 4, On the Law of international Trade, The Hague 1983.

Wang, Peter J.-H.: Das Wiener Übereinkommen über internationale Warenkaufverträge vom 11. April 1980, unter besonderer Berücksichtigung des Außenhandels, ZVglRWiss (1988), S. 184-202.

Welser, Rudolf: Die Vertragsverletzung des Verkäufers und ihre Sanktion, in Doralt, Peter (Hrsg.), Das UNCITRAL-Kaufrecht im Vergleich zum östereichischen Recht, Referate und Diskussionen des Symposiums in Baden bei Wien, 17.-19. April 1983, Wien 1985, S. 105-132, zit.: Welser, Vertragsverletzung des Verkäufers.

Westermann, Harm P.: Zur Wesentlichkeit der Vertragsverletzung nach UN-Kaufrecht (Besprechung von BGH v. 03.04.96 - VIII 51/95, BGHZ 132, 290), DZWiR 1997, 45-47.

Wiegand, Wolfgang: Die Pflichten des Käufers und die Folgen ihrer Verletzung, insbesondere bezüglich der Beschaffenheit der Ware, in: Bucher, Eugen (Hrsg.), Wiener Kaufrecht, Der schweizerische Außenhandel unter dem UN-Übereinkommen über den internationalen Warenkauf, Bern 1991, S. 143-163, zit.: Wiegand, Pflichten des Käufers.

Witz, Claude/Wolter, Gerhard: Die ersten Entscheidungen französischer Gerichte zum Einheitlichen UN-Kaufrecht, RIW 1995, 810-813.

Witz, Claude/Wolter, Gerhard: Die neuere Rechtsprechung französischer Gerichte zum Einheitlichen UN-Kaufrecht, RIW 1998, 278-285.

Witz, Claude: Anmerkung zu CA de Grenoble v. 13.09.95, J.D.I. 1996, 948, J.D.I. 1996, 960-968.

Zhang, Xi: Die Rechtsmängelhaftung des Verkäufers nach UN-Kaufrecht, Tübingen 1994.

Ziegel, Jacob S.: The Remedial Provisions in the Vienna Sales Convention: Some Common Law Perspectives, in: Galston, Nina M./Smit, Hans (Hrsg.), International Sales, The United Nations Convention on Contracts for the International Sale of Goods, New York 1984, Chapter 9, S. 1-43, zit.: Ziegel, Remedial Provisions.

Ziegel, Jacob S.: Anmerkung zu Australia Fed. Dis. Ct. Adelaide v. 28.04.95, CISG Online Nr. 218, CISG W 3/cisg/biblio/4ziegel.html.

Ziegler, Ulrich: Leistungsstörungsrecht nach dem UN-Kaufrecht, Baden-Baden 1995.

Zweigert, Konrad/Kötz, Hein: Einführung in die Rechtsvergleichung, 3. Aufl., Tübingen 1996, zit.: Zweigert/Kötz.

FSC
www.fsc.org
MIX
Papier | Fördert
gute Waldnutzung
FSC® C083411

Kolibri 360 GmbH
Ferdinand-Jühlke-Straße 7
99095 Erfurt, Deutschland
produktsicherheit@kolibri360.de

Druck:
CPI Druckdienstleistungen GmbH
im Auftrag der
Kolibri 360 GmbH
Ferdinand-Jühlke-Str. 7
99095 Erfurt